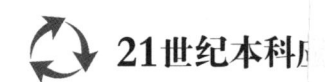

物流成本管理与控制
（第5版）

鲍新中 吴 霞 王彦芳 编著

Logistics Cost
Management and Control

电子工业出版社
Publishing House of Electronics Industry
北京·BEIJING

未经许可，不得以任何方式复制或抄袭本书之部分或全部内容。
版权所有，侵权必究。

图书在版编目（CIP）数据

物流成本管理与控制 / 鲍新中，吴霞，王彦芳编著. —5 版. —北京：电子工业出版社，2020.8
21 世纪本科应用型经管规划教材. 物流与供应链管理
ISBN 978-7-121-39349-5

Ⅰ. ①物… Ⅱ. ①鲍… ②吴… ③王… Ⅲ. ①物流管理－成本管理－高等学校－教材 Ⅳ. ①F253.7

中国版本图书馆 CIP 数据核字(2020)第 144552 号

责任编辑：刘淑丽
文字编辑：刘淑敏
印　　刷：北京雁林吉兆印刷有限公司
装　　订：北京雁林吉兆印刷有限公司
出版发行：电子工业出版社
　　　　　北京市海淀区万寿路 173 信箱　邮编 100036
开　　本：787×1092　1/16　印张：16.25　字数：396 千字
版　　次：2006 年 1 月第 1 版
　　　　　2020 年 8 月第 5 版
印　　次：2023 年 5 月 第 7 次印刷
定　　价：58.00 元

凡所购买电子工业出版社图书有缺损问题，请向购买书店调换。若书店售缺，请与本社发行部联系，联系及邮购电话：(010) 88254888，88258888。
质量投诉请发邮件至 zlts@phei.com.cn，盗版侵权举报请发邮件至 dbqq@phei.com.cn。
本书咨询联系方式：(010) 88254199，sjb@phei.com.cn。

前 言

物流是社会经济活动正常开展的重要保障，而降低物流成本已经成为物流管理的首要任务。无论采用什么样的物流技术与管理模式，最终目的都不在于这种模式与技术本身，而是要通过物流系统的整体优化，在保证一定物流服务水平的前提下实现物流成本的降低。可以说，整个物流技术和物流管理的发展过程就是不断追求物流成本降低的过程。

尽管物流成本的管理受到了越来越多人的关注，但是我国学术界和物流业界对物流成本的理论研究相对薄弱，尚缺乏一个关于物流成本管理的科学体系。本书试图从会计学和物流学相结合的角度，对物流成本的管理与控制体系进行比较全面的阐述。本书主要从以下几个方面展开讨论和分析。

（1）从不同角度分析，物流成本可以分为宏观物流成本和微观（企业）物流成本两个方面。对物流成本的认识和管理首先要明确宏观和微观物流成本的构成。对于宏观物流成本，本书依据国家发改委、国家统计局和中国物流与采购联合会联合发布的《社会物流统计制度及核算表式（试行）》展开分析。对于微观物流成本，则是在国家标准《企业物流成本的构成与计算》的基础上展开分析。

（2）企业的物流成本管理与控制系统由两部分组成，一部分是物流成本管理系统，另一部分是物流成本日常控制系统。物流成本管理系统是指基于企业物流成本的会计核算，利用现代成本管理的方法（包括成本性态分析、成本预算、责任成本管理等）来进行物流成本管理；物流成本日常控制系统则是指在物流运营管理过程中，广泛运用各种物流技术和物流管理方法，提高物流系统的效率，降低物流成本。在物流成本管理与控制中，两者是结合使用的。

（3）作业成本法是目前被广泛推崇的一种成本核算与分析方法。进行物流作业成本核算与分析，有利于更准确地核算各成本核算对象的物流成本，加强物流作业管理，也有利于物流作业流程的改善和优化。

（4）对物流企业和货主企业的物流部门，可以利用一些财务指标来进行物流成本管理的绩效考核。另外，也可以利用其他财务指标和非财务指标，对物流企业和货主企业的物流部门进行综合的绩效评估。

（5）供应链管理正越来越多地受到理论界和企业界的重视。而供应链管理的一个主要目标是要降低供应链成本。本书在对供应链成本动因进行分析的基础上，提出了供应链成本的构成，并把成本管理的方法应用到跨组织的供应链成员企业之间，提出了基于供应链的跨组织成本管理体系。

本书由北京联合大学鲍新中教授、吴霞副教授和王彦芳老师共同编著。在编写过程中，作者参阅了国内外同行、专家的许多学术研究成果，并得到了电子工业出版社的大力支持，在此一并表示衷心的感谢。

本书可作为高等学校物流工程专业、物流管理专业、工业工程专业、会计学专业等本科生、研究生的教材或教学参考书，也可作为工商企业物流管理人员、物流企业经营管理人员的工作指南或手册，还可作为企业培训高级物流管理和运作人员的培训教材。

由于专门针对物流成本的研究尚未形成完整的理论，缺乏相关的理论体系指导；同时，鉴于作者能力所限，书中难免存在一些疏漏和不足，希望各位专家和广大读者给予批评指正，以日臻完善。

作者简介

鲍新中

北京联合大学教授,博士,会计学科带头人,创新企业财务管理研究中心主任,应用科技学院院长,北京市高校教学名师,北京市长城学者,中国注册会计师协会会员。主持国家级和省部级课题多项。在SCI、SSCI、EI国际期刊及《中国管理科学》《系统管理学报》《研究与发展管理》《科学学研究》《管理学报》等国内专业学术期刊发表论文80余篇,出版专著和教材10余部。2005年和2011年作为高级访问学者两次在美国得克萨斯大学阿灵顿分校进修并从事研究工作。学术研究方向:知识产权融资、企业创新及其财务绩效。

吴霞

2007年毕业于北京工商大学,获得经济学硕士学位,现任教于北京联合大学应用科技学院,主要从事会计专业课程教学与财务管理方向研究工作。在CSSCI和北大核心等各类期刊发表论文10余篇,出版专著和教材近10部,主持和参加纵横向和企业委托课题近10项。2014年至2015年作为高级访问学者在中国人民大学进修并从事研究工作。学术研究方向:财务理论与实务、财务管理。

王彦芳

2007年毕业于北京工业大学,获得管理学硕士学位,现任教于北京联合大学应用科技学院,主要从事会计专业课程教学与中小企业财务管理方向研究工作。发表各类论文10余篇,参与教材编写近10部,主持和参加纵横向和企业委托课题10余项。2006年作为高级访问学者在西苏格兰大学访学半年,2015年在中国人民大学进修1年。主要研究方向:中小企业财务管理、财经法规。

目　录

第 1 章　物流成本管理与控制概述 1
　1.1　物流成本的内涵 2
　1.2　物流成本管理的意义与发展 5
　1.3　物流成本相关理论学说 10
　1.4　物流成本管理与控制系统的
　　　　基本内容 15
　1.5　物流成本管理和控制中要注意
　　　　的问题 21
　本章小结 23
　提示与思考 23
　复习思考题 24

第 2 章　物流成本的构成与分类 25
　2.1　社会物流成本的构成内容 26
　2.2　企业物流成本的基本构成 31
　2.3　不同类型企业物流成本的构成
　　　　内容 37
　本章小结 44
　提示与思考 44
　复习思考题 45

第 3 章　物流成本的核算 46
　3.1　物流成本核算的意义和存在的
　　　　问题 47

　3.2　物流成本核算的目的及核算对
　　　　象的确定 49
　3.3　物流成本的核算方法 56
　3.4　隐性物流成本的核算 61
　本章小结 64
　提示与思考 64
　复习思考题 65

第 4 章　物流作业成本分析 66
　4.1　物流作业成本法概述 67
　4.2　物流作业成本法的基本步骤 73
　4.3　物流作业及成本的定义与分析 77
　4.4　作业成本法的实施分析 83
　本章小结 90
　提示与思考 90
　复习思考题 91

**第 5 章　物流成本性态分析与预算
　　　　管理** 92
　5.1　物流成本性态分析 93
　5.2　物流系统本量利分析ﾠ 102
　5.3　物流成本预算管理 112
　本章小结 123
　提示与思考 124
　复习思考题 124

第6章 物流责任成本与财务绩效评估 125

6.1 物流责任成本与财务绩效评估的基础工作 126
6.2 物流责任成本管理 127
6.3 物流企业的财务绩效评估 133
6.4 货主企业物流部门的财务绩效评估 146
本章小结 152
提示与思考 153
复习思考题 153

第7章 物流成本的日常控制 154

7.1 物流成本日常控制的内容和程序 155
7.2 以物流功能为对象的物流成本控制 158
7.3 以物流成本形成过程为对象的物流成本控制 169
本章小结 176
提示与思考 177
复习思考题 177

第8章 行业物流成本管理与控制案例 178

8.1 制造企业供应物流成本的统计核算 179

8.2 集团公司物流管理模式及物流成本核算 190
8.3 区域性商贸物流的物流成本管理与控制 200
8.4 基于供应链的农产品物流成本分析 208
本章小结 213
复习思考题 213

第9章 我国社会物流成本的统计分析 214

9.1 我国社会物流成本研究的意义 214
9.2 我国社会物流成本统计方法 215
9.3 我国社会物流成本统计分析 222
本章小结 226
复习思考题 226

第10章 供应链成本管理 227

10.1 供应链与供应链成本的基本概念 228
10.2 供应链成本的构成分析 231
10.3 基于供应链的跨组织成本管理方法 239
本章小结 249
复习思考题 250

参考文献 251

第 1 章

物流成本管理与控制概述

物流管理的两个目标：一是降低物流成本；二是提高服务水平。

本章学习目标

- 了解物流成本的概念和含义；
- 明确"物流成本冰山说"的含义；
- 认识"物流成本交替损益"观念；
- 明确物流成本管理与控制系统的构成；
- 明确物流成本管理系统的层次结构与基本内容；
- 了解企业内部不同部门如何进行物流成本管理与控制。

引导案例

甲、乙两个物流公司都需要经常性地将客户的货物从 A 地运往 B 地，两公司都有自己的仓库。

甲物流公司为自己仓库的每个库位编号，将货物按照入库时间先后从仓库最里侧一直向外码放，并对库存进行计算机化管理，随时更新库存库位数据。在每次送货前，甲物流公司还会给送货司机一张派送单，上面写着所送货物的名称、编号、数量、送货地址、客户联系人电话等相关信息，并明确注明货物送达时间。为了将货物及时送到客户手中，甲物流公司的司机总是提前出发，一般都会在预定时间之前半个多小时将货物送至客户指定地点，等待客户卸货。对甲物流公司的服务客户很满意。

乙物流公司对库存商品的记录要更复杂一些，除不断更新库位货物信息外，还对库存货物的周转频率进行统计，根据周转频率不断调整货物库位。整体来说，周转频率高的货物靠近仓库门，码放位置首先考虑下层货架。每次送货时，除在派送单上说明相关送货信息以外，还指定送货路线、出发时间。每次送货返回后，都登记送货情况表，包括路线情况、油耗、时间耗费等信息，长此以往，乙物流公司掌握了翔实的路况信息，并据此制定了相对较精确的送货时间和路线，制定了油耗标准。

请考虑，最初企业规模较小、业务量很少的时候，相对而言，哪家公司的成本较低？随着公司规模越来越大，业务越来越多，货物种类越来越丰富，配送区间范围越来越广，哪家的成本会比较低？

实际上，当前很多国际知名的大型物流企业都在对整个物流环节进行整合。它们利用条形码系统进行库存管理，配送前设定配送路线和油耗标准，利用GPS随时掌握货物配送过程甚至整个国际运输途中的情况。随着竞争越来越激烈，物流行业的利润率与其他行业相比不再那么突出。利润趋于平均化的结果使成本管理成为企业生存和发展必须重视的一个问题。能否有效地进行物流成本管理与控制，成为企业竞争力的一个关键环节。可以说，整个物流管理的发展过程及物流过程的优化，其目标都是实现在保证物流服务水平的前提下，降低整体物流成本。

1.1 物流成本的内涵

1.1.1 物流成本的概念

随着物流管理意识的增强，人们越来越重视物流成本的控制，降低物流成本已经成为物流管理的首要任务。在许多企业中，物流成本占企业总成本的比例很大，物流成本的高低直接关系到企业利润水平和竞争力的高低，所以物流成本管理成为企业物流管理的一个核心内容，也可以说，人们对物流的关心首先应该从关心物流成本开始。有专家指出，"物流既是主要成本的产生点，又是降低成本的关注点"，物流是"经济的黑暗大陆"。加强对物流成本的研究与管理对提高物流活动的经济效益有着非常重要的意义。

根据2007年5月1日正式实施的《中华人民共和国国家标准：物流术语》（GB/T 18354—2006），物流成本可定义为"物流活动中所消耗的物化劳动和活劳动的货币表现"，即产品在实物运动过程中，如包装、运输、储存、流通加工、物流信息等各个环节所支出的人力、物力和财力的总和。物流成本是完成诸种物流活动所需的全部费用。

1.1.2 物流成本的含义

人们可以从不同角度对物流成本进行观察和分析。观察和分析的角度不同，对物流成本的认识不同，物流成本的含义也就不同。有学者认为："按实体的经营性质不同，可将物流成本分为制造企业物流成本和流通企业物流成本两大类。"在本书中，按照人们进行物流成本管理和控制的不同角度，把物流成本分成社会物流成本、货主企业（包括制造企业和商品流通企业）物流成本，以及物流企业的物流成本三个方面。其中，社会物流成本是宏观意义上的物流成本，而货主企业物流成本及物流企业物流成本是微观意义上的物流成本。不同角度的物流成本有不同的含义。

1．宏观物流成本

宏观物流成本又可以称为社会物流成本。站在社会物流的角度，进行社会物流的优化，就要考虑物流成本的问题。人们往往用物流成本占国内生产总值（Gross Domestic Product，GDP）的比例来衡量一个国家物流管理水平的高低，这种物流成本就是指社会物流成本。

按照2004年由国家统计局、国家发改委发布的《社会物流统计制度及核算表式（试行）》中的定义，社会物流成本是指一定时期内，国民经济各方面用于社会物流活动的各项费用支出，包括：支付给运输、储存、装卸搬运、包装、流通加工、配送、信息处理等各个物流环节的费用；应承担的物品在物流期间发生的损耗；社会物流活动中因资金占用而应承担的利息支出；社会物流活动中发生的管理费用等。

社会物流成本是核算一个国家在一定时期内发生的物流总成本，是不同性质企业微观物流成本的总和。国家和地方政府可以通过制定物流相关政策、进行区域物流规划、建设物流园区等措施来推动物流及相关产业的发展，从而降低宏观物流成本。目前，各国对宏观物流成本的测算方法也各不相同，我国于2005年建立了社会物流统计公报制度，根据统计，我国目前的社会物流成本与GDP的比例为18%～20%，这一比例高发达国家1倍，只相当于美国等发达国家20世纪70年代的水平。

2．微观物流成本

微观物流成本又称为企业物流成本，这里的企业包括货主企业和物流企业。按照2006年发布实施的国家标准《企业物流成本构成与计算》（GB/T 20523—2006），企业物流成本是指物流活动中所消耗的物化劳动和活劳动的货币表现，即产品在包装、运输、储存、装卸搬运、流通加工、物流信息、物流管理等过程中所耗费的人力、物力和财力的总和，以及与存货有关的资金占用成本、物品损耗成本、保险和税收成本。这里与存货有关的资金占用成本包括负债融资所发生的利息支出（显性成本）和占用自有资金所产生的机会成本（隐性成本）两部分内容。

（1）货主企业物流成本

这里所说的货主企业主要是指制造企业和商品流通企业。总体来说，制造企业物流是物流业发展的原动力，而商品流通企业是连接制造业和最终客户的纽带，制造企业和商品流通企业是物流服务的需求主体。

商品流通企业的经营活动就是对组织现有的商品进行销售来获取利润，其业务活动相对于制造企业较为简单，以进、存、销活动为主，不涉及复杂的生产物料组织，物品实体也较为单一，多为产成品。典型的商品流通企业包括商业连锁超市、商贸企业等，而一些B2C电子商务企业，如京东商城，在物流运作上也与商业连锁超市的物流运作类似，在本书中将其归入商品流通企业类型。而一些电子商务平台企业，如淘宝，由于自身只是提供平台服务，并不涉及相关的物流服务，其相关物流业务是由第三方物流企业展开的，因而其物流成本的问题可以从第三方物流企业的物流成本管理视角来展开。商品流通企业的物流成本从物流环节上看，包括运输成本、仓储成本、配送成本、管理成本等；从成本项目的角度看，商品流通企业物流成本的基本构成有：企业员工工资及福利费；支付给有关部门的服务费，如水电费等；经营过程中的合理消耗费，如储运费、物品合理损耗及固定资产折旧等；支付的贷款利息；经营过程中的各种管理成本，如差旅费、办公管理费等。

制造企业的生产目的是将生产出来的物品通过销售环节转换成货币，为了销售生产经营的需要，制造企业所组织的物品实体应包括产成品、半成品、原材料和零配件等，其物流过程具体包括从生产企业内部原材料和协作件的采购、供应开始，经过生产制造过程中的半成品存放、搬运、装卸、成品包装及运输到流通领域，进入仓库验收、分类、储存、保管、配送、运输，最后到消费者手中的全过程。这些过程发生的所有成本就是制造企业物流成本。从现代物流活动的构成及其对企业经营的作用来看，应对物流进行全过程管理，对物流全过程的所有成本进行核定、分析、计划、控制与优化，达到以合理的物流成本保证经营有效运行。

（2）物流企业物流成本

制造企业和商品流通企业是物流服务的需求主体，同时也是物流运营管理的主体，许多货主企业的物流业务是由企业内部的相关部门或二级公司来完成的。当然，大部分货主企业的物流业务并不一定全部由自己完成，或多或少总有外包部分，这就出现了对专业性物流服务企业的需求。由专业的物流企业来参与物流的运营管理，是社会专业化大生产的必然结果，也是提高物流效率、降低物流成本的有效途径。

根据物流服务企业提供的服务类型，可以把物流企业分为两类。第一类是提供功能性物流服务业务的物流企业，这类企业在整个物流服务过程中发挥着很大的作用，这类企业一般只提供某一项或者某几项主要的物流服务功能，如仓储服务企业、运输服务企业、快递服务企业等。第二类是提供一体化物流服务的第三方物流企业，第三方物流企业一般是指综合性的物流服务公司，能为客户提供多种物流业务服务。尽管目前第三方物流和一体化物流的趋势十分明显，但是功能性物流服务企业的存在还是必要的，它可以发挥专业化的优势，与第三方物流企业一起，共同完成客户的物流服务需求，达到降低成本、提高物流效率的目的。

物流企业在运营过程中发生的各项费用，都可以看成物流成本。因此，可以说物流企业的物流成本包括了物流企业的各项成本和费用。实际上，从另一个角度看，当货主企业把物流业务外包给物流企业运营时，物流企业发生的各项支出构成了它的物流成本，而物流企业向货主企业的收费（包括物流企业的成本费用、税金及一定的利润）就构成了货主企业的物流成本。

§ 相关链接

物流服务的两种主要计费方式

- **不区分物流环节的整体计费方式。** 这种计费方式是指不区别考虑其运输、仓储、搬运、配送等环节，只制定一个总的计费标准。一般来讲，可以按所运输货物的总价值的一定百分比计费，也可以按货物的体积、货物的重量、货物的件数、占用的运输工具或仓储面积来计费。
- **区分物流环节的计费方式。** 按提供服务的每个服务环节和服务项目分别计算收费，即运输、仓储、清关、理货、装卸及配送等分别计算收费。

在讨论物流成本的管理和控制时，应首先明确分析的角度，理解不同角度下物流成本的含义，在此基础上再进行深入的分析。其中，人们常说的物流成本主要是指货主企业物流成本，因此，在本书中，在进行物流成本管理和控制系统的分析时，主要着重于货主企业物流成本的分析，也考虑到物流企业的成本管理与控制。另外，还要兼顾宏观物流成本的统计核算。

商品流通企业的物流可以看成制造企业物流的延伸，而物流企业主要是为商品流通企业和制造企业提供服务的，因此，物流企业物流成本可以看成货主企业物流成本的组成部分，而社会宏观物流成本是货主企业物流成本的综合。在电子商务越来越发达的今天，面向个人 C2C 业务的快递服务业也得到了快速发展，构成了社会物流成本的一部分。

要点解析：对物流成本的全面理解

1.2 物流成本管理的意义与发展

1.2.1 物流成本管理的意义

无论采用什么样的物流技术与管理模式，最终目的不在于这种模式与技术本身，而在于实现企业物流的合理化，也就是通过对物流系统目标、物流设施设备和物流活动组织等的改进与调整，实现物流系统的整体最优化，其最终目标是要在保证一定物流服务水平的前提下实现物流成本的降低。可以说，整个物流技术和物流管理的发展过程就是不断追求物流成本降低的过程。换句话说，供应链管理也好，第三方物流也好，都仅仅是实现物流现代化、降低物流成本的手段与工具，其最终还是为了追求物流系统的投入与产出（物流总成本与物流服务水平）之间的优化。

物流成本管理是物流管理的重要内容，降低物流成本与提高物流服务水平构成了企业物流管理最基本的课题。物流成本管理的意义在于，通过对物流成本的有效把握，利用物流要素之间的效益背反关系，科学、合理地组织物流活动，加强对物流活动过程中费用支出的有效控制，降低物流活动中的物化劳动和活劳动的消耗，从而达到降低物流总成本、提高企业和社会经济效益的目的。

物流成本管理的前提是物流成本计算，只有搞清物流成本的大小，才能够实施物流成本分析，编制物流成本预算，控制物流成本支出。物流成本的内涵在概念上是明确的，问题的关键是，在实践中如何正确规定和划分物流成本的范围，如何将物流成本准确地计算出来。在物流成本计算方面，我们还缺乏有效的方法和操作经验。由于缺乏对物流成本的准确把握，给企业的物流管理带来许多障碍，不利于发现企业物流运作中存在的非效率活动，也难以对物流成本进行纵向和横向的比较。因此，认识物流成本，不能只停留在概念本身的理解上，还必须对物流成本的统计范围、计算方法和物流成本分析方法等有全面掌握，这也是企业在物流成本管理中亟待解决好的问题。

1. 从微观经济效益的角度观察

从微观的角度看，降低物流成本给企业带来的经济效益主要体现在以下两个方面：

1）由于物流成本在产品成本中占有很大比例，在其他条件不变的情况下，降低物流成本意味着扩大了企业的利润空间，提高了利润水平。由经济学的基本原理可知，在充分竞争的市场环境下，产品的价格由市场的供求关系所决定，但价格背后体现的还是产品的价值量，即产品中所凝聚的人类抽象劳动的数量。商品价值并不取决于个别企业的劳动时间，而是由行业平均必要劳动时间决定的。当某个企业的物流活动效率高于所属行业的平均物流活动效率，物流成本低于所属行业平均物流服务成本水平的时候，该企业就有可能因此获得超额利润，物流成本的降低部分就转化为企业的"第三利润"；反之，企业的利润水平就会下降。正是由于这种与降低物流成本相关的超额利润的存在，而且具有较大的空间，导致企业积极关注物流领域的成本管理，致力于降低物流成本的努力。

2）物流成本的降低意味着增强企业在产品价格方面的竞争优势，企业可以利用相对低廉的价格在市场上出售自己的产品，从而提高产品的市场竞争力，扩大销售，并以此为企业带来更多的利润。

2. 从宏观经济效益的角度观察

从宏观的角度看，降低物流成本给行业和社会带来的经济效益体现在以下 3 个方面：

1）如果全行业的物流效率普遍提高，物流成本平均水平降低到一个新的水平，那么该行业在国际上的竞争力将会得到增强。对于一个地区的行业来说，可以提高其在全国和全球市场的竞争力。

2）全行业物流成本的普遍下降，将会对产品的价格产生影响，导致物价相对下降，这有利于保持消费物价的稳定，相对提高国民的购买力。

3）对于全社会而言，物流成本的下降意味着创造同等数量的财富，在物流领域所消耗的物化劳动和活劳动得到节约。实现以尽可能少的资源投入，创造出尽可能多的物质财富，节省资源消耗的目的。

1.2.2 物流成本管理的发展

人们对物流管理的重视一方面是为了提高物流服务水平；另一方面是为了降低物流成本，即所谓的通过加强物流管理来挖掘"第三利润源"。随着生产技术的发展，产品成本的降低，产品数量大幅度增加，流通成本问题就变得越来越重要，物流成本控制的问题就随之产生了。企业注重成本管理，追求利润最大化，物流成本管理便成为企业降低成本、提高服务水平、增强竞争力的有效手段。

由于不同国家物流发展程度不同，对物流的研究程度各不相同，因此对物流成本管理的发展也存在不同的看法，比较典型的国家有美国和日本。下面以欧美国家和日本为代表介绍物流成本管理的发展，同时也介绍物流成本管理在我国的发展情况。

1. 欧美国家物流成本管理的发展

从欧美国家物流成本管理的一般发展过程来看，大致可以分为以下几个阶段。

（1）物流成本认识阶段

物流成本管理在物流管理中占有重要的位置，"物流是经济的黑暗大陆""物流是第三利润源"等观点都说明了物流成本问题是物流管理初期人们关心的主要问题。正是由于在物流领域存在广阔的降低成本的空间，物流问题才引起企业经营管理者的重视。企业物流管理可以说是从对物流成本的管理开始的，但是在这个阶段，人们对于物流成本的认识只是停留在概念认识的层次上，还没有依照管理的步骤对物流成本实施全面管理。

（2）物流项目成本管理阶段

在对物流成本认识的基础上，根据不同部门、不同领域或不同产品出现的特定物流问题，组织专门的人员研究解决。但是对于物流成本管理的组织化程度及对物流成本的持久把握方面仍存在不足。到了这个阶段，物流管理组织便开始出现了。

（3）引入物流预算管理制度的阶段

随着物流管理组织的设置，对物流成本有了统一、系统的把握，开始引入物流预算管理制度。也就是说，通过物流预算的编制、预算与实际的比较，对物流成本进行差异分析，从而达到控制物流成本的目的。但是这个阶段编制的物流预算缺乏准确性，对成本变动原因的分析也缺乏全面性，而且对物流成本的把握仅限于运费和对外支付的费用。

（4）物流预算管理制度确立阶段

在这个阶段推出了物流成本的计算标准，物流预算及其管理有了比较客观准确的依据，物流部门成为独立的成本中心或利润中心。

（5）物流绩效评估制度确立阶段

物流预算管理制度确立后，进一步发展的结果是形成物流绩效评估制度。通过物流部门对企业绩效贡献度的把握，准确评价物流部门的工作。物流部门的绩效评估离不开其对于降低物流成本的贡献度，降低物流成本是物流部门的永恒目标。

2．日本物流成本管理的发展

在日本，物流技术兴起于20世纪50年代，发展至今已形成一套完整的体系，由重视功能变为重视成本，进而变为重视服务。物流成本管理一直受到日本物流界的重视，在长期的发展中物流成本与财务结算制度逐步相联结。在日本，对物流成本管理的发展阶段的划分存在着几种不同的学术观点。

日通综合研究所编撰的《物流知识》（第3版）将物流成本管理的发展划分为下述6个阶段：

1）物流前期。这一时期物流只是按生产和销售部门的要求进行货物的保管和运输。

2）个别管理期。这一时期也是物流成本意识的出现期。在这一时期，只有保管部门或发货部门在努力降低成本。

3）综合管理时期。在这一时期，物流作为一项独立业务开始建立物流管理部门，采取措施综合解决各种物流功能的优化组合问题。这里，生产和销售是物流的前提。

4）扩大领域时期。这是物流影响生产和销售的阶段。对于生产部门来说，应该在产品设计阶段就从物流的角度考虑问题，在物流效率、统一包装规格、生产计划的灵活性等方面提出要求；对于销售部门，则在接受订货的计划性、订货的数量单位及交货期限等方面提出要求。在这一阶段，追求"第三利润源"的企业增多，过去曾把这一阶段视为终极阶段。

5）整体体制时期。物流进入小批量、多品种发货的新时代。为创造新的物流形象，整个公司必须取得共识。这一阶段的多数情况是建立以生产和销售人员为委员，以负责经营的主要领导为委员长的委员会制度。建立起这样的制度之后，物流就成为生产和销售本身的一项内容。物流部门则只要运用物流知识和物流信息建立物流系统即可。

6）生产、销售、物流一体化时期。首先将不同商品的售出情况、发货及脱销情况、库存及进货情况与销售、生产计划进行比较，将现有库存与基准库存量（库存计划）进行比较，定期进行这一工作。找出计划与实际情况的差异，并据此提出解决方案，修订生产计划和与之相关的采购计划及其以生产、销售计划为前提的物流计划。这种修订使各个时期的计划与销售状况相适应，包括生产和物流运作的修订，也就是通常所说的建立以物流信息为核心的一体化系统。

§ 相关链接

精益物流

精益物流体现了现代物流成本意识。它所追求的目标是尽善尽美，力图以最小的投入获得最大的产出，以最快的速度进行设计和运作，不断地降低物流成本，追求零库存和全面、高效、灵活、优质的服务。精益物流的特点是对消灭物流浪费的无限追求。

日本著名物流研究专家菊池康也教授在《物流管理》一书中，阐明了自己的观点，他认为日本物流成本管理的发展可分为下述 5 个阶段：

1）了解物流成本的实际状况（对物流活动的重要性提高认识）。
2）物流成本核算（了解并解决物流活动中存在的问题）。
3）物流成本管理（物流成本的标准成本管理和预算管理）。
4）物流收益评估（评估物流对企业效益的贡献度）。
5）物流盈亏分析（对物流系统的变化或改革建立模拟模型）。

菊池康也教授认为现在日本企业的物流成本管理大多处于第 3 阶段，还没有达到第 4 阶段、第 5 阶段，物流部门的职能还落后于销售和生产部门的职能。

还有一种著名的观点是以神奈川大学的唐泽丰教授为代表的，认为日本的物流成本管理的发展可以分为 4 个阶段（目前，日本企业物流成本核算与管理处在第 3 阶段）：

1）明确物流成本，从物流成本与销售金额比率的角度进行管理的阶段，即主要是定量地掌握物流成本的阶段。
2）采用物流预算制度，可以对物流成本的差异进行分析的阶段。
3）正式确定物流成本的基准值或标准值，使物流预算的提出或物流的管理有一个客观的、恰当的标准。
4）建立物流管理会计制度的阶段，使物流成本管理与财务会计在系统上联结起来，这说明已到了容易进行成本模拟的阶段。

3．物流成本管理在我国的发展

我国的物流起步较晚。自从物流的概念从日本被介绍到国内后，一开始人们对物流的研究远远落后于物资系统，对物流成本的认识也只是停留在概念认识的层次上。20世纪90年代初，竞争的激烈、业态的多样化导致流通利润的下降，使得人们开始重视物流，并注重物流成本分析在物流管理中的重要性，物流成本开始进入初步的研究和试验性管理阶段，但还只限于个别的企业和部门，并没有引起全社会对物流成本的关注。

进入20世纪90年代后期，生产企业及其他流通企业开始认识到物流的重要性，国内一些企业内部开始设立专门的物流部门，也开始出现了不同形式的第三方物流企业。物流这个"第三利润源"引起了社会和企业的极大兴趣，纷纷参照国外的先进经验和技术来加强物流管理，组织专门的人员研究降低物流成本，物流成本管理开始组织化。进入21世纪，我国的物流产业又有了新的发展，特别是近几年网络经济的发展，我国物流业发展开始走向国际化、全球化。对物流成本管理理论和方法的研究进入了一个新的阶段，出现了一些关于物流成本管理的专著和论文。一些企业开始引入物流成本预算制度，对于物流环节的运输、储存、装卸和搬运等，都有了一些行业的定额指标。

但是从整体上看，目前，我国在物流总成本与物流服务水平的研究方面还处于起步阶段，对物流成本的研究相对还比较贫乏。

1）从企业微观物流成本的角度来看。对物流成本的构成认识不清，"只见树木不见森林"。目前，我国企业现行的财务会计制度中，没有单独的科目来核算物流成本，一般所有的成本都列在费用一栏中，无法分离。这使许多企业仅将向外部运输企业支付的运输费用和向外部仓库支付的仓储费用作为企业的物流成本。这种计算方式使大量的物流成本，如企业内与物流活动相关的人员费、设备折旧费等不为人所知。企业连自己的物流总成本都无法说清，在这种情况下，无论采用什么先进的物流管理模式和技术，都不可能真正实现企业物流系统的合理化。同时，不同企业对物流成本有不同的界定和理解，计算标准不统一，不同企业物流成本之间也不具有可比性。2006年国家标准《企业物流成本构成与计算》（GB/T 20523—2006）颁布实施后，企业物流成本的计算才有了统一、明确的参考依据，但物流成本管理在企业的推广还需要一个较长的过程。

2）从社会宏观物流成本的角度来看。在2004年10月由国家统计局、国家发改委发布的《社会物流统计制度及核算表式（试行）》的通知实施前，我国社会物流成本一直没有统一、权威的数据来源。国内外一些学者和机构运用不同方法对我国社会物流成本进行核算，得到的结果也各不相同。例如，国际货币基金组织估算的我国1997年社会物流成本占GDP的比例为16.9%；摩根士丹利亚太投资研究组测算的我国2000年社会物流成本占GDP的比例为15%；美智管理顾问公司认为我国社会物流成本占GDP的比例为20%左右。直到2004年《社会物流统计制度及核算表式（试行）》发布后，我国社会物流成本的核算有了统一的标准，数据发布才得以权威化和定期化。但是除国家统计局与中国物流与采购联合会每年定期公布我国社会物流成本状况之外，各行业和各地区的社会物流成本统计核算工作并没有得到广泛开展。

从微观上看，物流成本统计数据的缺乏会给企业的物流成本管理与控制带来困难。同时，由于计算口径不同，相同行业或类型相似的企业之间的物流服务成本水平无法比较，这对于评估企业物流绩效，促进企业的物流合理化也是很不利的。从宏观上看，这也会造成区域物流中心与物流园区建设的盲目性。例如，对于某一个地区来说，缺乏该地区确切的物流成本数据就会导致我们对于未来该地区物流需求总量与物流需求类型预计不准确，从而产生建成的物流中心或物流园区不适应当地物流需求的结果，造成资金浪费。此外，物流中心或物流园区建成后能否有效地提高物流效率（在保证一定物流服务水平的前提下，切实地降低物流成本）也不得而知。

1.3 物流成本相关理论学说

1.3.1 物流成本冰山说

这一理论是由日本早稻田大学的西泽修教授提出的。它的含义是人们并没有掌握物流成本的总体内容，提起物流成本大家只看到露出海水上面的冰山一角，而潜藏在海水里的冰山看不见，海水中的冰山才是物流成本的主体部分。西泽修教授指出，企业在计算盈亏时，"销售费用和管理费用"项目所列支的"运输费用"和"保管费"的现金金额一般只包括企业支付给其他企业的运输费用和仓储保管费，而这些外付费用不过是企业整个物流成本的冰山一角。

一般情况下，在企业的财务统计数据中，只能看到支付给外部运输和仓库企业的委托物流成本，而实际上，这些委托物流成本在整个物流成本中确实犹如冰山一角。因为物流基础设施的折旧费、企业利用自己的车辆运输、利用自己的库房保管货物、由自己的工人进行包装和装卸等自家物流成本都计入了原材料、生产成本（制造费用）、销售费用、管理费用和财务费用等科目中。一般来说，企业向外部支付的物流成本是很小的一部分，真正的大头是企业内部发生的物流成本。从现代物流管理的需求来看，当前的会计科目设置使企业难以准确把握物流成本的全貌。美国、日本等国家的实践表明，企业实际物流成本的支出往往要超过企业对外支付物流成本额的5倍以上。

图1-1反映的是我国当前会计核算制度下一个典型制造企业中物流成本的核算现状。其中，整个冰山可以视为该企业的整个物流成本部分，露在水面之上的部分是委托物流成本，这部分物流成本是企业可以统计出来的，而隐藏在水面之下的大部分物流成本不能通过当前的会计核算得到统计。

"物流成本冰山说"之所以成立，除会计核算制度本身没有考虑物流成本之外，还有3个方面的原因：①物流成本的计算范围太大，包括原材料物流、工厂内物流、从工厂到仓库和配送中心的物流、从配送中心到商店的物流、退货物流和废弃物物流等。这么大的范围，涉及的单位非常多，牵涉的面也很广，很容易漏掉其中的某一部分。计算哪部分、漏掉哪部分，物流成本的计算结果相差甚远。②运输、保管、包装、装卸、信息等各物流环节中，以哪几种环节作为物流成本的计算对象问题。如果只计运输费用和保管费用，不计其他费用，与计算运输、保管、装卸、包装、信息等全部费用，两种计算结果差别相当大。③选择哪几种费用列入物流成本的问题。比如，向外部支付的运输费、保管费、装卸费等费用一般都容易列入物流成本，可是本企业内部发生的物流成本，如与物流相关的人工费、物流设施建设费、设备购置费，以及折旧费、维修费、电费、燃料费等是否也列入物流成本中？此类问题都与物流成本的大小直接相关。因而我们说物流成本确实犹如一座海里的冰山，露出水面的仅是冰山一角。

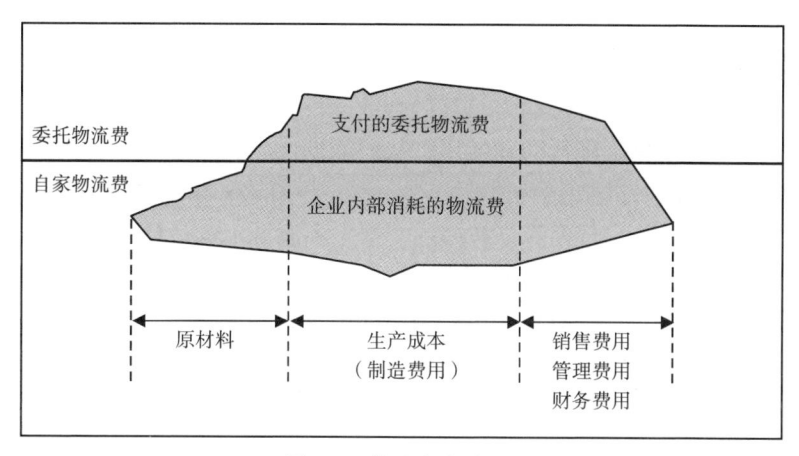

图 1-1 物流成本冰山

1.3.2 "黑大陆"学说

"黑大陆"学说的基本思想与"物流成本冰山说"类似。由于物流成本在会计核算中被分别计入了生产成本、管理费用、营业费用、财务费用和营业外支出等项目，因此，在损益表中所能反映的物流成本在整个销售额中只占很小的比例，因此物流成本的重要性当然不会被认识到，这就是物流成本被称为"黑大陆"的一个原因。

由于物流成本管理存在的问题及有效管理物流成本对企业盈利、发展的重要作用，1962年世界著名管理学家彼得·德鲁克在《财富》杂志上发表了题为《经济的黑暗大陆》一文，他将物流比作"一块未开垦的处女地"，强调应高度重视流通及流通过程中的物流管理。彼得·德鲁克曾经指出："流通是经济领域里的黑暗大陆。"这里彼得·德鲁克虽然泛指的是流通，但是由于流通领域中的物流活动的模糊性特别突出，是流通领域中人们认识不清的领域，所以"黑大陆"学说主要是针对物流而言的。

"黑大陆"主要是指尚未认识、尚未了解的领域。在"黑大陆"中，如果理论研究和实践探索照亮了这块"黑大陆"，那么摆在人们面前的可能是一片不毛之地，也可能是一处宝藏。"黑大陆"学说是对 20 世纪经济学界存在的愚昧认识的一种批驳和反对，指出在市场经济繁荣和发达的情况下，科学技术也好，经济发展也好，都没有止境。"黑大陆"学说也是对物流本身的正确评价，这个领域未知的东西还很多，理论与实践都不成熟。

从某种意义上看，"黑大陆"学说是一种未来学的研究结论，是战略分析的结论，带有较强的哲学抽象性，这一学说对于研究物流成本领域起到了启发和动员作用。

1.3.3 "第三利润源"学说

"第三利润源"的说法是由日本早稻田大学教授、日本物流成本学说的权威学者西泽修

11

在 1970 年提出的。

从历史发展来看，人类历史上曾经有过两个大量提供利润的领域。在生产力相对落后、社会产品处于供不应求的历史阶段，由于市场产品匮乏，制造企业无论生产多少产品都能销售出去，于是就大力进行设备更新改造，扩大生产能力，增加产品数量，降低生产成本，以此来创造企业的剩余价值，即第一利润。当产品充斥市场，转为供大于求，销售产生困难时，也就是第一利润达到一定极限、很难持续发展时，便采取扩大销售的办法寻求新的利润源。人力领域最初是廉价劳动力，其后则依靠科技进步提高劳动生产率，降低人力消耗或采用机械化、自动化来降低劳动耗用，从而降低成本，增加利润，我们称为"第二利润源"。然而，在前两个利润源潜力越来越小、利润开拓越来越困难的情况下，物流领域的潜力被人们所重视，于是出现西泽修教授的"第三利润源"的说法。

这三个利润源着重开发生产力的三个不同要素：第一个利润源挖掘对象是生产力中的劳动对象；第二个利润源挖掘对象是生产力中的劳动者；第三个利润源挖掘对象则是生产力中劳动工具的潜力，同时注重劳动对象与劳动者的潜力，因而更具有全面性。

从"第三利润源"学说中，人们应该认识到：

- 物流活动和其他独立的经济活动一样，不仅是总体的成本构成因素，而且是单独盈利因素，物流可以成为"利润中心"。
- 从物流服务角度来说，通过有效的物流服务，可以给接受物流服务的生产企业创造更好的盈利机会，成为生产企业的"第三利润源"。
- 通过有效的物流服务，可以优化社会经济系统和整个国民经济的运行，降低整个社会的运行成本，提高国民经济总效益。

1.3.4 物流成本交替损益规律

物流成本交替损益（Trade-off）规律又称为物流成本效益背反规律、二律背反效应。物流系统的效益背反包括物流成本与服务水平的效益背反和物流功能之间的效益背反。

1. 物流成本与服务水平的效益背反

物流成本与服务水平的效益背反是指物流服务的高水平必然带来企业业务量的增加、收入增加，同时也带来企业物流成本的增加，使得企业效益下降，即高水平的物流服务必然伴随高水平的物流成本，而且物流服务水平与物流成本之间不呈线性关系，如图 1-2 所示。在没有很大技术进步的情况下，企业很难同时做到提高物流服务水平和降低物流成本。

从图 1-2 中可以看出，在物流服务处于较低水平时，追加物流成本 X，就可以把物流服务水平提高 Y_1；如果处于较高物流服务水平，同样追加物流成本 X，物流服务水平只能提高远小于 Y_1 的 Y_2。

实际上，进行有效物流管理的目标，就是要在保持客户要求的物流服务水平的同时，使得物流成本达到最低。与处于竞争状态的其他企业相比，在处于相当高的服务水平的情况下，要想超过竞争对手，维持更高的服务水平就需要有更多的投入。美国营销专家科特勒指出："物流的目的必须引进系统效率概念，才能得出较好的定义。"他把物流看成由多个效益背反的要素所构成的系统，避免为了片面达到某单一目的，而损害企业整体利益。

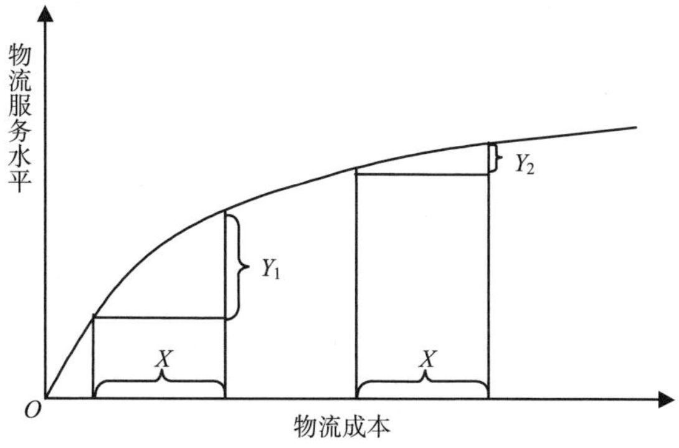

图 1-2　物流服务水平与物流成本的效益背反关系

§ 相关链接

服务水平的描述

对客户的服务水平可以通过一些物流服务关键绩效指标（Key Performance Indicators，KPI）来描述。例如，订单准时完成率要求达到 98%以上，公路运输准点率要求达到 95%以上，铁路运输准点率要求达到 90%以上，运输货损货差率要求达到 0.1%以下，仓储货损货差率要求达到 0.1%以下。当然，由于不同客户要求的物流服务不同，相应的物流服务关键绩效指标的设定及标准水平的确定也会随着客户的需求而有所区分。

一般在对物流服务和物流成本做决策时，可以以价值工程理论为指导，考虑以下 4 种方法：

1）保持物流服务水平不变，尽量降低物流成本。在不改变物流服务水平的情况下，通过改进物流系统来降低物流成本，提高物流价值。这种通过优化系统结构降低物流成本来维持一定物流服务水平的方法称为追求效益法。

2）提高物流服务水平，增加物流成本。这是许多企业提高物流服务水平的做法，是企业物流面对特定客户或其面临竞争对手时所采取的具有战略意义的做法。

3）保持物流成本不变，提高服务水平。这是一种积极的物流成本对策，是一种追求效益的方法，也是一种有效地利用物流成本性能的方法。

4）用较低的物流成本，实现较高的物流服务。这是一种增加效益、具有战略意义的方法。企业物流只有合理运用自身的资源，才能获得这样的成果。

企业采取哪种物流成本策略，要考虑各个方面的综合因素，这些因素包括商品战略、流通战略和物流系统所处的环境及竞争对手的情况等。对于自身物流服务成本水平与物流服务质量水平，可以进行综合的分析，也可以与竞争对手或同行业其他企业进行相应的比较分析，如图 1-3 所示。

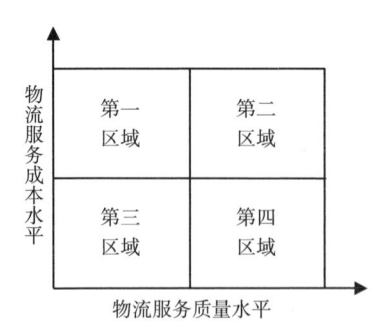

```
物流
服务      第一      第二
成本      区域      区域
水
平        第三      第四
          区域      区域

            物流服务质量水平
```

图1-3　物流服务质量水平与物流服务成本水平

在与竞争对手的比较过程中，如果本企业处于第一区域，即物流服务质量水平低于竞争对手，但是物流服务成本水平高于竞争对手，这是最差的情况。在这种情况下，企业应尽快改进物流运营管理，提高服务水平，降低物流成本。

如果在与竞争对手的比较过程中处于第二区域，表明与竞争对手相比较，客户对物流服务质量水平是相对满意的，但是物流服务成本水平较高。在这种情况下，企业应在保持自身物流服务质量水平的同时，通过不断降低物流成本来改善物流系统。

如果企业处于第三区域，则表明与竞争对手相比，本企业的物流服务质量水平较低，同时物流服务成本水平也较低，也许可以说明本企业的服务水平定位较低。在这种情况下，企业应考虑在一定的物流成本下，追求物流服务水平的提高，改进物流服务。

如果与竞争对手相比，本企业处于第四区域，则是最理想的结果，表明本企业在物流服务成本水平低于竞争对手的情况下，物流服务质量水平却高于竞争对手，说明物流管理水平较高，物流成本控制得较好。

把自身的物流服务质量水平和物流服务成本水平与竞争对手进行比较，可以对自身的物流经营现状进行定位，并通过以上方法，来寻求自身物流运营的改善。

提示

针对客户对本企业的重要性，在物流服务质量水平的制定上也可能有所区别。特别是在企业物流服务资源有限的情况下，应根据客户的需求，并依据客户对本公司销售贡献的大小将客户分成不同的层次，从而决定不同的物流服务项目和不同的服务水平。

2．物流功能之间的效益背反

物流功能之间的效益背反是指物流各项功能活动处于一个统一且矛盾的系统中，在同样的物流总量需求和物流执行条件情况下，一种功能成本削减会使另一种功能成本增加。因为各种费用互相关联，必须考虑整体的最佳成本。

我们知道，物流的基本功能主要是对货物的包装、装卸、保管、运输配送4个职能，这些基本职能之间就存在此消彼长的效益背反。

例如，从配送中心的数量与运输配送费和保管费的关系来看，一个企业如果在配送范围内建立多个配送中心，运输配送成本必然下降，因为运输距离变短，但是同时，由于单个配送中心必须配备一定数量的保管人员、车辆，且保持一定的商品库存，必然导致企业整体的工资费用、保管费、库存资金占用利息等大大增加。也就是说，运输成本和保管费用之间存在着二律背反关系，二者交替损益。

另外，在货物年需求量不变的情况下，由于每次订货成本不变，一年内订货次数越少，年总订货费用越低；但是同时，订货次数少意味着每次订货数量多，使得保管费用增加。也就是说，订货费用越少，库存持有成本越高，而总库存费用等于两者之和。但是订货费用的增减与存货持有成本也并非绝对负相关，企业完全可以通过长期的数据统计，利用相关总库存费用模型，得出企业的最优订货次数和每次订货量。

这些现象说明，要实现物流成本的削减，不能仅仅关注个别物流成本的控制，而要从系统成本的角度来管理，掌握好物流成本各构成项目之间的关系，即物流成本的管理与控制要有全局观念。物流系统就是以成本为核心，按最低成本的要求，使整个物流系统化，它强调的是调整各要素之间的矛盾，把它们有机地结合起来，使物流总成本最小。

企业物流成本的效益背反关系实质上是研究企业物流的经营管理问题，即将管理目标定位于降低物流成本的投入并取得较大的经营效益。在物流成本管理中，作为管理对象的是物流活动本身，物流成本作为一种管理手段而存在。一方面，成本能真实地反映物流活动实态；另一方面，物流成本可以成为评价所有活动的共同尺度。

企业物流管理肩负着"降低物流成本"和"提高物流服务水平"两大任务，这是一对相互矛盾的对立关系。整个物流合理化，需要用总成本评价，这反映出企业物流成本管理的效益背反特征及企业物流对整体概念的重要性。

> **应用案例**
>
> 美国布鲁克林酿酒公司在美国的经营绩效平平。从1989年11月开始，该公司通过航空运输将啤酒运输到日本销售。这样的物流作业可以在啤酒酿造后的1周内将啤酒直接运达客户手中，而海外装运啤酒的平均订货周期为40天。虽然航空运输费用高，但速度快，减少了流动资金占用，节约了大量库存成本。而且啤酒的价格在日本比美国高出5倍。空运啤酒到日本的物流总成本虽然比海运啤酒到日本的物流总成本高，但考虑到空运啤酒的价格卖得高，从整个企业经营的角度看，空运啤酒无疑是有益的。事实上，布鲁克林酿酒公司在美国还没有成为知名品牌，在日本却创造了一个年销售额200亿美元的市场。

1.4 物流成本管理与控制系统的基本内容

从企业物流成本的角度来说，物流成本管理要从两个方面展开。一方面是以财会人员为主的物流成本管理系统，另一方面是以物流管理人员为主的物流控制管理系统。在本书中，将其归纳为物流成本的管理与控制系统。

1）物流成本是一个经济范畴，实施物流成本管理与控制，必须遵循经济规律，尤其是价值规律的要求。这就要求在物流成本管理中，要广泛地利用价格、利息、奖金等经济杠杆，利用定额、资金、利润等经济范畴，以及经济仲裁、责任结算、绩效考核等经济手段或措施对物流成本实施有效的管理。这里所说的物流成本管理系统，就是指在进行物流成本核算的基础上，运用专业的预测、计划、核算、分析和考核等经济管理方法来进行物流成本的管理，具体包括物流成本预算、物流成本性态分析、物流责任成本管理、物流成本效益分析等，这些是以财会人员为主、物流管理人员配合展开的物流成本管理工作。

2）物流管理是一项技术性很强的管理工作，要降低物流成本，必须从物流技术上下功夫。因此，光有财会人员的努力是不够的。物流管理人员通过各个物流作业环节的技术改进和管理改善，来降低物流成本是很重要的。物流成本的日常控制系统就是指在物流运营过程中，通过物流技术的改善和物流管理水平的提高来降低和控制物流成本。具体来说，物流成本控制的技术措施主要包括提高物流服务的机械化、集装箱化和托盘化，改善物流途径、缩短运输距离、扩大运输批量、减少运输次数、提高共同运输，维护合理库存、管好库存物资、减少物资毁损，等等。在物流成本的管理与控制中，作为控制对象的是物流活动本身，物流成本只是作为一种管理手段而存在。

1.4.1 物流成本管理系统的基本内容

这是指以财会人员为主、物流管理人员配合展开的物流成本管理。在讲到物流成本管理时，首先要澄清人们在认识物流成本管理时存在的一个误区。因为许多人一提到"物流成本管理"就认为是"管理物流成本"，在大多数情况下，人们把注意力单纯地集中于物流成本的计算上，实际上，计算物流成本并非物流成本管理的目的，物流成本管理的真正目的在于"为什么计算"。只有赋予物流成本管理"管理"的目的，企业才算掌握了物流成本管理的真谛。实质上，"物流成本管理"的概念要比"管理物流成本"更广泛，它的具体含义是通过成本这一核算结果来管理各项物流作业，进而对整个物流系统进行管理、优化，即"通过成本目标管理物流"。具体来说，物流成本管理的"目的"主要包括以下3个方面：

1）把握物流成本的总额，并根据企业物流成本历年数据资料，认识到企业物流成本发展的趋势。若有行业物流成本统一核算标准，还可以与行业内其他企业进行横向比较，找出差距。

2）借助以上数据和比较结果，评估企业物流经营的绩效，从供应链全过程对物流作业进行整合、管理，甚至剥离。

3）正确评估企业物流部门或者其他物流相关部门对企业的贡献，为企业发展战略的制定提供依据。

基于以上分析，本书中把物流成本管理系统分成3个层次，即物流成本核算层、物流成本管理层和物流成本效益评估层，如图1-4所示。

第 1 章 物流成本管理与控制概述

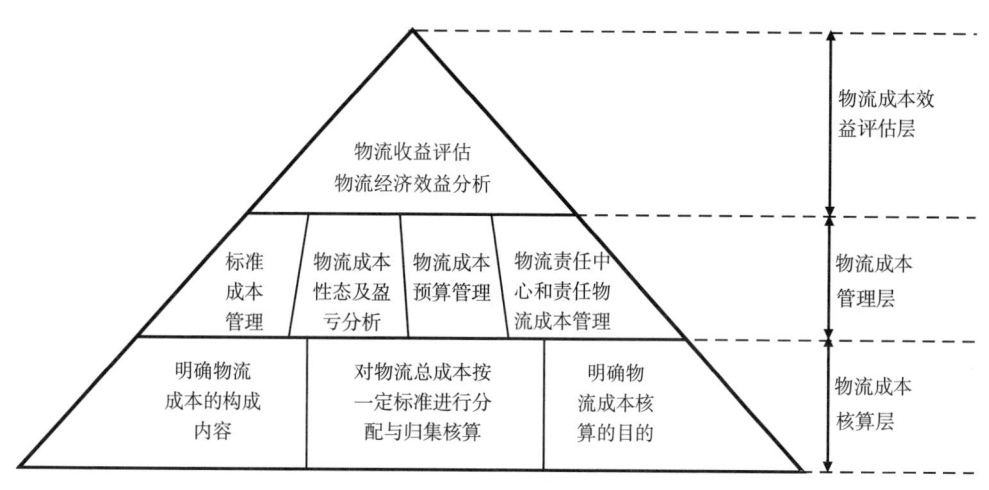

图 1-4 物流成本管理系统的层次结构与基本内容

1. 物流成本核算层

物流成本核算层的主要工作包括以下几点。

（1）明确物流成本的构成内容

物流成本的各项目之间存在此消彼长的关系，某一项目成本的下降会带来其他项目成本的上升。因此，在达到一定服务标准的前提下，不明确物流总成本的全部构成，仅仅对其中的某一部分或某几部分进行调整和优化，未必会带来全部物流成本的最优化。所以明确物流成本的构成，将全部物流成本从原有的会计资料中分离出来是十分必要的。在此基础上，才能进行有效的物流成本核算、物流成本管理和物流成本的比较分析。

（2）对物流总成本按一定标准进行分配与归集核算

它是进行物流成本决策与控制的基础。在企业经营计划进行后，根据企业制定的物流成本计算或者归集对象，对产生的各种耗费进行归纳，采用相适应的成本计算方法，按照规定的成本项目，通过一系列的物流成本汇集与分配，从而计算出各物流活动成本计算对象的实际总成本和单位成本。物流总成本可以按照不同的标准进行归集。较常用的方式有：根据不同的产品、不同的客户或不同的地区等成本核算对象来进行归集；根据装卸费用、包装费用、运输费用、信息费用等物流职能来进行归集；按照材料费、人工费等费用支付形式来进行归集。这些归集方法与目前的财务会计核算口径是一致的。现在，越来越多的企业在推行作业成本法（Activity-Based Costing，ABC），这也是一种进行物流成本归集核算的有效方法。

（3）明确物流成本核算的目的

在进行物流成本有效核算的基础上，可以开展多种形式的物流成本管理。因此，在进行企业物流成本核算时，要明确物流成本核算的目的，使得整个核算过程不仅仅停留在会计核算层面上，而能够充分运用这些成本信息，对企业的用途和意义更大。

2. 物流成本管理层

物流成本管理层是指在物流成本核算的基础上，采用各种成本管理与管理会计方法，来进行物流成本的管理与控制。结合物流成本的特征，可以采用的成本管理方法主要包括

17

物流标准成本管理、物流成本性态及盈亏平衡分析、物流成本预算管理、物流责任中心和责任物流成本管理等。

物流成本管理层最重要的项目是物流成本性态分析，它是指在成本核算及其他有关资料的基础上，运用一定的方法揭示物流服务成本水平的变动，进一步查明影响物流服务成本水平变动的各种因素。通过物流成本分析，检查和考核成本计划完成的情况，及时总结经验，找出实际与计划差异的原因，及时发现问题，查明原因，揭露物流环节存在的主要矛盾，以及根据考核结果对相关部门的绩效进行考核，这就是物流成本预算管理和责任物流成本管理的内容。

3. 物流成本效益评估层

这是指在物流成本核算的基础上，进行物流收益评估和物流经济效益分析。在此基础上，对物流系统的变化或改革建立模拟模型，寻求最佳物流系统的设计。

按照日本著名物流学者菊池康也的分析，目前日本的物流成本管理多处于前两个层次上，还没有达到第三个层次，对企业物流部门的成本管理还落后于销售和生产部门。在我国，对物流成本的管理还更多地停留在第一个层次上。由于对物流效益的定量评估存在一定的困难，因此，在本书中对物流成本效益评估层的管理也不多做论述。

1.4.2 物流成本日常控制系统的基本内容

物流成本的日常控制是指在日常物流运营的每个作业环节，依据现代物流运营理论，采用先进的物流技术与方法，提高物流技术水平和物流管理水平，优化物流系统，来降低整个企业物流成本的一系列措施。

物流成本控制是物流成本管理的中心环节。根据现代成本管理与控制理论，企业物流成本管理是由物流成本的预测、决策、计划、核算、控制、分析和考核等多个环节组成的一个有机整体。物流成本管理的诸环节相互联系，相互作用，通过其不断循环构成物流成本管理控制体系。而这一体系的中心环节便是物流成本的日常控制。物流成本的预测、计划、核算、分析等成本管理技术，最终都要通过日常控制环节来实现物流成本的降低。而物流成本的日常控制，也是要求企业创新物流技术和方法、提高物流管理水平的过程。可以说，物流成本的有效管理与控制也推动着物流技术的更新、物流管理水平的提高。

> **提 示**
>
> 要最大限度地降低物流成本需要从事物流工作的全体员工的参与，每个员工都要具有降低物流成本的愿望和意识，并进行自我控制。另外，物流成本的发生不仅由物流部门负责，也涉及供应、生产、销售等部门。因此，物流成本的降低还需要各部门通力合作，以确保从总成本角度降低物流成本。

现代物流成本控制是企业全员控制、全过程控制、全环节控制和全方位控制。现代物流成本控制的内容不再是孤立地降低物流成本，而是从成本与效益的对比中寻找物流成本的最小化，即运用成本—效益分析，为了未来更高的收益而支出某些当前看起来很昂贵的费用。比如，引进新型物流设备——电子拣货系统可能导致当前巨额的物流支出，在日后的生产运营中，高昂的折旧也使企业每月物流成本居高不下，使企业物流成本绝对数大幅度增加，但因为引进先进设备，使企业的物流效率大大提高，差错率降低，人工成本降低，扩大的业务量足以弥补企业当前的支出而提高企业的净利润绝对数，因此总体来说，企业效益增加。树立现代物流成本控制意识，运用成本—效益分析，可以为企业创造更大收益，所以为未来"增效"而树立物流成本效益观念是极为重要的。

物流成本控制的对象有很多种，因此，物流管理人员对物流成本的控制也是多角度、多环节的。在实际工作中，物流成本的控制一般可以分为以下3种主要形式。

（1）以物流成本的形成阶段作为成本控制对象

以制造企业为例，就是将供应物流成本、生产物流成本、销售物流成本、废弃物物流成本及回收物物流成本作为成本控制的对象。也就是说，在供应物流、生产物流、销售物流、废弃物物流及回收物流的不同阶段，寻求物流技术的更新和物流管理水平的提高，来控制和降低各个阶段的物流成本。

（2）以物流服务的不同功能作为成本控制对象

也就是说，从仓储、运输、包装、装卸、流通加工等各个物流作业或物流功能的角度来寻求物流管理水平的提高和物流技术的更新，控制和降低物流成本。

（3）以物流成本的不同项目作为成本控制对象

也就是说，将材料费、人工费、燃油费、差旅费、办公费、折旧费、利息费、委托物流费及其他物流费等物流成本项目作为控制对象，通过对各项费用项目的控制节约，谋求物流总成本的降低。

当然，企业在进行物流成本日常控制过程中，这3种物流成本的控制形式并非孤立的，而是结合在一起的，某一种形式的成本控制方式也会影响另一种形式的成本控制方式。它们的关系如图1-5所示。

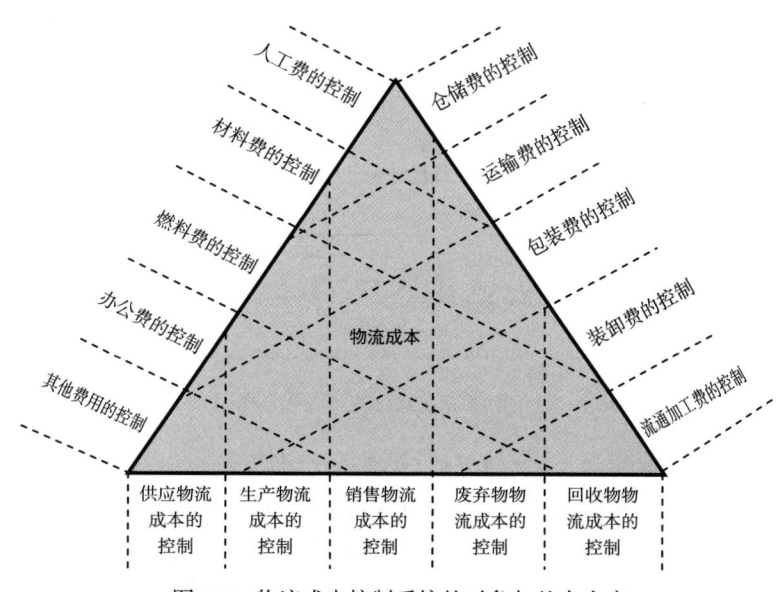

图1-5 物流成本控制系统的对象与基本内容

1.4.3 物流成本的综合管理与控制

以财会人员为主的物流成本管理系统是对物流成本进行预测和编制计划，并通过会计系统进行物流成本的归集和核算，来对本年度物流成本进行分析，对相关物流成本责任部门进行考核，并把相关信息反馈给相关作业与管理部门，便于他们依据这些成本信息来充分挖掘降低物流成本的潜力，寻求降低物流成本的有关技术经济措施，同时，进行物流成本决策和再预测，进入下一个物流成本管理循环。因此，可以说，物流成本管理系统是由物流成本的预测、计划、成本计算、成本分析、成本信息反馈、成本决策和再预测等环节构成的。一个预测管理期连着下一个预测管理期，不断循环提高。成本管理的预测计划循环按时间标准进行划分，可以是短期计划（一个月或一个季度）、中期计划（半年或一年）和长期计划。

以物流管理人员为主的物流成本日常控制系统主要是通过物流技术的更新、物流管理水平的提高来实现物流过程的优化和物流成本的降低。物流过程是一个创造时间性和空间性价值的经济活动过程，为使其能提供最佳的价值效能，就必须保证物流各个环节的合理化和物流过程的迅速、通畅。物流系统各个环节的优化技术与方法很多，例如，用线性规划、非线性规划制订最优运输计划，实现物品运输优化；运用系统分析技术选择货物最佳的配比和配送线路，实现货物配送优化；运用存储论确定经济合理的库存量，实现物资存储优化；运用模拟技术对整个物流系统进行研究，实现物流系统的最优化等。

实际上，企业物流成本管理的展开，是财会人员和物流管理人员相结合的二维管理体系，并形成一个不断优化的物流系统的循环。通过一次次循环、计算、评价，使整个物流系统不断地优化，最终找出其总成本最低的最佳方案。物流成本综合管理与控制方法如图1-6所示。

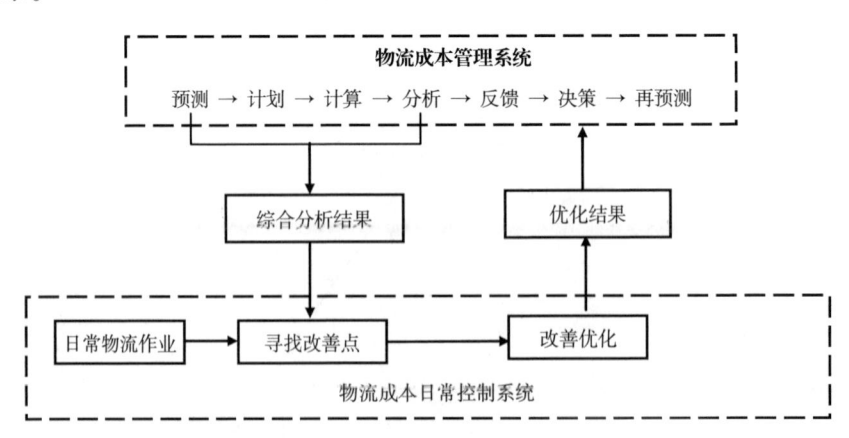

图1-6 物流成本综合管理与控制方法

在实际工作中，企业应该将物流成本的管理系统与物流成本日常控制系统有效地结合起来，把物流成本当成一种指标工具，在企业物流成本的日常控制中实现物流成本管理的目的。表1-1是某企业物流成本管理与物流成本日常控制相结合的基本思路，根据企业物流过程将企业物流成本控制分成了供应物流、生产物流、销售物流与售后服务4个方面。

表 1-1 某企业物流成本管理指标与物流成本日常控制策略的结合

物流过程	物流成本管理主要指标	物流成本日常控制策略
供应物流	• 订货处理成本 • 验收、质检成本 • 搬运成本 • 运输成本 • 仓储成本 • 人工成本	• 为降低运输和搬运成本，进行大批订货供应 • 尽可能选择距离生产地点近的采购地点 • 要求不同供应商提供的原材料、零配件符合企业制定的标准 • 加强物流作业的基础记录工作，强化成本控制
生产物流	• 人工耗费 • 材料损耗或丢失 • 分厂内和跨工序转运费 • 搬运、仓储、物流设备维修费 • 安全库存成本	• 物流活动自动化 • 厂址确定以人工费最低为标准 • 尽量减少等待时间和衔接工序时间 • 根据销售情况及时更新安全库存，降低安全库存成本
销售物流	• 运输成本 • 仓储保管成本 • 订货处理成本 • 退货成本 • 计算机信息处理费用 • 直接、间接人工费用	• 选择运输设备，确定配送时最佳路线、装载空间布置，最大限度地降低运输成本和操作成本 • 合理确定仓储规模和存货空间布置 • 努力与客户达成有利于降低物流成本的合作方案 • 考虑配送中心的地理位置，选择使企业总物流成本最低点
售后服务	• 维修人员费用 • 维修网点设立与实施费 • 备件、维修工具的库存 • 售后服务信息系统运作费	• 调整售后服务网点的布局和数量 • 调整售后服务的范围和水平

1.5 物流成本管理和控制中要注意的问题

我国物流成本管理与控制的理论研究和实践应用近年来得到了广大学者和实务工作者的重视，也取得了一定的成果，但仍然有很多工作值得大家去开发研究和深入运用。在物流成本管理与控制系统的研究运用过程中，有以下方面值得引起注意。

1. 物流成本核算是物流成本管理的基础

物流成本管理的前提是物流成本核算，只有清楚物流成本核算的范围，才能够实施物流成本分析，编制物流成本预算，控制物流成本支出。物流成本的内涵在概念上是明确的，问题的关键是，在实践中如何正确界定和划分物流成本的范围，如何将物流成本准确地计算出来。

目前，我国企业现行的财务会计制度中，没有单独的科目来核算物流成本，有人认为要把隐藏的物流成本全部都核算出来很难实现，就不断埋怨传统会计不能提供足够的物流成本分配的数据，很明显，这是一个误区。

要点解析：企业如何开展物流成本管理工作

2. 物流成本管理是通过成本来管理物流活动

物流成本管理不是"管理物流成本"，而是"通过成本管理物流"。在物流越来越得到企业重视的今天，人们却往往把注意力单纯地集中到掌握与核算物流成本上，从而造成"虽然计算了物流成本，但不知道怎么利用"的后果。事实上，成本本身只是用金额评价某种活动的结果，并不超越这个结果的成本本身。而在物流成本管理中能够成为管理对象的，只是物流活动本身。

3. 企业往往会简单地认为物流成本下降就会带来效益

企业领导一味要求降低成本。过去，企业认为物流是一种没有效益的活动，因而总是认为必须使之合理化以降低成本，这种观点是有问题的。不应该把物流只看作需要支付的费用，而应把它当作资源加以有效地利用，也就是将物流成本看作一种生产要素，应当利用物流成本资源促进销售，争取客户。不从一定服务水平下的物流成本能取得多少收益着眼，而只是一味地强调降低成本是毫无意义的。应当在维持物流服务水平的前提下，降低物流成本。往往看到有人张口闭口说物流服务应与物流成本保持平衡，但这句话并没有告诉人们该怎么去做。应该充分地考虑物流服务水平，然后在一定的服务水平的前提下考虑如何降低成本。

4. 物流成本管理要面向客户服务过程

物流成本管理不是针对企业的经营结果，而是针对客户的服务过程。物流成本的大小具有以客户服务需求为基准的相对性特点，这是物流成本与企业其他成本在性质上的重要区别。现在，客户对多频次、定时进货的要求越来越广泛，这就要求物流企业或者企业物流部门能适应这种需求。在高水平的客户服务水平与低成本的物流运作能力之间，企业要进行一个符合自身发展战略和定位的衡量，并没有一个绝对的尺度。

5. 物流成本管理要以企业整体为研究分析对象

由于物流成本中广泛存在效益背反的性质，因此，物流成本管理要尽量以企业整体为研究分析对象。单个环节物流成本的降低并不意味着企业物流总成本的降低，同样有时也会出现单个环节物流成本上升而物流总成本下降的现象。因此，要站在系统的角度，沿着其价值链或作业链进行无缝隙的企业物流成本管理。

如果企业的各个环节由不同的部门负责，包括销售管理、采购管理、运输、配送、库存控制和客户服务等物流功能，由于企业按部门考核其成本效益指标，许多部门只关心本环节节约物流成本，使得降低物流成本的努力只是停留在某一项功能活动上，而忽视了对物流活动的整合。其结果是由于忽视了物流功能要素之间存在的效益背反关系，虽然在某一项物流活动上支付的费用降低了，但总体物流成本并没有因此下降，或者物流总成本虽然下降了，但是企业经营管理总成本上升了。因此物流成本的节约最重要的是从总成本的角度出发，而不是追求其中某个环节的成本最低。企业物流是一个完整的系统，追求物流成本的降低必须以系统的观点和现代供应链管理的思想为指导，一方面通过在企业内部系统实行全面成本管理，另一方面与上下游企业构建供应链实现共赢。

综上所述，对企业来讲，要实施现代化的物流管理，首要的是全面正确地把握企业内外发生的所有物流成本，削减物流成本必须以企业整体为对象，在致力于削减物流成本的同时注意不能降低对客户的服务水平。随着企业多频度、定时进货的需求和客户小批量、及时迅速的送货需求，企业必须加强物流成本的管理与控制，才能在竞争中立于不败之地。

最后，应该指出的是，企业往往只把目光局限在如何掌控物流成本上，实际上，掌控物流成本确实非常重要，但更多地应当把重点转移到如何运用物流成本上来。

本章小结

❶物流成本管理是物流管理的核心内容。无论采用什么样的物流技术与管理模式，其最终目的不在于这种模式与技术本身，而是要在保证一定物流服务水平的前提下实现物流成本的降低。可以说，整个物流技术和物流管理的发展过程就是不断追求物流成本降低的过程。

❷按照人们进行物流成本管理和控制的不同角度，可以把物流成本分成社会物流成本、货主企业（包括制造企业和商品流通企业）物流成本及物流企业物流成本3个方面。

❸不论从微观企业的角度还是从宏观社会的角度看，物流成本的管理与控制都具有重要的经济意义。在物流成本管理的发展过程中，产生了"物流成本冰山说"、"黑大陆"学说、"第三利润源"学说等重要的理论基础。另外，在物流成本管理中，要考虑物流成本交替损益规律，从整体上追求物流服务水平及总体物流成本的最佳配合。

❹在本书中，把物流成本管理和控制系统分成两个方面，一是物流成本管理系统，包括物流成本核算层、物流成本管理层和物流成本效益评估层3个层次，它是指在进行物流成本核算的基础上，运用专业的预测、计划、核算、分析和考核等经济管理方法来进行物流成本的管理，具体包括物流成本预算、物流成本性态分析、物流责任成本管理及物流成本效益分析等；二是物流成本日常控制系统，它是指在日常物流运营的每个作业环节，依据现代物流运营理论，采用先进的物流技术与方法，来降低整个企业物流成本的一系列措施。物流成本控制是物流成本管理的中心环节，具体来说，物流成本的日常控制可以以物流成本的形成阶段、物流服务的不同功能及物流成本的不同项目作为控制对象。

❺在实际工作中，企业应该将物流成本的管理系统与日常控制系统有效地结合起来，形成一个不断优化的物流系统的循环，在企业物流成本的日常控制中实现物流成本管理的目的。通过一次次循环、计算、评估，使整个物流系统不断地优化，最终找出其总成本最低的最佳方案。

提示与思考

1．站在宏观物流成本、货主企业或者物流企业不同的视角来看待物流成本管理问题，其关注的重点是不一样的。因此本书的内容及其他关于物流成本管理的相关文献，你需要站在一定的视角来解读关于物流成本的含义，并考虑物流成本管理的相关措施。

2．物流成本的核算，是开展物流成本管理的基础。只有在核算的基础上，才能开展更高层次的物流成本管理活动。

3．企业的物流成本管理，需要财会人员与物流管理人员的结合才能更好地展开。物流成本管理是一个二维管理系统。

复习思考题

1．什么是物流成本？在分析过程中，人们应该从哪些不同角度理解物流成本的含义？

2．如何理解日本和欧美国家物流成本管理的发展历程？对我国物流成本管理的发展有何借鉴作用？

3．从微观和宏观上看，物流成本管理有何意义？

4．什么是"物流成本冰山说"？

5．物流系统中有哪些物流成本交替损益规律？这些规律对物流成本的管理有何启示？

6．简述物流成本管理与控制系统的构成。

第 2 章

物流成本的构成与分类

企业的生产特点和管理需求决定了物流成本的分类方法。

本章学习目标

- 明确社会物流成本的构成；
- 了解社会物流成本的统计核算方式；
- 明确货主企业物流成本的构成；
- 明确商品流通企业物流成本的构成；
- 明确物流企业物流成本的构成；
- 明确各项物流功能的成本构成。

引导案例

当前很多学者都在争论以下几个问题：

国与国之间物流成本可比吗？行业之间物流成本可比吗？企业之间物流成本可比吗？一些学者在文章中曾提到各国之间的物流成本不可比，主要原因在于各国之间的经济结构不同，发展阶段不同，物流成本测算指标不尽一致，各个指标的统计口径也无法完全统一，因此，得出了一个各国物流成本无法比较的结论。然而同时，很多学者认为物流成本占一国国内生产总值的比例虽然因为经济结构、发展阶段、测算指标和指标统计口径等差异存在，不能生硬比较，但是该指标仍然具有很大的参考价值。为什么这样说呢？

首先，该指标是一个相对量指标，而不是总额指标，可以大体上说明一国的物流发展水平。

其次，很多国家都对该指标进行测算，每个国家都可以与经济结构和经济发展水平相当的国家进行比较，以便明确自身的物流发展水平。而与经济和物流发展水平高的国家比较可以明确自身的差距，通过学习，不断提升自身的物流水平。

再次，各国当前测算指标和指标统计口径不一致，给当前国与国之间的物流成本横向比较造成了障碍,但是也给各国今后宏观物流成本测算和统计提出了一个发展方向。当然,统一测算指标和指标统计口径是一个漫长的过程,基本上是发展落后的国家向发达国家的测算指标和指标统计口径靠拢。

最后,在各国测算指标中,有很大一部分是对物流成本各组成部分甚至各行业物流成本总额和发展变化指标的比较分析,这些指标中很大一部分是可以进行国与国之间比较的。

通过以上分析,我们明确了这样一个观念,即国与国之间的物流成本是可比的。

那么,不同行业之间呢?不同行业对物流功能的需求不同,即使需求的物流服务类型相同,需求的物流服务水平也参差不齐,几乎无法形成统一测算指标和统一口径。因此,行业之间的物流成本总量指标和比例指标缺乏可比性。

接下来,大家再思考一个问题:既然不同行业之间的物流成本比较没有意义,我们是否还需要进行行业物流成本总额、平均水平、构成比率的测算呢?另外,不同企业之间的物流成本是否具有可比性?

2.1 社会物流成本的构成内容

案例导读:社会物流成本占 GDP 比重的影响因素

社会物流成本是核算一个国家在一定时期内发生的物流总成本,是不同性质企业微观物流成本的总和。按照 2004 年由国家统计局、国家发展改革委员会发布的《社会物流统计制度及核算表式(试行)》中的定义,社会物流成本是指一定时期内,国民经济各方面用于社会物流活动的各项费用支出,包括:支付给运输、储存、装卸搬运、包装、流通加工、配送、信息处理等各个物流环节的费用;应承担的物品在物流期间发生的损耗;社会物流活动中因资金占用而应承担的利息支出;社会物流活动中发生的管理费用等。一个国家物流成本总额占国内生产总值的比例,已经成为衡量各国物流服务水平和物流发展水平高低的标志。

美国、日本等发达国家对物流成本的研究工作非常重视,已经对物流成本持续进行了必要的调查与分析,建立了一套完整的物流成本收集系统,并将各年的资料加以比较,随时掌握国内物流成本变化情况,以供企业和政府参考。在我国,也建立了相应的社会物流成本统计制度和核算标准。

相关链接

GDP 与 GNP

国内生产总值(GDP)与国民生产总值(GNP)都是反映宏观经济的总量指标,但它们既有联系又有区别。国内生产总值是指一个国家或地区范围内的所有常住单位在一定时期内生产最终产品和提供劳务价值的总和。国民生产总值是指一个国家或地区的所有常住单位在一定时期内在国内和国外所生产的最终成果和提供的劳务价值,

第 2 章 物流成本的构成与分类

> 它等于国内生产总值加上来自国外的净要素收入。国外净要素收入是指从国外得到的生产要素收入减去支付给国外的生产要素收入。国内生产总值是"领土"概念，国民生产总值是"生产要素"概念。在经济封闭的国家或地区，国民生产总值等于国内生产总值。

2.1.1 社会物流成本构成的概念性公式

目前，各国物流学术界和实务界普遍认同的一个社会物流成本计算的概念性公式：

$$物流总成本=运输成本+存货持有成本+物流行政管理成本$$

基于这个概念性公式，可以认为，社会物流成本由 3 个部分构成：

- 运输成本（Transportation Cost）。
- 存货持有成本（Inventory Carrying Cost）。
- 物流行政管理成本（Logistics Administration Cost）。

下面根据美国和日本对社会物流成本的统计方法，来具体分析社会物流成本中运输成本、存货持有成本和物流行政管理成本的构成内容。

2.1.2 美国社会物流成本的构成内容及统计

美国权威的物流市场年度报告撰稿人 Robert V. Delaney 先生已经连续十多年编纂出版《美国物流年度报告》（*Annual "State of Logistics Report"*），而对美国社会物流成本测算的年代已经上溯到 1960 年。Delaney 先生的每次报告中均包括以下指标：

- 年度物流总成本及其组成结构。
- 物流总成本及各项目变化趋势。
- 物流成本占 GDP 的比率及发展趋势。

计算出指标后，会对变化的原因进行分析，找出可改进之处。

1. 美国社会物流成本的构成内容及计算方法

历年来，美国权威物流成本核算机构在计算物流成本时都采用下述公式，该公式也是其在多年的实践中不断改进的结果，具有一定的普遍性。

$$物流总成本=存货持有成本+运输成本+物流行政管理成本$$

式中 存货持有成本=利息+税、折旧、贬值、保险+仓储费用；
运输成本=公路运输+铁路运输+水路运输+油料管道运输+
航空运输+货运代理相关费用+货主费用；
物流行政管理成本=订单处理及 IT 成本+
市场预测、计划制订及相关财务人员发生的管理费用。

宏观上，美国社会物流成本包括的 3 个部分有各自的构成内容，也有各自的测算办法。

（1）存货持有成本

存货持有成本是指花费在保存货物上的费用，除包括仓储、残损、人力费用及保险和税收费用外，还包括库存占用资金的利息。其中利息是当年美国商业利率乘以全国商业库存总金额得到的。把库存占用的资金利息加入物流成本，这是现代物流与传统物流成本计算的最大区别，只有这样，降低物流成本和加速资金周转速度才从根本利益上统一起来。美国库存占用资金的利息在美国企业平均流动资金周转次数达到10次的条件下，约为库存成本的1/4，为总物流成本的1/10，数额之大，不可忽视。仓储费用既包括公用仓库费用，也包括私人仓库费用。

在计算存货持有成本时，存货价值的数据来源于美国商务部的《国民收入和生产核算报告》（National Income and Product Account）、《当前商业状况调查》（Survey of Current Business）和《美国统计摘要》（U. S. Statistical Abstract）等。将得到的数据代入 Alford-Bangs 公式来测算存货持有成本。Alford-Bangs 公式的基本原理，如表 2-1 所示。

表 2-1　存货持有成本占存货价值的比例

序号	项目	比例（%）
1	保险（Insurance）	0.25
2	仓储（Storage Facilities）	0.25
3	税费（Taxes）	0.50
4	运输（Transportation）	0.50
5	搬运（Handling Costs）	2.50
6	贬值（Depreciation）	5.00
7	利息（Interest）	6.00
8	过时（Obsolescence）	10.00
9	总计（Total）	25.00

资料来源：L. P. Alford and John R. Bangs（eds.），Production Handbook（New York: Ronald, 1955），pp.396-397.

从表 2-1 中可以看出，美国存货持有成本的构成内容包括存货的保险费、仓储费、税费、运输费、搬运费、存货贬值、存货占用资金的利息、存货过时产生的费用等。存货持有成本约占存货价值的25%，每年进行物流成本测算时，可以根据当年的具体情况，对每个成本项目占存货价值的百分比进行调整。

（2）运输成本

运输成本包括公路运输、铁路运输、水路运输、航空运输、货运代理相关费用、油料管道运输与货主费用等。公路运输包括城市内运输费用与区域间卡车运输费用，货主费用包括运输部门运作及装卸费用。近10年来，美国的运输费用大体占国民生产总值的比例为6%，并且一直保持着这一比例，说明运输费用与经济的增长是同步的。

（3）物流行政管理成本

物流行政管理成本应该包括订单处理及IT成本，市场预测、计划制订及相关财务人员发生的管理费用。由于这项费用的实际发生额很难进行真正的统计，因此，在计算物流行政管理成本时,是按照美国的历史情况由专家确定一个固定比例,乘以存货持有成本和运输成本的总和得出的。从《美国物流年度报告》于1973年出版时起,就一直用4%乘以存货持有成本和运输成本之和作为物流行政管理成本的数据。

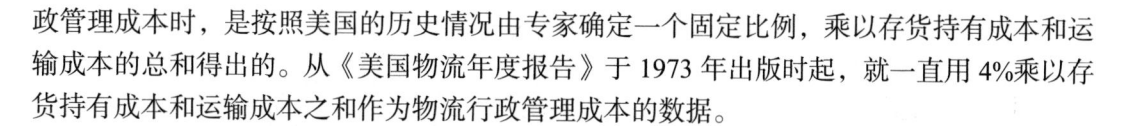

2. 美国社会物流成本的现状及其发展变化

从社会物流成本占GDP的比例来看,1981年,美国社会物流总成本占当年GDP的比例是16.2%;1985年,该比例下降为12.3%。20世纪90年代以来一直稳定在10%左右,并从2001年以来一直低于10%的水平,2003年甚至降到8.5%。近年来,美国社会物流成本占GDP的比例有所回升。2005年之后一直维持在9%~10%。美国社会物流成本上升的原因复杂。原本美国国内采购原材料现在正在转向国外采购,国内供应链现在也逐步演变成全球供应链,不仅路线延长,周转时间增加,而且存货水平也逐步提高,同时卡车运输费用上涨也是导致美国物流成本扩大的因素之一。

从上面的分析可以看到:

1)降低物流成本是提高效益的重要战略措施。美国每年10万亿美元的经济规模,降低1%的成本就相当于多出1 000亿美元的效益。业界普遍认为,我国物流成本下降的空间应该在10个百分点或更多,这是一笔巨大的利润源。

2)美国的实践表明,物流成本中运输费的比例大体不变,减少库存支出就成为降低物流成本的主要来源。减少库存支出就是要加快资金周转、压缩库存,这与同期美国库存平均周转期降低的现象是吻合的。因此,发展现代物流就是要把目标锁定在加速资金周转、降低库存水平上面。这是核心的考核指标。

3)物流成本的概念必须拓展,库存支出不仅仅是仓储的保管费用,更重要的是要考虑它所占有的库存资金成本,即存货占用资金的利息。理论上还应该考虑因库存期过长造成的商品贬值、报废等代价,尤其是产品周期短、竞争激烈的行业,如电子、家电等。总之,只有在物流成本中包含资金周转速度的内涵,才能真正反映物流的作用,做出准确的评价。

§ 相关链接

物流园区可降低物流成本

物流园区的发展可以优化城市规划,缓解城市交通状况,优化城市物流系统,降低物流成本。物流园区一般以仓储、运输、加工等用地为主,同时还包括一定的与之配套的信息、咨询、维修、综合服务等设施用地。一般来说,国外物流园区用地多在7万平方米以上,最大一般不超过100万平方米。日本是最早建立物流园区的国家,至今已建成20个大规模的物流园区,每个物流园区平均占地约74万平方米;荷兰统计的14个物流园区,平均占地44.8万平方米;德国不来梅的货运中心占地在100万平方米以上。

2.1.3 日本社会物流成本的构成内容及统计

1. 日本社会物流成本的构成内容及计算方法

日本也是物流业发展很快的国家，日本的社会物流成本计算方法与美国略有区别，但从整体上看，也是有运输费、保管费和管理费 3 个部分。日本社会物流总成本公式中的一些比例和比率需要由专家估计。

日本社会物流总成本的公式如下：

社会物流总成本=运输费+保管费+管理费

阅读材料：中美物流成本比较分析及启示

（1）运输费

在运输费方面，分为货主企业支付给各种运输机构的营业运输费及自家运输费两种。营业运输费又分为卡车货运费、铁路货运费、内海航运货运费、国内航空货运费、货运站收入等多种。而自家运输费是以营业用卡车平均行走一公里的原价为基础，将自家用卡车的行走公里数、实际平均一日一车行走公里数比、自家用卡车装载比率相乘而得出的。

运输费的公式如下：

运输费=营业运输费+自家运输费

式中　营业运输费=卡车货运费+铁路货运费+内海航运货运费+
　　　　　　　　国内航空货运费+货运站收入。

表 2-2 反映了日本社会物流成本中运输费的构成内容与数据来源。

表 2-2　日本社会物流成本中运输费的构成内容及数据来源

营业运输费	卡车货运费	对卡车运输业支付的费用以该行业营业收入确定，其资料来自交通省编制的资料
	铁路货运费	对铁路货运业支付的费用以该行业营业收入确定，其资料来自交通省铁道局编制的《铁路统计年报》
	内海航运货运费	对内海航运业支付的费用以该行业营业收入确定，由于没有直接资料，则以该年度运输省海上交通局编制的《日本海运的现状》所记载的每家企业平均营业额乘以业者总数计算
	国内航空货运费	对国内航空货运业支付的费用以该行业的 JAL、ANA、JAS 三大公司的营业收入合计确定
	港湾运输货运费	对港湾运输业支付的费用以该行业营业收入确定，其资料由交通省海事局港运科提供
	货物运输承揽货运费	对货物运输承揽业支付的费用以该行业营业收入确定，其资料由交通省综合政策局复合货物流通科提供
	货运站收入	对货运站业支付的费用以该行业营业收入确定，其资料由交通省综合政策局货物流通设施科提供

续表

自家运输费	自家运输费=营业用卡车平均行走一公里的原价×自家用卡车的行走公里数×实际平均一日一车行走公里数比×自家用卡车装载比率 式中： 实际平均一日一车行走公里数比=自家用卡车实际平均一日一车行走公里数比÷营业用卡车实际平均一日一车行走公里数比 自家用卡车装载比率=自家用卡车的平均装载率÷营业用卡车的平均装载率

（2）保管费

保管费是将日本经济企划厅编制的《国民经济计算年报》中的国民资产、负债余额中原材料库存余额、产品库存余额及流通库存余额的合计数乘以日本资材管理学会调查所得的库存费用比例和原价率得出的。这项保管费不是狭义的保管费，不仅包括仓储业者的保管费或企业自有仓库的保管费，还包括仓库、物流中心的库内作业费用和库存所发生的利息、损耗费用等。

保管费的公式如下：

保管费=（原材料库存余额+产品库存余额+流通库存余额）×原价率×库存费用比例

式中 库存费用比例=利率除外的库存费用比例+利率。

（3）管理费

管理费无法用总体估计的方法求得，所以根据日本《国民经济计划年报》中的"国内各项经济活动生产要素所得分类统计"，将制造业和批发、零售业的产出总额，乘以日本物流协会（Japan Institute of Logistics Systems，JILS）根据行业分类调查出来的各行业物流管理费用比例0.5%计算得出，即：

管理费=（制造业产出额+批发、零售业产出额）×物流管理费用比例

2. 日本社会物流成本的现状及其发展变化

根据日本物流协会每年的统计结果，日本的社会物流总成本在近些年呈现稳定趋势，且稳中有降。2005年以来，总体物流成本占GDP的比例与美国社会物流成本占GDP的比例相当，一直维持在9%~10%。这与美国的物流成本水平基本相当。

阅读材料：正确认识我国物流成本占GDP比重过高

2.2　企业物流成本的基本构成

本节中所指的企业物流成本是指微观物流成本，具体包括制造企业的物流成本、流通企业的物流成本和物流企业的物流成本3个方面。不同企业类型，其物流成本构成内容都会有所不同，但是从物流功能角度来谈物流成本的基本构成，不同类型的企业基本是趋同的。本节首先按物流功能分析企业物流成本的基本构成，然后再分析不同类型企业物流成本的构成特点。

根据国家标准《企业物流成本构成与计算》（GB/T 20523—2006）里对企业物流成本按成本项目的基本分类，企业物流成本由物流功能成本和存货相关成本构成。其中物流功能成本包括物流活动过程中所发生的运输成本、仓储成本、包装成本、装卸与搬运成本、流通加工成本、物流信息成本和物流管理成本，存货相关成本包括企业在物流活动过程中所发生的与存货有关的流动资金占用成本、物品损耗成本、保险和税收成本。具体内容如表2-3所示。

表2-3 企业物流成本项目基本构成

成本项目		内容说明
物流功能成本	运输成本	一定时期内，企业为完成货物运输业务而发生的全部费用，包括从事货物运输业务的人员费用、车辆（包括其他运输工具）的燃料费、轮胎费、折旧费、维修费、租赁费、养路费、过路费、年检费、保养费、保险费等
	仓储成本	一定时期内，企业为完成货物储存业务而发生的全部费用，包括仓储业务人员费用，仓储设施的折旧费、维修保养费、水电费、燃料与动力消耗等
	包装成本	一定时期内，企业为完成货物包装业务而发生的全部费用，包括包装业务人员费用，包装材料消耗，包装设施折旧费、维修保养费，包装技术设计、实施费用及包装标记的设计、印刷等辅助费用
	装卸与搬运成本	一定时期内，企业为完成装卸搬运业务而发生的全部费用，包括装卸搬运业务人员费用，装卸搬运设施折旧费、维修保养费，燃料与动力消耗等
	流通加工成本	一定时期内，企业为完成货物流通加工业务而发生的全部费用，包括流通加工业务人员费用，流通加工材料消耗，加工设施折旧费、维修保养费，燃料与动力消耗等
	物流信息成本	一定时期内，企业为采集、传输、处理物流信息而发生的全部费用，指与订货处理、储存管理、客户服务有关的费用，具体包括物流信息人员费用，软硬件折旧费、维护保养费、通信费等
	物流管理成本	一定时期内，企业物流管理部门及物流作业现场所发生的管理费用，具体包括管理人员费用、差旅费、办公费、会议费等
存货相关成本	流动资金占用成本	一定时期内，企业在物流活动过程中负债融资所发生的利息支出（显性成本）和占用内部资金所发生的机会成本（隐性成本）
	物品损耗成本	一定时期内，企业在物流活动过程中所发生的物品损耗、毁损、盘亏及跌价损失等
	保险和税收成本	一定时期内，企业在物流运输过程中，为预防和减少因物品丢失、损毁造成的损失，而向社会保险部门支付的物品财产的保险费用及上交的税费

2.2.1 运输成本

在现代企业物流中，运输在其经营业务中占有主导地位，运输费用在整个物流业务中占有较大比例。因此，物流合理化在很大程度上依赖运输合理化，而运输合理与否直接影响运输费用的高低，进而影响物流成本的高低。运输成本是指一定时期内，企业为完成货

物运输业务而发生的全部费用,包括支付的外部运输费和自有车辆运输费。具体包括以下 3 个部分:
- 人工费用。主要指从事运输业务的人员的费用,如工资、福利费、奖金、津贴和补贴、住房公积金、人员保险费等。
- 维护费。主要指与运输工具及其运营有关的费用,具体包括营运车辆的燃料费、轮胎费、折旧费、维修费、租赁费、养路费、过路费、年检费、保养费、保险费等。
- 一般经费。在企业运输业务开展过程中,除人工费和维护费之外的其他与运输工具或运输业务有关的费用,如事故损失费等。

阅读材料:国家标准《企业物流成本构成与计算》(GB/T 20523—2006)

2.2.2 仓储成本

仓储管理的主要任务是用最低的费用在适当的时间和适当的地点取得适当数量的存货。在许多企业中,仓储成本是物流总成本的一个重要组成部分,物流成本的高低常常取决于仓储管理成本的大小。而且企业物流系统所保持的库存水平对于企业为客户提供的物流服务水平起着重要作用。仓储成本是指一定时期内,企业为完成货物储存业务而发生的全部费用,包括支付的外部仓储费和使用自有仓库的仓储费,具体包括以下 3 个部分:
- 人工费。主要指从事仓储业务的人员的费用,如工资、福利费、奖金、津贴和补贴、住房公积金、人员保险费等。
- 维护费。主要指与仓库及保管货物有关的费用,具体包括仓储设施的折旧费、设施设备维护保养费、水电费、燃料与动力消耗等。
- 一般经费。在企业仓储业务开展过程中,除人工费和维护费以外的其他与仓库或仓储业务有关的费用,如仓库人员办公费、差旅费等。

目前,在一些教材中,仓储成本的含义比较广泛,通常包括仓储持有成本、订货或生产准备成本、缺货成本和在途库存持有成本等,其中资金占用成本、存货风险成本和存货保险成本等均包含在其中。根据国家标准《企业物流成本构成与计算》(GB/T 20523—2006)的分类,这里的仓储成本是指狭义的仓储成本,仅指为完成货物储存业务而发生的全部费用。与仓储活动相关的存货资金占用成本、保险费用、仓储风险成本等将另行考虑。

2.2.3 包装成本

包装作为物流活动的功能之一,在物流中也占有重要的地位,其所发生的耗费约占流通成本的 10%,有的商品包装费用甚至高达物流成本的 50%。因此,加强包装费用的管理与核算,可以降低物流成本,提高企业的经济效益。包装成本是指一定时期内企业为完成货物包装业务而发生的全部费用,包括运输包装费和集装、分装包装费。具体包括以下几个方面:
- 材料费。主要指包装业务所耗用的材料费。常见的包装材料有多种,由于包装材料功能不同,成本差异也较大。企业的包装材料除少数自制外,大部分是通过采购取得的。
- 人工费。主要指从事包装业务的人员费用。具体包括包装业务人员的工资、福利费、奖金、津贴和补贴、住房公积金、人员保险费等。
- 维护费。主要指与包装机械有关的费用，包括设备折旧费、维修费、燃料与动力消耗及低值易耗品摊销等。
- 一般经费。在包装过程中除人工费、材料费和维护费之外，还会发生诸如包装技术费用和辅助费用等其他杂费，这部分费用通常列入一般经费，如包装标记、标志的设计费用、印刷费用、辅助材料费用，以及需要实施缓冲、防潮、防霉等各种包装技术的设计和实施费用等。

根据国家标准《企业物流成本构成与计算》（GB/T 20523—2006）的分类，对于进入流通加工环节所实施的包装作业所发生的成本列入流通加工成本，不列为包装成本。

2.2.4 装卸与搬运成本

装卸与搬运是指在指定的地点以人力或机械设备装入或卸下物品。一般发生在同一地域范围内（如车站、工厂、仓库等），装卸一般指上下方向物品的移动，而搬运是物品横向或斜向的移动。装卸搬运活动是物流各项活动中出现频率最高的一项作业，其活动效率的高低直接影响物流整体效率。装卸搬运成本是指一定时期内企业为完成货物装卸搬运业务而发生的全部费用，具体内容包括：

- 人工费用。主要指从事装卸搬运业务人员的相关费用，具体包括装卸搬运业务人员的工资、福利费、奖金、津贴和补贴、住房公积金、人员保险费等。
- 维护费。在装卸搬运过程中需要使用一些起重搬运设备和输送设备等，维护费是指这些设备的折旧费、维修费、燃料与动力消耗等。
- 一般经费。指在物品装卸搬运过程中发生的除人工费和设备维护费之外的其他费用，如分拣费、整理费等。

2.2.5 流通加工成本

流通加工是物流中具有一定特殊意义的活动，即在商品从生产者向消费者流动的过程中，为了促进销售，维护商品质量，实现物流的高效率所采用的使商品发生形状和性质变化的活动，如剪板加工、冷冻加工、分装加工、组装加工、精加工等。流通加工成本是指在一定时期内，企业为完成货物流通加工业务而发生的全部费用，包括支付的外部流通加工费用和自有设备流通加工费用。具体包括以下几个方面：

- 人工费。主要指从事流通加工业务的人员费用，具体包括流通加工业务人员的工资、福利费、奖金、津贴和补贴、住房公积金、人员保险费等。
- 材料费。在流通加工过程中，投入流通加工过程中的一些辅助材料和包装材料消耗的费用。
- 维护费。流通加工过程中往往需要使用一定的设备，如电锯、剪板机等，与这些流通加工设备相关的折旧费、摊销费、维修保养费及耗用的电力、燃料、油料等费用被归入维护费。

- 一般经费。这是指除上述费用外,在流通加工中耗用的其他费用支出,如流通加工作业应分摊的车间经费和其他管理费用支出。

2.2.6 配送成本

配送是指在经济合理区域范围内,根据客户要求,对物品进行拣选、加工、包装、分割、组配等作业,并按时送达指定地点的物流活动。配送是物流系统中一种特殊的、综合的活动形式。从物流角度来说,配送几乎包含了所有的物流功能要素,是物流的一个缩影或在较小范围内物流全部活动的体现。一般的配送集运输、仓储、包装和装卸搬运于一身,特殊的配送还包括流通加工。

正因为配送是一个"小物流"的概念,集若干物流功能于一身,因此在国家标准《企业物流成本构成与计算》(GB/T 20523—2006)的分类中,将配送成本包括在配送物流范围内的运输、仓储、包装、装卸搬运和流通加工成本中,从而不单独将配送成本作为物流功能成本的构成内容,而将与配送成本有关的费用支出在其他物流功能成本中进行分配。

在国家标准《企业物流成本构成与计算》(GB/T 20523—2006)的分类中,将运输成本、仓储成本、包装成本、装卸搬运成本、流通加工成本看作物流功能成本的构成内容,也称为物流运作成本。

在企业物流成本管理实务中,仍然可以把配送成本从物流运作成本中单列出来,进行单独的核算和分析,以更有效地进行物流成本的分析与管理。在这种方式下,根据配送流程及配送环节,配送成本应由以下费用构成:

- 配送运输费用。主要包括配送运输过程中发生的车辆费用和营运间接费用。
- 分拣费用。主要包括配送分拣过程中发生的分拣人工费用及分拣设备费用。
- 配装费用。主要包括配装环节发生的材料费用、人工费用。
- 流通加工费用。主要包括流通加工环节发生的设备使用费、折旧费、材料费及人工费用等。

2.2.7 物流信息成本

阅读材料:《企业物流成本构成与计算》的不足及改进建议

信息渠道的畅通是物流系统高效运行的保证。随着物流业的发展,信息在物流管理中的地位越来越重要,物流信息管理已经成为物流管理的重要手段之一。目前,企业物流管理活动信息流既包括企业内部信息流,如企业内原材料、半成品、产成品物流及生产过程物流和与之相关的物流成本核算所产生的信息流动,也包括企业间的信息流,如企业间订货、收货、发货、中转、代理及结算等活动所产生的物流信息。

物流信息成本指一定时期内,企业为完成物流信息的采集、传输、处理等活动所发生的全部费用,具体包括人员费、维护费和一般经费 3 部分内容。

- 人员费。主要指从事物流信息管理工作的人员费用。具体包括物流信息人员的工资、福利、奖金、津贴、补贴、住房公积金、职工劳动保护费、人员保险费和其他一切用于物流信息管理人员的费用等。
- 维护费。物流信息管理过程中需要软件系统和硬件设施的投入。物流信息成本的维护费主要是指与物流信息软、硬件系统及设备有关的费用，物流信息系统开发摊销费、信息设施折旧费及物流信息软硬件系统维护费等。
- 一般经费。在物流信息活动过程中，除人工费和与物流信息软硬件系统有关的维护费外，所发生的其他与物流信息有关的费用，如在采购、生产、销售过程中发生的通信费、咨询费等。

一般来说，物流管理成本、物流信息成本与运输、仓储、包装、装卸搬运、流通加工成本等物流运作成本共同构成物流功能成本。纵观物流活动的全程，上述物流功能成本基本涵盖了物流系统运作的全部费用。在国家标准《企业物流成本构成与计算》（GB/T 20523—2006）的分类中，物流成本除包括上述物流功能成本外，还包括与存货有关的流动资金占用成本、存货风险成本和存货保险成本。

2.2.8 物流管理成本

随着现代物流业的发展，物流及其本身所蕴含的巨大效益为越来越多的企业所了解和重视。加强物流管理，整合物流运作流程，以最低的支出获取最大的物流收益被提到重要的议事日程，很多企业纷纷设立了专门的物流管理部门或在其他业务部门中指定专门人员从事物流管理工作，物流作业现场也有专门人员从事物流作业的协调和管理工作。在物流作业分工日益精细的今天，物流管理工作逐渐从其他物流功能作业中分离出来，成为独立存在的作业形式。

物流管理成本是指一定时期内，企业为完成物流管理活动所发生的全部费用，包括物流管理部门及物流作业现场所发生的管理费用，具体包括人工费、维护费和一般经费 3 部分内容。

- 人工费。主要指从事物流管理工作的人员费用。具体包括物流管理人员的工资、福利、奖金、津贴、补贴、住房公积金、职工劳动保护费、人员保险费和其他一切用于物流管理人员的费用等。
- 维护费。指物流管理人员在物流管理过程中，会使用有关软件系统和硬件设施进行管理，这些软硬件系统及设施的折旧费、摊销费、修理费等被归为维护费。
- 一般经费。指物流管理活动中，除人工费、维护费外的其他费用支出，如物流管理部门、物流作业现场及专门的物流管理人员应分摊的办公费、会议费、水电费、差旅费等，还包括国际贸易中发生的报关费、检验费、理货费等。

2.2.9 流动资金占用成本

从各国社会物流成本的构成看，均包括因为流动资金的占用而须承担的利息费用，且这部分利息费用在整个保管费用中占有相当大的比例。有学者认为，加快资金周转速度，减少资金占用成本已经成为降低物流成本最重要的渠道之一。因此，从微观的企业物流成本构成内容看，存货流动资金占用成本也应纳入物流成本范畴，并作为独立的内容加以重点管理和控制。将流动资金占用成本计入物流成本，指明了成本改善的取向是减少原材料、产成品等存货在物流环节的耽搁及时滞，降低资金占用成本，从而降低物流总成本。

流动资金占用成本是指一定时期内，企业在物流活动过程中因持有存货占用流动资金所发生的成本，包括存货占用银行贷款所支付的利息（显性成本）和存货占用自有资金所发生的机会成本（隐性成本）。

隐性成本是指企业没有实际发生，会计核算中没有反映但在物流管理和决策过程中应予以考虑的机会成本。目前，理论界探讨的隐性物流成本包括库存积压降价处理、库存呆滞产品、回程空载、产品损耗及退货、缺货损失等，但从可操作性和适用性的要求出发，在更多情况下，企业只考虑流动资金占用成本。

2.2.10 物品损耗成本

在物流活动过程中，由于多种不确定因素的存在，原材料、半成品、产成品等存货通常面临风险损失。例如，产品在运输过程中可能发生破损或完全损毁，导致价值丧失，在装卸搬运过程中可能发生货物破损、散失和损耗，在保管过程中可能发生货物的毁损、丢失等，同时，因保管时间长等原因，还会发生货物的跌价损失等。

存货风险成本指一定时期内，企业在物流活动过程中所发生的物品损耗、毁损、盘亏及跌价损失等。从广义上说，无论会计核算体系是否反映，只要存货发生了风险损失，都应计入存货风险成本。但是从可操作性和重要性的角度考虑，一般仅将显性成本即会计核算体系中反映的存货损失成本计入存货风险成本，对于会计核算体系中没有反映的贬值、过时损失等，不包括在存货风险成本中。

2.2.11 保险和税收成本

近年来，为分担风险，很多企业开始对货物采取缴纳保险费的方式来减少风险损失。保险费支出的高低与产品价值和类型及产品丢失或损坏的风险程度等因素相关。

存货保险成本指一定时期内，企业在物流流动过程中，为预防和减少因物品丢失、损毁造成的损失，而向社会保险部门支付的物品财产的保险费用。

阅读材料:国家标准《企业物流成本构成与计算》（GB/T 20523—2006）实施中存在的问题及对策

2.3 不同类型企业物流成本的构成内容

企业物流是指制造企业、商品流通企业和物流企业的物流活动。不同类型企业物流成本的构成及分析方法是有区别的。在对企业物流成本的基本构成进行分类的基础上，下面分别对制造企业、商品流通企业和物流企业的物流成本构成内容进行更进一步的分析。

2.3.1 制造企业物流成本的构成

制造企业物流是指单个制造企业的物流活动，是微观物流的主要形式。制造企业物流包括从原材料采购开始，经过基本制造过程的转换活动，到形成具有一定使用价值的产成品，直到把产成品送给中间商（商业部门）或用户全过程的物流活动。按照物流的定义，制造企业物流包括原材料（生产资料）供应物流、生产物流、销售物流及回收废弃物物流几个方面。图 2-1 是一个典型的制造企业物流系统流程。

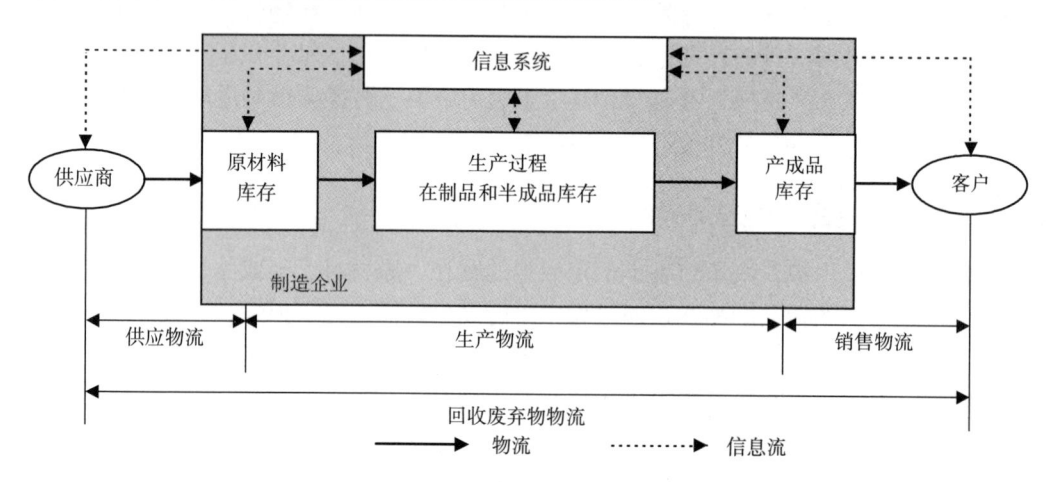

图 2-1 典型的制造企业物流系统流程

与物流系统流程相对应，制造企业的物流成本也应该包括供应物流成本、生产物流成本、销售物流成本与回收废弃物物流成本 4 个方面。

1. 供应物流成本的构成

制造企业供应物流是指经过采购活动，将企业生产所需原材料（生产资料）从供给者的仓库（或货场）运回企业仓库的物流活动。它包括确定原材料等的需求数量、采购、运输、流通加工、装卸搬运、储存等物流活动。其物流成本的构成内容主要包括：

- 订货采购费，如采购部门人员工资、差旅费、办公费等。
- 运输费，如外包运输费、运输车辆折旧费、运输损耗、油料消耗及运输人员工资等。
- 验收入库费用，如验收费用、入库作业费。
- 仓储保管费，如仓储人员工资、仓储设施折旧费、合理损耗、仓库办公费用、储备资金利息等。

在以上物流成本构成项目中，储备资金利息费用是要引起企业物流管理者重视的。在我国现行的会计制度中，并没有专门一个项目来核算存货占用资金的利息（或称为机会成本），而实际上，存货利息费用在总的物流成本（特别是仓储费用）中占有相当大的比例。由于会计制度问题，该项费用往往容易被管理者忽略。

> **相关链接**
>
> 机会成本
>
> 机会成本（Opportunity Cost）在经济学上是一种非常特别的、既虚又实的成本。简单来说，机会成本就是选择一种东西意味着需要放弃其他一些东西，它是指一笔投资在专注于某一方面后所失去的在其他方面的投资获利机会。

2. 生产物流成本的构成

制造企业生产物流是指伴随企业内部生产过程的物流活动，即按照企业布局、产品生产过程和工艺流程的要求，实现原材料、配件、半成品等物料在企业内部供应库与车间、车间与车间、工序与工序、车间与成品库之间流转的物流活动。从范围划分，它由原材料等从供应仓库运动开始，经过制造转换成产品，一直到产品进入成品库待销售为止。制造企业生产物流成本也就是指在这个过程中发生的与物流业务相关的成本，具体包括：

- 内部搬运费。
- 生产过程中物流设施的折旧费。
- 占用生产资金（包括在制品和半成品资金）的利息支出。
- 半成品仓库的储存费用等。

由于生产物流伴随企业的生产过程而发生，其成本的发生也与生产成本密切结合，所以一般来说企业很难对生产物流成本进行独立核算，而生产物流的改善也不仅仅是生产物流成本的降低问题，它与企业的生产组织方式、生产任务的安排密切相关，因此，离开生产计划和生产组织来独立进行生产物流成本的分析和研究显得不切合实际。

3. 销售物流成本的构成

制造企业销售物流是指企业经过销售活动，将产品从成品仓库通过拣选、装卸搬运、运输等环节，一直到运输至中间商的仓库或消费者手中的物流活动。这就是一般意义上的流通过程物流活动，是狭义物流的基本内容。销售物流成本的主要构成内容包括：

- 产成品储存费用，如成品库人员工资、折旧费、合理损耗、仓库费用等。
- 销售过程中支付的外包运输费。
- 自营运输设施的折旧费、油料消耗、运输人员工资。
- 销售配送费用，如包括配送人员工资、配送车辆折旧费和支出等。
- 退货物流成本等。

4. 回收废弃物物流成本的构成

制造企业回收废弃物物流的成本与特定的企业相关，如制糖业、造纸业、印染业等，都要发生回收或废弃物物流，整个回收废弃物物流过程中发生的人工费、材料费、设施设备的折旧费及其他各种支出，构成了回收废弃物物流成本的内容。

制造企业物流成本的构成除从物流流程的角度进行分析外，也可以按照物流成本项目来分析其构成。制造物流成本项目主要包括：

- 人工费。

- 材料消耗。
- 运输设施、仓库设施的折旧费。
- 合理损耗。
- 资金占用的利息费用。
- 管理费用。
- 委托物流费用等。

> **提 示**
>
> 有研究结果表明，货主企业的产品价值越高，物流成本占营业额的比例就越小。据统计，美国制造企业每磅（1磅=0.45公斤）产品价值小于1.50美元的产品，其物流成本占营业收入的10.68%；每磅产品价值在1.50~5.00美元的产品，其物流成本占其营业收入的8.42%；每磅产品价值在5.0~15.0美元的产品，其物流成本占其营业收入的6.51%；每磅产品价值在15.0美元以上的产品，其物流成本占其营业收入的3.81%。

2.3.2 商品流通企业物流成本的构成

商品流通企业主要是指商业批发企业、商业零售企业、连锁经营企业等。流通企业物流成本是指在组织商品的购进、运输、仓储、销售等一系列活动中所消耗的人力、物力、财力的货币表现，相对于制造业来说，流通企业只是减少了生产物流的环节，并且其供应和销售物流是一体化的。图 2-2 为典型的商品流通企业物流系统业务流程。

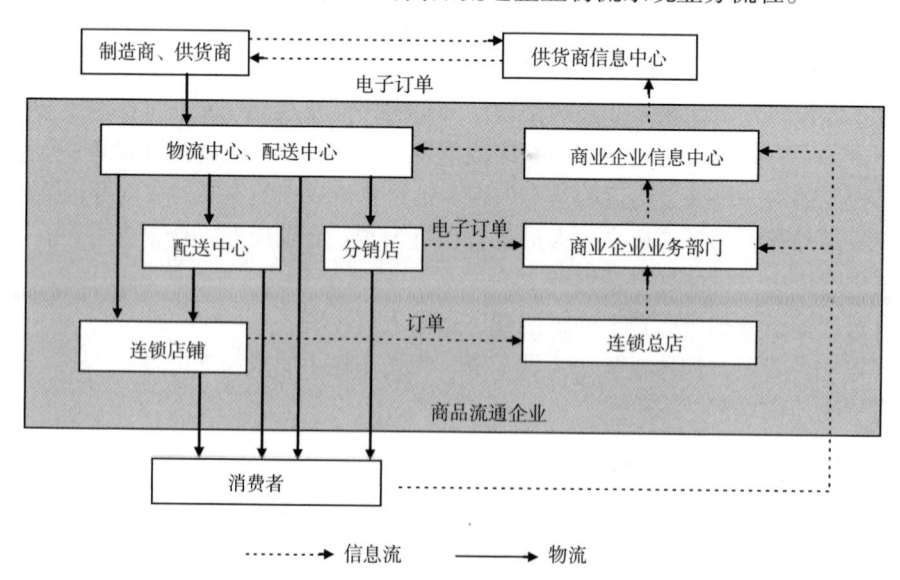

图 2-2 典型的商品流通企业物流系统业务流程

从物流环节与作业的角度来分类，商品流通企业的物流成本可以分为采购作业成本、仓储作业成本、流通加工成本、装卸搬运成本、配送运输成本和物流管理成本等方面。按物流成本的构成项目来划分，商品流通企业的物流成本具体构成如下：
- 人工费用，包括与物流相关员工的工资、奖金、津贴及福利费等。
- 营运费用，如物流运营中的燃料与动力消耗、运杂费、折旧费、办公费、差旅费、保险费等。
- 财务费用，指经营活动中发生的存货资金使用成本支出，如利息、手续费等。
- 其他费用，如与物流相关的税金、资产损耗、信息费等。

不同经营方式的流通企业，其物流成本占营业额的构成比例也相差很大。据日本的一项统计结果，商品流通企业的物流成本以批发销售和便利商店的比例最高，占营业额的10%以上，但是同属于零售业的百货公司仅占2.23%。

2.3.3 物流企业物流成本构成

物流企业是为货主企业提供专业物流服务的，它可以包括一体化的第三方物流服务企业，也包括提供功能性物流服务的企业，如仓储公司、运输公司、货运代理公司等。物流服务企业通过专业化的物流服务，来降低货主企业物流运营的成本，并从中获得利润。可以说，物流企业的整个运营成本和费用实际上就是货主企业物流成本的转移。物流企业的全部运营成本费用都可以看作广义上的物流成本。

阅读材料：B2C电子商务企业的物流模式及成本研究

> **相关链接**
>
> **物流服务企业**
>
> 目前，大部分物流服务企业一般都为特定的行业服务，如日用品行业、医药行业、烟草行业、化工行业、计算机行业和电子行业等，这些行业的物流服务需求量比较大，物流服务要求也高。当然，还有一些物流服务企业，并不强调自身是为某些特定行业的特定企业服务的，它们针对各行各业提供自身的物流服务。物流企业为特定的行业服务有相当大的优越性，包括对专业知识和专有技术的掌握，对作业的革新，以及直接换装和合装的协同效应和规模效应等。

按照我国会计制度的规定，物流企业的成本费用项目包括税金及附加、经营费用、管理费用三大类。

1．税金及附加

物流企业的税金及附加主要包括城市维护建设税和教育费附加等。

城市维护建设税是根据应缴纳的增值税总额，按照税法规定的税率计算缴纳的一种地方税。计算公式为：

应缴城市维护建设税=增值税总额×适用城市维护建设税税率

教育费附加也是根据应缴纳增值税总额按规定比例计算缴纳的一种地方附加费。计算公式为：

$$应缴教育费附加=增值税总额×适用教育费附加费率$$

2. 经营费用与管理费用

除缴纳的税金之外，物流企业的各项费用一般可以归为经营费用和管理费用两大类。经营费用可以看成与企业的经营业务直接相关的各项费用，如运输费、装卸费、包装费、广告费、营销人员的人工费、差旅费等；管理费用一般是指企业为组织和管理整个企业的生产经营活动而发生的费用，包括行政管理部门管理人员的人工费、修理费、办公费、差旅费等。

表 2-4 是某物流公司的利润表及其营业费用和管理费用的构成，从表中可以清楚地看出该公司经营费用和管理费用的构成内容。其中财务费用主要是公司对外负债的利息支出。

表2-4　某物流公司的利润表及其营业费用和管理费用的构成　　　　单位：万元

项　　目	行　次	本年累计
一、营业收入	1	4 343 871.40
二、各项费用合计	2	4 112 956.36
1. 经营费用	3	2 946 706.53
（1）装卸费	4	1 235 052.98
（2）保管费	5	25 060.00
（3）保险费	6	5 027.00
（4）差旅费	7	16 531.00
（5）工资及福利	8	1 601 960.05
（6）其他	9	63 075.50
2. 管理费用	10	1 166 577.28
（1）员工待业保险费	11	35 355.12
（2）业务活动费	12	9 584.90
（3）工会经费	13	5 868.00
（4）劳动保险费	14	213 445.80
（5）员工教育经费	15	550.00
（6）租赁费	16	15 261.20
（7）折旧费	17	273 538.41
（8）修理费	18	73 770.60
（9）房产税	19	25 000.00
（10）土地税	20	85 099.65
（11）印花税	21	—
（12）车船税	22	1 450.00
（13）低值易耗品	23	86 037.70

续表

项　　目	行　次	本年累计
（14）其他：小计	24	341 615.90
——会议费	25	16 050.00
——邮电费	26	68 541.23
——水电费	27	168 947.41
——文具费	28	6 198.75
——印刷费	29	5 353.90
——防洪费	30	6 997.15
——其他	31	36 283.46
——管理费	32	33 244.00
3. 财务费用	33	−327.45
三、税金及附加	34	122 574.92
四、营业外支出	35	—
五、以前年度损益调整	36	—
六、利润总额	37	108 340.12
七、企业所得税	38	27 003.17
八、净利润	39	81 009.50

在进行物流成本的分析时，也可以不区分物流企业的经营费用和管理费用，而按照费用项目将物流成本进行分类，如人工费、折旧费、水电费、运输费等。需要指出的是，在企业物流成本的分析过程中，对于物流成本的构成内容并不能一味地生搬硬套，而要依据企业的业务特点、组织结构状况及企业成本管理的要求，结合自身情况进行有效的物流成本归类，以真正达到满足充分利用物流成本进行成本控制和物流系统优化的目的。

另外，物流总成本是企业管理物流运作的主要参考指标，但由于独立的物流总成本只是一个绝对值，并不能相对客观地反映企业的物流运作状况，所以在评估及管理物流运作时通常以企业物流管理及运作所达到的物流服务水平为比较前提，以物流总成本占销售收入的比例或商品总成本作为衡量物流运作绩效的指标。

通过物流总成本的正确归类和统计计算，企业应当了解自身的物流运作有无问题；问题在什么地方；如何解决问题；如何以量化的物流统计数据评估解决方法的有效性；在支撑企业利润最大化、支撑市场及销售战略的前提下如何最小化物流总成本。物流成本的归类统计计算不是一个数字游戏，其最终目的是让企业从全局的角度了解自身物流运作现状，明确目前关键的瓶颈问题及突破口，在此基础上建立从现状到改进目标的行动计划，以便更好地管理、控制和提高企业自身的整体运作绩效。从这个角度看，结合企业实际认真分析物流成本的构成，进行适当的归类统计，对企业提高物流服务水平、降低物流总成本有着很重要的意义。

> **提示**
>
> 　　货主企业的规模越大，物流成本占营业额的比例越小。据统计，美国制造企业销售收入低于 2 亿美元时，其物流成本占营业收入的比例约为 10.23%；销售收入处于 2 亿~5 亿美元的制造企业，其物流成本占营业收入的比例为 8.99%；销售收入处于 5 亿~12.5 亿美元的制造企业，其物流成本占营业收入的比例为 6.64%；销售收入高于 12.5 亿美元的制造企业，其物流成本占营业收入的比例约为 5.22%。

本章小结

❶ 宏观物流成本总额占国内生产总值的比例是衡量各国物流服务水平高低的标志。各国在社会物流成本的研究中所采用的分类和统计方法各不相同。目前，物流学术界和实务界普遍认同的一个社会物流成本计算的概念性公式为：

$$物流总成本 = 运输成本 + 存货持有成本 + 物流行政管理成本$$

❷ 从企业来看，可以按照物流服务的功能对物流成本进行基本分类，但是在实际应用中，要结合企业实际情况和管理需求来进行物流成本的构成分类，避免生搬硬套。另外，在企业物流成本中，要特别注意存货占用资金成本；在运输成本的节约相对困难的条件下，要特别注意通过降低库存来节约成本。

提示与思考

1. 社会物流成本水平往往用社会物流成本额占 GDP 的比例来衡量，我国的社会物流成本要高于美国的社会物流成本，其影响因素有哪些？与产业结构、经济发展水平、科技发展水平、市场化程度之间存在什么样的关系？

2. 企业物流成本管理中，首先要对物流成本进行分类。企业物流成本的分类尽管有相关国家标准，但是国家标准只能作为参考，企业在物流成本管理实践中，对物流成本的分类要根据企业自身的业务流程特点及管理需求来确定，根据管理的需要来进行物流成本的归类是至关重要的，因为物流成本的计算是为了开展有效的物流管理。

3. 考虑电子商务企业的物流成本情况。对于自营物流的电商企业，其物流成本的构成与一般的商品流通企业类似。如果电商企业把物流外包给作为第三方物流的快递企业，则电商企业的物流成本全部是外包成本。对于一些电子商务平台企业，它只提供平台服务，不介入商流和物流过程，这样的企业则不太涉及物流活动。

复习思考题

1. 简述美国社会物流成本的构成及其统计方式。
2. 简述日本社会物流成本的构成及其统计方式。
3. 制造企业物流成本可以从哪些角度进行分类？各自的构成内容是什么？
4. 商品流通企业物流成本的构成内容有哪些？
5. 物流企业的税金及附加、管理费用和经营费用各自由哪些项目构成？

第 3 章

物流成本的核算

如果你无法计量它，就无法对它进行改进。

本章学习目标

- 了解企业进行物流成本核算的重要性；
- 明确物流成本核算的目的；
- 掌握物流成本核算对象的选择；
- 掌握物流成本核算的会计方式；
- 掌握物流成本核算的统计方法。

引导案例

某家电生产企业拥有 4 个产品事业部，分别是电视机、冰箱、洗衣机和空调事业部。4 个事业部的产品统一由销售公司销售，销售公司的销售网络遍布全国，在全国按地域划分为 7 个销售分公司，分别是：在沈阳设有东北销售分公司，负责东北地区的产品销售；在北京设有华北销售分公司；在西安设有西北销售分公司；在重庆设有西南销售分公司；在广州设有华南销售分公司；在上海设有华东销售分公司；在武汉设有华中销售分公司。销售公司不仅要负责 4 类产品的销售推广和销售组织，也要全面负责销售物流的组织与管理。整个企业的销售物流成本也没有进行单独的核算，包括运输费用、仓储费用、物流管理费用等在内的销售物流成本大部分都分散在企业"营业费用"账户的各个费用项目中。

近日，为了加强物流管理，适应商流与物流分离的发展趋势，企业提出把销售物流职能从销售公司中分离出来，成立单独的物流公司，由物流公司以第三方物流的形式开展公司的销售物流业务。为了更好地进行决策，公司的决策层要求财务部门提供一份目前的物流成本实际发生额信息。由于过去没有对物流成本进行单独核算，财务人员只能统计出外包的运输和仓储业务的成本，而不能明确地提供整个销售物流成本的全面情况。因此，企业决策层及财务人员都认识到物流成本的核算对于企业做出物流管理决策和进行物流系统优化的重要性，准备在下一个会计期开始进行物流成本的核算。

为了更好地进行物流成本核算，财务经理认真学习了有关物流管理和物流成本的书籍、资料。他发现，物流成本一般可以把物流范围（供应物流成本、生产物流成本和销售物流成本等）、物流成本支付形式（材料费、人工费、公益费、维护费、一般经费等），或者物流的功能（运输费、保管费、包装费、装卸费、物流信息费等）等作为成本核算对象进行核算。

考虑到销售物流与各个事业部和销售公司都有关系，财务经理又就物流成本的核算对象问题征求了各事业部和销售公司有关领导的意见。各事业部领导的意见基本是：事业部管理的体制应该越来越完善，因此，物流成本的核算也应该把各个事业部作为成本核算对象，也就是说，应该分别核算电视机、冰箱、洗衣机和空调4类产品的物流成本，以有利于各事业部的内部利润核算和绩效考核。而销售公司的总经理认为，为了更好地对下属销售分公司进行管理控制，物流成本的核算应该以各个分公司（地域）作为物流成本的核算对象，分别核算各区域的物流成本。而负责营业费用会计核算的会计人员认为，由于目前的营业费用是按照人工费、材料费、折旧费、差旅费、办公费等费用项目进行核算的，因此，他建议物流成本的核算口径应该与之相对应，也就是按照费用项目来进行物流成本的核算，这样物流成本的核算才更有可操作性，否则，难度会比较大。

在这么多意见中，财务经理一时也很难确定物流成本的核算对象和核算方式。于是，他拜访了一位物流成本管理专家，专家听了上述情况之后，向财务经理说了下面一番话："企业物流成本核算的最终目标肯定是降低物流成本，但是如何实现物流成本的降低呢？必然是通过各种管理手段来实现的。物流成本核算对象的确定要根据你的企业管理的要求来确定。例如，如果想通过对各区域分公司物流成本的绩效考核来进行物流成本的控制，那么就应该以区域作为物流成本核算对象；如果你的企业想完善事业部制度，加强事业部的内部利润考核，就应该以各事业部作为物流成本核算的对象；如果要进行物流系统的完善，就最好按照物流功能（运输、仓储、配送、装卸搬运等）作为成本核算的对象，等等。总而言之，物流成本核算对象的确定要根据你的企业自身的管理要求决定。确定了成本核算对象之后，物流成本核算方法的选择就简单了。你是财务专家，核算方法的选择对你来说不是难题。"

财务经理听完这番话之后，似乎明白了其中的道理，虽然一时还不能决定到底应该如何选择成本核算对象，但是他相信，回去之后与公司相关人员的再次讨论并征求管理决策层的意见之后，一定能够设计出一套完整的物流成本核算体系。

你觉得这位财务经理应该如何进行公司物流成本的核算呢？

3.1 物流成本核算的意义和存在的问题

3.1.1 物流成本核算的意义

当前由于实行多批次、小批量配送和适时配送，也由于收货单位过多和过高的服务要求，物流服务水平越来越高，导致运费上升；又由于商品品种增多，寿命缩短，必然出现库存增加，或时多时少，由此导致库存费用上升；由于缺乏劳动力，导致人员费用增多；

由于地价上涨，导致物流中心投资费用增加；由于道路拥挤，导致运输效率下降。凡此种种都在影响着物流成本。在这种情况下，企业降低物流成本已经成为当务之急。

案例导读

而降低物流成本的前提是核算物流成本。只有将企业的物流成本现状揭示出来，才有可能看到西泽修教授所说的"水面下的冰山"，才能充分挖掘物流成本节约的潜力，这是有效地进行物流成本管理、降低物流成本的基础。通过正确的会计核算，可以实现：

- 提高企业对物流重要性的认识，真正认识到物流是企业的"第三利润源"。
- 为物流企业制定物流服务收费价格提供依据。
- 为货主企业物流外包提供决策依据。
- 为企业改善物流系统、更新物流设施设备提供决策依据。
- 及时发现物流运作和物流管理中存在的问题，促进物流运作和管理水平的提高。

3.1.2 物流成本核算在应用中存在的问题

有效地进行物流成本核算，加强物流成本管理，成为现代物流管理的一个重要内容。进行物流成本核算，必须正确确定物流成本的内容，划分物流成本的范围，建立统一的物流成本计算标准，将物流成本计算与企业现有会计制度相结合，确定计算物流成本应该遵循的基本原则，确定统一的物流成本计算口径与方法。而以上所述也正是各国在进行物流成本核算中面临的问题。

现阶段，在我国推行的物流成本核算与应用中还存在一些问题，这也阻碍了物流管理水平的提高。

1．物流成本核算的目的不明确

进行物流成本核算的最终目的肯定是提高物流管理水平，降低物流成本。但是具体如何运用计算出来的物流成本信息，是一个十分重要的问题。目前，人们计算物流成本的目的，还只是单纯地想了解物流成本，没有达到如何充分有效地利用物流成本的阶段。因此，物流负责部门和会计部门花费很大精力计算物流成本，其用途却相对较小，使得人们对物流成本计算的积极性不高。实际上，物流成本核算必须以明确具体的核算目的为前提，有的放矢，才能达到真正的效果。

2．物流成本的会计核算内容和方法不明确

在我国当前的会计核算制度中，没有明确物流成本的概念及其核算方法。因此，企业没有切实掌握物流成本，尤其是没有切实掌握公司内部的物流成本。在企业内部对于物流成本不甚了解，对于物流成本是什么也十分模糊。弄不清物流成本与制造成本，物流成本与促销费用的关系。另外，在物流成本中，混有物流部门根本无法控制的成本，例如，物流成本中过量服务所发生的费用与标准服务所发生的费用是混合在一起的；很多企业将促销费用列在物流成本中；对于保管费用中的过量进货、过量生产等在库维持费用，紧急送达等产生的费用，一般也是纳入物流成本的。这无疑增加了物流成本核算和管理的难度。

3. 物流成本核算与管理没有超出财务会计的范围

有的企业即使进行一些物流成本的分解，也还停留在财务会计对物流成本进行核算与反映的层次，没有充分利用管理会计中的有关方法对物流成本进行归集分配，并运用到成本控制、预算管理、绩效考核、经营决策等领域中，这使物流成本的核算不能与其有效的利用结合起来。

4. 物流成本核算的标准不统一

由于没有统一的物流成本标准，物流部门向高层管理人员报告的物流成本往往只是"冰山一角"，而没有向他们或生产、销售部门提供有关物流成本确切的有价值的资料。同时，各个企业计算物流成本的范围本不相同，可是有的企业偏偏要做对比，并因此时喜时忧。

5. 缺乏懂得物流知识的财务会计与管理会计人员

尽管国内财务会计和管理会计人员的水平在不断提高，但是由于正规财务会计与管理会计教育中没有相关物流及物流成本的知识，使得在职的会计人员没有物流成本核算与控制的概念，这是当前我国物流成本的核算与运用中面临的最主要问题之一。加强会计人员对基本物流知识和物流成本知识的培训是解决我国当前物流成本管理落后状况的一项有效策略。

> **提 示**
>
> 物流成本核算并不是企业财务会计制度的规定，而属于管理会计的范畴，是为企业内部加强管理服务的。因此，在一个企业中要开展物流成本核算，首先必须结合自身实际确定核算的目的，例如，对物流各个环节、相关责任部门，或者各个区域等进行绩效考核和成本控制等，在此基础上，再确定成本核算的对象。实际上，物流成本核算内容的确定也与核算目的紧密相关。至于核算方法的选择，对于会计人员来说，并不是一件十分困难的事情。

3.2 物流成本核算的目的及核算对象的确定

3.2.1 物流成本核算的目的

物流成本核算的基本目的是要促进企业加强物流管理，提高管理水平，创新物流技术，提高物流效益。具体来说，物流成本核算的目的可以体现在以下几个方面。

（1）通过对企业物流成本的全面计算，弄清物流成本的大小，从而提高企业内部对物流重要性的认识

长期以来，人们不重视物流是有原因的，其中最主要的原因是人们只看到了物流这整座冰山的一角，一直未能看清物流成本的全貌。更深层次的原因是现行会计制度将物流成本的各个构成部分分散在众多的成本费用科目中。在制造业，采购原材料发生的外埠运杂费是原材料入库成本的一部分，而市内运杂费一般直接记入企业管理费用中，自营运输费用和自有保管费用则

要点解析：掌握物流成本信息须解决的问题

计算在销售费用、营业费用或者管理费用中，与销售产品相关的物流成本被记入销售费用中；另外，与物流有关的利润、租金、税金及营业外收支都根据不同的需要和企业部分划分方式被分配到不同的成本费用项目中。从当前的账户和会计报表中，人们很难甚至根本无法看清物流耗费的实际状况。

实际上，物流成本在不同行业中占产品成本的比例一般都在15%~30%，有的甚至高达40%，成为制造业仅次于原材料成本的第二大成本。挖掘物流成本的潜力，是企业降低成本、创造更多利润的途径。而对企业物流成本进行全面细致的核算，描绘企业物流成本的全貌就成为实现上述目的的基础工作。

（2）通过对某一具体物流活动的成本计算，弄清物流活动中存在的问题，为物流运营决策提供依据

管理的重点在于经营，经营的重点在于科学的决策，而决策的重点在于充分、真实、完整的信息。只有信息充分，才能根据实际情况对企业的现状和存在的问题进行分析并提出备选方案；也只有信息充分，才能对备选方案进行比较，寻找投入产出比最高的方案。

（3）按不同的物流部门，计算各物流部门的责任成本，评估各物流部门的绩效

当前，很多企业在进行内部责任成本核算，并制定了产品或服务的内部转移价格，其目的是进行绩效考核，提高各部门的成本意识和服务意识。对物流相关部门进行考核，就需要企业与物流成本利润相关的数据。

（4）通过对某一物流设备或机械（如单台运输卡车）的成本计算，弄清其消耗情况，谋求提高设备效率，降低物流成本的途径

在管理要求越来越精细化的今天，可以细化到针对每一台物流设备或机械的成本核算，以加强设备或相关责任人的绩效管理。

（5）通过对每个客户物流成本的分解核算，为物流服务收费水平的制定及有效的客户管理提供决策依据

既然物流成本是产品成本中重要的组成部分，人们在进行产品定价时就应该充分考虑该产品的物流服务消耗量，将物流成本考虑到产品定价里才会使价格决策更科学、更符合实际。通过物流成本核算，可以为物流服务价格和产品价格的具体制定提供数据。

（6）通过对某一成本项目的计算，确定本期物流成本与上年同期成本的差异，查明成本升降的原因

企业物流成本是全面反映企业物流活动的综合性评价指标，物流成本的高低是企业物流管理水平的综合反映。企业物流运营管理水平的高低，物流装备和设施利用率的高低，燃料、动力单位消耗的大小，产品配送、仓储布置是否合理，企业的选址及厂区规划设置是否合理都会在物流成本中反映出来。

（7）按照物流成本计算的口径计算本期物流实际成本，评价物流成本预算的执行情况

考虑以上目标，企业就可以进行物流成本核算对象的确定。实际上，确定物流成本核算对象，是企业物流成本核算和管理的最根本之处。一旦物流成本核算对象确定了，就可以确定每个核算对象的物流成本内容，再选择一定的核算方法进行核算。实际上，后两个问题对于财会人员来说，都算不上难题。当然，物流成本核算目的的确定也要结合企业业务流程、组织结构的设置及管理方式和管理要求的实际情况进行分析。

3.2.2 物流成本的核算对象

物流成本的核算对象应根据物流成本计算的目的及企业物流活动的特点予以决定。一般来说,物流成本的核算对象有如下几种。

1. 以某一物流成本项目为对象

把一定时期的物流成本,从财务会计的计算项目中抽出,按照成本费用项目进行分类计算。它可以将企业的物流成本分为企业自家物流费、委托物流费和外企业代垫物流费等项目分别进行计算。其中,企业自家物流费包括按相应的分摊标准和方法计算的为组织物流活动而发生的材料费、人工费、燃料费、办公费、维护费、利息费、折旧费等;委托物流费包括企业为组织物流向外单位支付的包装费、保管费、装卸费等;外企业代垫物流费包括在组织原材料(商品)采购和商品销售过程中由外单位(企业)代垫的物流成本。

> **提 示**
>
> 在企业的财务会计核算中,各项成本费用的账户往往是按照各个成本项目进行分类的,即把成本费用分成人工费、材料费、折旧费、办公费、水电费、差旅费等成本费用项目。因此可以说,按照成本项目进行物流成本核算是最基本的物流成本核算方式。不管采用什么样的成本核算对象,都可以按照成本项目对这些核算对象的物流成本进行细化。

2. 以某种物流功能为对象

根据需要,以包装、运输、储存等物流功能为对象进行计算。这种核算方式对于加强每个物流功能环节的管理,提高每个环节作业水平,具有重要的意义;而且可以计算出标准物流成本(单位个数、重量、容器的成本),进行作业管理,设定合理化目标。按照物流成本的功能作为成本核算对象,可以核算得到的物流成本信息,如表 3-1 所示。应该注意的是,尽管这里按照物流的每项功能进行物流成本的归集,但一般仍然可以得到每项物流功能成本中各个成本项目的构成,因为按照成本费用项目进行成本的分类是最基本的成本分类方法。

表 3-1 以物流功能为成本核算对象的物流成本汇总信息

成本项目		功能							合计
		运输	保管	装卸	包装	流通加工	物流信息	物流管理	
企业内部物流成本	材料费								
	人工费								
	维修费								
	水电费								
	⋮								
	其他								
	小计								
委托物流费									
合计									

3. 以某一服务客户作为核算对象

这种核算方式对于加强客户服务管理、制定有竞争力且能盈利的收费价格是很有必要的。特别是对于物流服务企业来说，在为大客户提供物流服务时，应认真分别核算对各个大客户提供服务时所发生的实际成本，这有利于物流企业制定物流服务收费价格，或者为不同客户确定差别性的物流水平等提供决策依据。按客户进行物流成本核算可以得到的物流成本信息，如表 3-2 所示。

表 3-2 以服务客户为成本核算对象的物流成本汇总信息

成本项目		A大客户	B大客户	…	N大客户	P类中小客户	Q类中小客户	其他客户	合计
企业内部物流成本	材料费								
	人工费								
	维修费								
	水电费								
	⋮								
	其他								
小计									
委托物流费									
合计									

从表 3-2 中可以看到，对于大客户，可以独立设置账户核算其发生的物流成本，以进行有效的管理。如果物流企业服务的对象还包括许多中小客户，则可以把这些客户进行分类（如按照同类产品归类，或者按照同等服务水平要求归类），统一核算物流成本，然后按照归类的属性再将成本分摊给这些客户，以有效地进行每个客户的成本与收费价格的管理，也有利于进行有效的物流服务水平管理。

4. 以某一产品为对象

这主要是指货主企业在进行物流成本核算时，以每种产品作为核算对象，计算为组织该产品的生产和销售所花费的物流成本。据此可进一步了解各产品的物流成本开支情况，以便进行重点管理。以产品为物流成本核算对象的成本汇总表可以与表 3-1 和表 3-2 类似，这里不再列出。

5. 以企业生产的某一过程为对象

如以供应、生产、销售、退货等过程为对象进行计算。它的主要任务是从材料采购费及企业管理费中抽出供应物流成本，如材料采购账户中的外地运输费、企业管理费中的市内运杂费、原材料仓库的折旧修理费、保管人员的工资等；从基本生产车间和辅助生产车间的生产成本、制造费用及企业管理费等账户中抽出生产物流成本，如人工费部分按物流人员比例或物流工时比例确定计入，折旧费、大修费按物流固定资产占用资金比例确定计

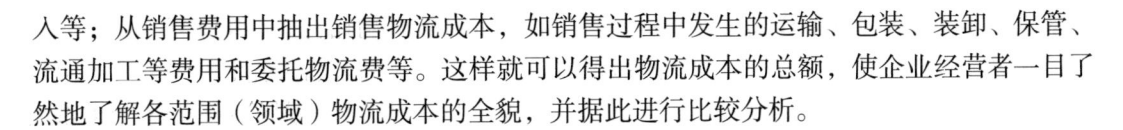

入等;从销售费用中抽出销售物流成本,如销售过程中发生的运输、包装、装卸、保管、流通加工等费用和委托物流费等。这样就可以得出物流成本的总额,使企业经营者一目了然地了解各范围(领域)物流成本的全貌,并据此进行比较分析。

6. 以某一物流部门为对象

如以仓库、运输队、装配车间等部门为对象进行计算。这种核算对加强责任中心管理,开展责任成本管理方法和对于部门的绩效考核是十分有利的。

7. 以某一地区为对象

计算在该地区组织供应和销售所花费的物流成本,据此可进一步了解各地区的物流成本开支情况,以便进行重点管理。对于销售或物流网络分布很广泛的物流企业或者产品分销企业来说,这种以地区为物流成本核算对象的成本核算就显得更加重要,它是进行物流成本日常控制、各个地区负责人绩效考核及其他物流系统优化决策的有效依据。以地区为核算对象的物流成本汇总信息如表3-3所示。从该表中可看出,管理者不仅可以获得每个地区的物流总成本,还可以得到物流成本本物流功能(运输费、仓储费、配送费、流通加工费等)的构成情况。实际上,企业也可以按照每个地区物流成本的成本项目构成进行物流成本的归集。

表3-3 以地区为成本核算对象的物流成本汇总信息

成本项目		功能						
		东北分公司	华北分公司	西北分公司	西南分公司	华南分公司	华东分公司	中南分公司	合 计
企业内部物流成本	运输								
	保管								
	装卸								
	包装								
	流通加工								
	物流信息								
	物流管理								
	其他								
小计									
委托物流费									
合计									

8. 以某一物流设备和工具为对象

如以某一运输车辆为对象进行计算。

9. 以企业全部物流活动为对象

确定企业为组织物流活动所花费的全部物流成本支出。

值得注意的是,企业在进行物流成本核算时,往往不局限于某一个成本核算对象,通过会计科目和账户的细化设置,可以从多角度对物流成本进行核算。如图3-1所示的三维物流成本核算模式，就是要从 3 个角度对物流成本进行核算归类，从而得到更多角度、更详细的成本信息，满足企业管理的多方面需求。

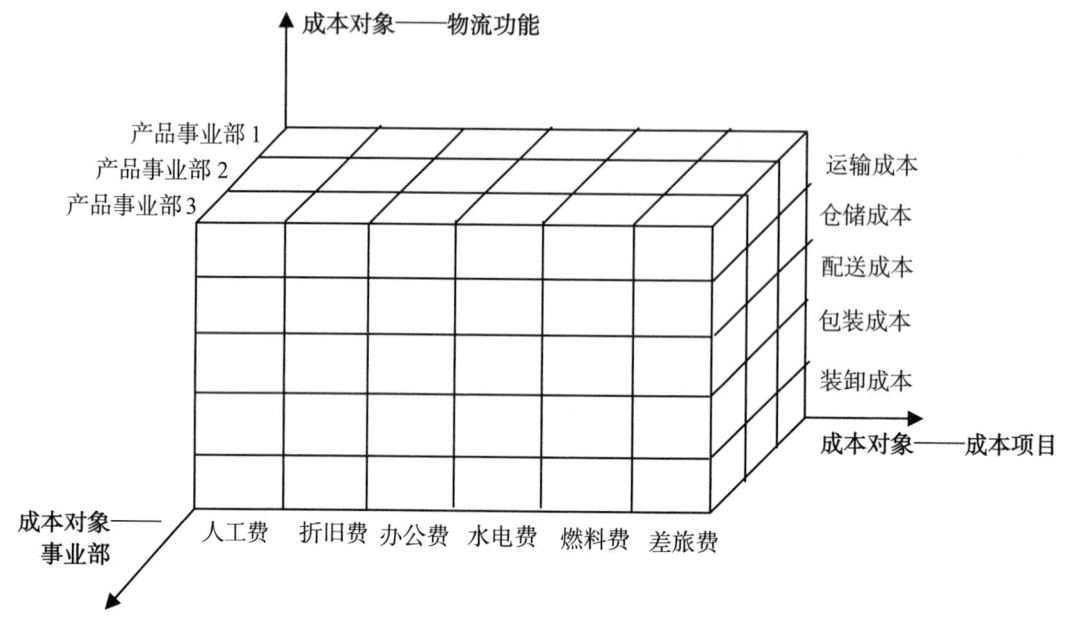

图 3-1　三维物流成本核算模式

当然，物流成本的核算也可以是四维、五维，甚至更多维的，维数越多，物流成本信息就越详尽，当然对于会计核算来说，难度和工作量也就越大。目前，随着会计电算化工作的日益普及，物流成本的多维核算变得可能。企业物流成本的全面核算往往要借助会计信息化工作的全面开展。一般来说，企业结合自身的管理要求和实际情况，三维或四维的物流成本核算模式是比较适合的，关键在于选择什么样的维度作为成本核算的对象。

★ 注　意

要得到三维或者四维的物流成本信息，在技术实现上并不是很困难。关键在于要有懂得企业物流管理的财会人员来推进这项工作，单靠物流管理人员肯定是不够的。

3.2.3　企业物流成本核算对象和科目设置

明确了物流成本的核算对象之后，就要按照这个核算对象设置相应的物流成本账户，并对账户进行进一步细化，然后设置相应的账簿，选择合适的成本核算方法进行物流成本核算。

§ 相关链接

我国会计制度中会计科目的设置

我国会计制度中把会计核算对象分成了资产、负债、所有者权益、收入、费用和利润六大要素，对会计要素的内容进行具体分类核算的项目，称为会计科目。会计科目可以进一步细化为一级科目、明细科目和二级科目，甚至三级、四级科目。在物流成本的核算中，如果明确了物流成本的核算对象，实际上就确定了物流成本核算的科目设置。不同的科目设置就是对成本核算对象的不同分类方法。

应用案例

某制造行业企业核算物流成本的方法如下：为了进行物流成本核算，在会计科目设置时设立了"自营物流成本"和"委托物流成本"两个物流成本核算的一级科目，"自营物流成本"用于核算、记录企业自身从事物流业务所发生的费用，"委托物流成本"用以核算企业委托第三方从事物流业务所发生的费用。两个科目属于成本类科目，借方登记企业物流成本的增加，贷方登记计入成本对象的物流成本。两个一级科目下设置的二级、三级科目，如表 3-4 所示。

表 3-4 物流成本核算会计科目设置

一级科目	二级科目	三级科目	备 注
自营物流成本	库存费	折旧费、人力费、管理费、维护费、保险费、税费及利息	重点考虑库存货物和原材料占用资金的利息
	运输费	卡车运输费、其他运输费、设备维修费、其他与运输相关的费用	与运输相关的汽油费、修理费等，还包括汽车等运输工具的折旧费
	物流管理费	差旅费、交通费、会议费、交际费、培训费和其他杂费	专指为物流活动发生的管理费
	物流信息费	信息系统维护费、电子和纸质信息传递费	核算企业为物流管理而发生的财务和信息管理费用
	包装费	人工成本、材料费及机器折旧费等其他相关费用	核算企业自营包装业务的支出
委托物流成本	仓储费	核算企业对外支付的仓储费	
	运输费	核算企业对外支付的运输费	
	包装费	核算企业对外支付的包装费	
	装卸费	核算企业对外支付的装卸费	
	手续费	核算企业对外支付的物流服务费和手续费	
	管理费	核算企业办理委托事项发生的管理费	

思 考

在上述实例中可以看出，该企业是按照物流功能设置的会计科目，以便进行物流成本的核算。你认为该企业这样设置科目可以达到什么样的物流成本管理目的？这样设置是否合理？企业还可以怎样设置会计科目呢？如果企业想核算各个部门的物流成本或者核算某些客户的物流成本，又该如何设置会计科目呢？

3.3 物流成本的核算方法

3.3.1 会计方式的物流成本核算

会计方式的物流成本核算是通过凭证、账户、报表的完整体系，对物流耗费予以连续、系统、全面记录的计算方法。这种核算方法又可分两种具体形式。

1. 独立的物流成本核算模式

这种模式要求把物流成本核算与财务会计核算体系截然分开，单独建立起物流成本的凭证、账户和报表体系。具体做法是：对于每项物流业务，均由车间成本员或者基层核算员根据原始凭证编制物流成本记账凭证一式两份，一份连同原始凭证转交财务科，据以登记财务会计账户，另一份留基层成本员据以登记物流成本账户。独立的物流成本核算模式的流程可以用图 3-2 表示。

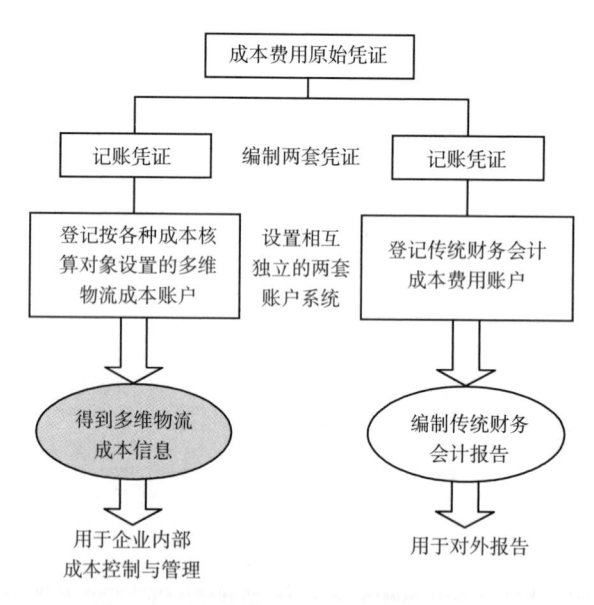

图 3-2 独立的物流成本核算模式的流程

这种计算模式的优点包括：
- 提供的成本信息比较系统、全面、连续、准确、真实。
- 两套计算体系分别按不同要求进行，向不同的信息要求者提供各自需要的信息，对现行成本计算的干扰不大。

但这个计算模式的工作量较大，在目前财会人员数量不多、素质有限的情况下容易引起核算人员的不满。另外，基层核算员财务核算知识的缺乏，也会影响物流成本核算的准确性。

2. 结合财务会计体系的物流成本核算模式

它是把物流成本核算与企业财务会计和成本核算结合起来进行，即在产品成本计算的基础上增设一个"物流成本"科目,并按物流领域、物流功能分别设置二级、三级明细账,按费用形态设置专栏。当费用发生时,借记"物流成本"及有关明细账,月末按照会计制度规定,根据各项费用的性质再还原分配到有关的成本科目中去。这种模式的核算流程可以用图3-3表示。

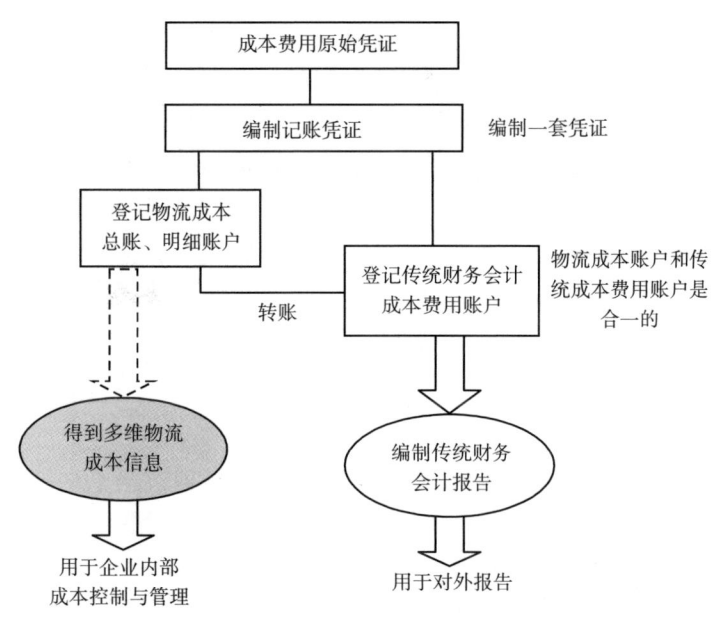

图3-3 结合财务会计体系的物流成本核算模式的核算流程

使用这种模式时,在会计处理上,当各项费用发生时,与物流成本无关的部分,直接记入相关的成本费用账户,而与物流成本相关的部分记入相应设置的物流成本账户。会计期末(一般是每个月末),再将各个物流成本账户归集的物流成本余额按照一定的标准分摊到相应的成本费用账户中,以保证各成本费用账户余额的完整性和真实性。

这样做一方面可以保证传统财务会计核算的需要,同时也可以从账户系统中获得物流成本的信息。这种计算模式的优点是:

- 所提供的成本信息比较全面、系统、连续。
- 由于与产品成本计算相结合,从一套账表中提供两类不同的信息,可以减少一定的工作量。

当然,这种方法也存在明显的缺点,表现在:

- 为了实现资料数据的共享,需要对现有的产品成本计算体系进行较大的甚至彻底的调整。
- 为了保证产品成本计算的真实性和正确性,需要划分现实物流成本、观念物流成本(如物流利息)的界限,划分应否计入产品成本的界限,如果人员素质不高则较困难。
- 责任成本、质量成本等管理成本都要与产品成本相结合,再将物流成本与之结合,其难度更大。

3.3.2 统计方法的物流成本核算

1. 基本思路

统计方法的物流成本核算是指在不影响当前财务会计核算体系的基础上,通过对有关物流业务的原始凭证和单据进行再次归类整理,对现行成本核算资料进行解剖分析,从中抽出物流成本的部分,然后再按物流管理的要求对上述费用按不同的物流成本核算对象进行重新归类、分配、汇总,加工成物流管理所需的成本信息。

由于统计计算不需要对物流成本做全面、系统和连续的反映,所以运用起来比较简单、灵活和方便。但是由于不能对物流成本进行连续、系统和全面的追踪反映,所以得到的信息的精确程度受到很大影响,而且易流于形式,使人认为,物流成本管理是权宜之计,容易削弱物流管理的意识。另外,在期末一次性地进行物流成本的归类统计,花费的时间也较多,对于财务会计人员来说,一次性工作量大。如果在日常会计处理过程中没有做相应的基础工作,按不同物流成本核算对象进行成本归集时,有时也无法确定某项成本的具体归属。

2. 基本步骤

统计方法的物流成本核算,平时不需要进行额外的处理,会计人员按照财务会计制度的要求进行会计核算。在会计期末(月末、季末或者年末)才进行物流成本的统计计算。具体来说,统计方法的物流成本核算的基本步骤如下:

1)通过材料采购、管理费用账户的分析,抽出供应物流成本部分,如材料采购账户中的外地运输费、管理费用账户中材料的市内运杂费、原材料仓库的折旧修理费、库管人员的工资等,并按照功能类别或者支付形态类别进行统计核算。

2)从生产成本、制造费用、辅助生产、管理费用等账户中抽出生产物流成本,并按照功能类别、形态类别进行分类核算,如人工费部分按照物流人员的数量或者工作量占全部人员或者工作量的比例确定物流作业成本。

3)从销售费用中抽出销售物流成本部分,具体包括销售过程中发生的运输、包装、装卸、保管、流通加工等费用。

4)企业对外支付的物流成本部分,根据企业实际订货情况确定每次订货的装卸费、运输成本、专门为该次订货支付的包装费用等。有时,企业还需要为外购货物支付仓储费。

5)物流利息的确定,可以按照企业物流作业占用资金总额乘以同期银行存款利率上浮一定的百分比或者企业内部收益率来计算。其实就是计算物流活动占用资金的机会成本。

6)从管理费用中抽出专门从事物流管理的人员耗费,同时推估企业管理人员用于物流管理的时间占其全部工作时间的比例。由于客户退货成本及相应物流成本都记入管理费用,因此应该在计算物流成本时,将退货物流成本剥离出来。

7)废弃物物流成本较小时,可以将其并入其他物流成本一并计算。

计算物流成本时总的原则是,单独作为物流作业所消耗的费用直接记入物流成本,间接为物流作业消耗的费用,以及为物流作业和非物流作业同时消耗的费用,应按照从事物流作业人员比例、物流工作量比例、物流作业所占资金比例等确定。

与会计核算方法的物流成本计算比较，由于统计方法的物流成本核算没有对物流耗费进行系统、全面、连续的计算，因此，虽然其计算较简便，但其结果的精确度受一定的影响。

3．统计方式的物流成本报告

在计算物流成本时，首先从企业财务会计核算的全部成本费用科目中抽取包含物流成本的成本，然后加以汇总。汇总的方法通常采用矩阵表的形式，在矩阵表的横向是按照《企业会计制度》及其他财务会计规定设置的成本费用科目，纵向是物流成本核算项目，该项目可以是不同的费用要素，如表 3-5 所示，也可以是不同的功能要素，如表 3-6 所示，甚至可以对企业不同部门或者不同客户进行统计计算。

表 3-5　物流成本按费用要素的计算

费用要素	主营业务成本	其他业务成本	营业费用	管理费用	财务费用	合计
工资						
材料费						
折旧费用						
燃料动力费						
利息支出						
税金						
其他支出						
合计						

表 3-6　物流成本按功能要素的计算

功能要素	主营业务成本	其他业务成本	营业费用	管理费用	财务费用	合计
运输成本						
库存持有成本						
仓储成本						
包装成本						
信息传递成本						
其他成本						
合计						

3.3.3　会计和统计相结合的成本核算方法

物流成本核算是为了更好地进行物流成本的管理，因此企业可以按照物流成本管理的不同要求和目的设置相应的成本计算项目，并根据成本计算项目所需的数据设置成本费用科目的明细科目。但是过细的会计科目设置会给企业会计工作增加很多负担，是不经济的。因此，企业应该在设置会计科目前考虑物流成本核算可能给企业带来的收益，以及增加物流成本核算科目将会增加会计操作的成本。

阅读材料：基于会计核算的企业物流成本研究

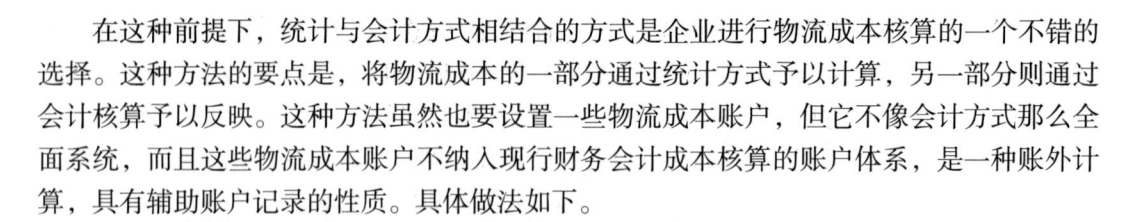

在这种前提下，统计与会计方式相结合的方式是企业进行物流成本核算的一个不错的选择。这种方法的要点是，将物流成本的一部分通过统计方式予以计算，另一部分则通过会计核算予以反映。这种方法虽然也要设置一些物流成本账户，但它不像会计方式那么全面系统，而且这些物流成本账户不纳入现行财务会计成本核算的账户体系，是一种账外计算，具有辅助账户记录的性质。具体做法如下。

1. 设置物流成本辅助账户

按照物流领域设置供应、生产、销售和回收废弃物物流成本明细账户，在各明细账户下按照物流功能设置运输费、保管费、装卸费、包装费、流通加工费、物流信息费和物流管理费三级账户，并按照费用支付形式设置人工费、材料费、办公费、水电费、维修费等专栏。实际上，账户的设置不是一定的，而是根据企业自身的要求来确定的。

2. 登记相关的物流成本辅助账户

对现行成本核算体系中已经反映但分散于各科目之中的物流成本，如计入管理费用中的对外支付的材料市内运杂费、物流相关固定资产折旧费、本企业运输车队的费用、仓库保管人员的工资、产成品和原材料的盘亏损失、停工待料损失，计入制造费用的物流人员工资及福利费、物流相关固定资产的折旧费、修理费、保险费、在产品盘亏或毁损等，在按照会计制度的要求编制凭证、登记账簿、进行正常成本核算的同时，据此凭证登记相关的物流成本辅助账户，进行账外的物流成本核算。例如，企业以银行存款支付购进材料的货款和运费共计 6 000 元，其中货款 5 000 元，运费 1 000 元，在材料采购账户和银行存款账户按照会计准则直接正常登记，分别记入 6 000 元。另外，在辅助的物流成本账户再补充登记 1 000 元，可以记入有关的物流成本总账、明细账和三级账户。

3. 对于现行成本计算中没有包括但应该计入物流成本的费用，根据有关统计资料进行计算，并单独设置台账反映

各项费用的计算方法与统计核算方式的计算方法相同。与物流相关的资金利息费用按企业物流资产占有额乘以一定的机会成本率得到，而外企业代垫的物流成本按照本企业的采购数量（或销售数量）乘以单位物流费率计算确定。

> **提示**
>
> 不管采用何种核算方式，作为物流成本重要组成部分的占用资金机会成本（或利息费用）不应该被忽视。作为一种机会成本，它并不一定是实际发生的成本，这是它与其他物流成本项目的不同所在。由于不是实际发生的费用，因此在会计核算中容易被忽视。

4. 月末，根据物流成本辅助账户所提供的成本信息，加上物流成本台账的信息，合计编制各种类型的物流成本报告

这种模式的优点是：物流成本在账外进行计算，既不需要对现行成本计算的账表系统进行系统的调整，又能相对全面地提供物流成本资料，方法也较为简单，财会人员易于采

用。它与会计方式的物流成本核算模式相比，操作相对简单，但可能没有会计方式得到的成本信息准确；与统计方式的物流成本核算相比，情形则相反，物流成本信息相对准确，但更复杂一些。

企业可以采用会计方式、统计方式或者两者结合的方式进行物流成本的核算工作。随着成本管理技术方法的不断发展，一种新的成本核算和管理模式——作业成本法正在被越来越多的人认识和采纳。在物流行业中，作业成本法也越来越受到学者和企业的青睐。关于采用作业成本法进行物流成本的核算与管理，在下一章中将做详细的讨论。

3.4 隐性物流成本的核算

3.4.1 显性物流成本和隐性物流成本的含义

按照我国《企业会计准则》的规定，费用是指企业在生产经营过程中实际发生的、能够用货币计量的各种耗费，企业确认成本费用的一个基本原则是实际发生。也就是说，只有实际发生的成本费用才被确认，而机会成本由于不是实际发生的，因此，不能确认为企业的实际成本。

在这里，我们把在会计核算中实际发生的、计入企业实际成本费用的各项物流支出称为显性物流成本。那些并不是企业实际发生的，而在物流管理决策中应该考虑的机会成本被称为隐性物流成本。

阅读材料：企业物流成本核算方法的设计研究

在物流活动中实际发生的人工费、材料费、运输费、办公费、水电费等都是显性物流成本，主要的隐性物流成本则包括存货所占用资金的机会成本和由于物流服务不到位所造成的缺货损失等。

物流成本是企业在经营过程中，消耗在物流业务方面的显性物流成本与隐性物流成本之和，大部分的显性物流成本可以通过一些费用单据反映和计算。目前，在企业运营中，只是加强了这些费用的计算，以进行物流成本的核算和控制。而对于隐性物流成本，由于缺乏相关的核算标准与恰当的方法，因此在这方面不仅是加强成本控制的问题，还需要深入探讨其核算方法问题，这是当前急切需要解决的。本章前面讨论的物流成本的核算，主要是围绕着显性物流成本的核算来进行的，而关于隐性物流成本的核算，没有比较统一规范的核算方法。

3.4.2 库存隐性物流成本的核算

根据美国对社会物流成本的统计方法，社会物流成本包括运输费用、存货持有成本和物流管理费3个部分。其中，存货持有成本是指花费在保存货物上的费用，除包括仓储、残损、人力费用及保险和税收费用外，还包括存货占用资金的利息。

在计算存货持有成本时，一般都基于 Alford-Bangs 公式的基本原理，如表 2-1 所示。其中它把存货持有成本分成保险费、仓储费、税费、运输费、搬运费、贬值、利息、过时。可以看到，保险费、仓储费、税费、运输费、搬运费都是实际要发生的成本，属于显性物流成本的范畴。贬值、利息和过时的支出在会计的核算中，并不被当作一项实际成本，在物流决策中，这些成本却是非常重要的，可以看成一种机会成本，属于隐性物流成本。

在企业微观物流成本的核算中，该隐性物流成本的核算原理应该和社会物流成本中该项成本的核算相一致。库存隐性物流成本的计算公式为：

库存隐性物流成本=库存平均余额×（贬值比率+利息比率+过时比率）

式中，贬值比率可以每年的通货膨胀率计算，利息比率可以用当年一年期商业贷款利率确定，而过时比率要根据不同的行业和产品自身特点来确定。例如，笔记本电脑、手机等品种型号更新比较快的产品，其过时比率可能要比较高；而有些价格变动不是很大的产品，过时比率就比较低，甚至可以不计过时成本。

也有人认为，存货持有的成本中，除贬值和过时成本外，在计算存货的利息成本时不能用商业贷款利率作为利息比率，而应该用投资者期望的报酬率（或者有价证券投资收益率）作为持有存货的机会成本计算基础。

把存货占用的资金利息等隐性物流成本加入物流成本的核算，这是现代物流与传统物流成本计算的一个最大区别，只有这样，降低物流成本和加速资金周转速度才从根本利益上统一起来。美国存货占用资金的利息在美国企业平均流动资金周转次数达到 10 次的条件下，约为库存成本的 1/4，为总物流成本的 1/10，数额之大，不可小觑。在我国，由于库存管理水平较低，企业的库存量相对较高，从而这种库存隐性成本在企业物流成本中所占的比例更大，应引起企业的高度重视。

3.4.3 缺货成本的核算

1. 缺货成本的类型

缺货对企业的影响很大，由于存货供应中断，可能造成停工损失、丧失销售机会等。缺货对企业造成的隐性成本一般有以下几种。

（1）延期交货

如果客户不转向其他企业，一旦恢复存货供应时，客户再来购买，则不发生缺货损失。但如果公司为了不失去客户而进行紧急加班生产或进货，利用速度快、收费高的运输方式运输货物，则这些成本就构成了延期交货成本。从这个角度看，这种成本将在实际的会计核算中发生，也可以说不构成隐性成本的内容，而成为一种显性的附加成本。

（2）失去某次销售机会

尽管有些客户允许延期交货，但是某些客户在缺货时会转向其他竞争者，而当下次购买时，又会回头再购买本企业的商品。在这种情况下，缺货就造成失销。这时，缺货成本主要是未售出商品的利润损失，这样的缺货成本就是一种隐性物流成本。另外，失销的隐

阅读材料：国产彩电高库存拖垮业绩

性成本除利润损失外，还包括当初负责这笔业务的销售人员的人力、精力浪费。

（3）永远失去某些客户

有些客户在本企业缺货时，会永远地转向其他供应商，这时的缺货成本损失最大。这种缺货损失由企业每年从客户身上获得的利润和该客户的寿命期限决定，很难估计，需要用管理科学的技术及市场营销研究方法加以分析和计算。另外，除利润损失外，还有缺货造成的信誉损失。信誉很难度量，在库存成本决策中往往很容易被忽视，但是它对未来的销售和企业经营活动是十分重要的。

当然，这种缺货成本在传统的财务会计核算中是不体现的，是一种隐性成本。

2. 缺货成本的计算

在企业的库存决策中，对缺货损失的估算是十分重要的。缺货成本的确定往往用发生缺货的期望损失来计算。

（1）某次缺货成本的计算

要进行某次缺货成本的计算，首先，分析缺货成本的类型，分析发生缺货可能造成的后果，包括延期交货、失销和失去客户。其次，计算与可能结果相关的成本，即利润损失。

（2）平均一次缺货成本的计算

在企业缺货成本的计算中，每次缺货都计算各自的缺货成本是比较困难的，因此可以在充分调查研究的基础上，计算出缺货一次的平均成本，然后企业根据每期缺货的次数就可以估算每期的缺货成本数额。平均一次缺货成本的计算可以按照下列步骤进行：

- 首先，进行市场调查，分析确定 3 种缺货成本类型的比例。
- 其次，计算 3 种情形下各自的缺货成本。
- 最后，利用加权平均法计算平均缺货成本。

阅读材料：浅谈隐性物流成本核算

应用案例

某公司向 300 名客户询问他们遇到缺货时的态度，发现其中 30 名（占 10%）客户会推迟购买；210 名（占 70%）客户会去购买其他生产商的商品，但下次有货时还会再购买该企业的商品；而另 60 名（占 20%）客户将会永远地转向其他供应商。企业又计算出 3 种情况下的缺货成本分别是 0 元、50 元和 1 200 元。因此，企业的平均一次缺货成本可以计算为：0×10%+50×70%+1 200×20%=275（元）。

对于制造企业来说，如果发生内部原材料短缺，就可能导致生产损失（人员和机器的闲置）和完工期的延误。如果由于某项物品短缺而引起整个生产线停工，这时的缺货成本可能非常高。尤其对于实施即时管理的企业来说更是这样。为了对保险存货量做出最好的决策，制造企业应该对由于原材料或零配件缺货造成的停产成本有全面的认识和理解。

> **相关链接**
>
> ### 安全库存量
>
> 　　安全库存量是企业为了应对在需要时和订货点发生短期的随机变动时的储备量，以减少缺货的可能性，它是防止缺货、降低缺货成本的有效手段。安全库存量的设置与诸多因素相关，一般来说，在下列情况下，为减少缺货应保持较高的安全库存量：缺货成本较高，服务水平要求较高，需求量波动较大，前置时间较长，前置时间的波动较大等。

本章小结

❶ 物流成本核算是进行有效物流成本管理与控制的基础，也是物流管理的一个重要环节。但是在现阶段，在我国企业中全面推行物流成本核算还存在相当大的困难。

❷ 进行物流成本核算，首先应该明确核算的目的，确定成本核算的对象。企业的物流成本可以按照支付形式、物流的流程、物流的功能、服务的客户、产品类别、物流责任中心、服务地区等多个方面进行核算，核算对象的确定主要依据企业成本管理和控制的要求进行。

❸ 物流成本核算的方法有会计方式、统计方式、会计与统计相结合的方式及作业成本法等。其中会计方式的物流成本核算相对复杂，但得到的成本信息更为准确。目前，要把物流成本核算纳入会计核算体系中，还有诸多困难，而统计方法作为一种灵活的方法，能够满足当前物流管理的迫切需求。

提示与思考

　　1．不要仅仅对物流管理人员或者会计人员说：我们的物流成本是多少？如果你得到的回答是：物流成本占销售额的8%或者9%，这个信息对你很重要吗？你要做的是：首先明白自己需要什么样的物流成本信息？要这些物流成本信息有什么用途？后一个问题决定了前一个问题。

　　2．企业对物流成本的核算要基于企业管理的要求，或者说要基于责任中心的业绩考核。否则，做了大量的工作，得到一个物流成本的总额，没有太多的实践意义。只有把物流成本的信息跟责任中心的考核联系起来，物流成本核算工作才更有意义。

　　3．要全面掌握企业的物流成本信息，并有效地将之用于物流管理，首先得培养一名至两名懂得企业物流的财会人员，在他和高级物流管理人员的配合下，建立物流成本核算体系。或者借助外部专业咨询机构或专家来建立物流成本核算体系。

　　4．解决了以上3个问题，企业物流成本的核算过程会变得很简单，且很有意义。

复习思考题

1. 对于企业来说,进行物流成本核算有什么意义?
2. 我国企业在推行物流成本核算的过程中会遇到什么样的困难?
3. 企业进行物流成本核算的目的有哪些?
4. 企业如何选择物流成本的核算对象?企业可以选择的物流成本核算对象有哪些?
5. 独立的物流成本会计核算模式如何实施?有什么优缺点?
6. 描述统计方式物流成本核算模式的基本步骤。
7. 什么是显性和隐性物流成本?隐性物流成本主要包括哪些内容?
8. 如何计算隐性物流成本?

第 4 章

物流作业成本分析

阻碍企业采用现代管理方法的原因往往并不是条件不足，而是缺乏对该方法的正确理解。

本章学习目标

- 了解作业成本法对传统成本计算方法的改善；
- 熟悉作业成本法在物流业中的基本思路和基本步骤；
- 掌握确定物流作业的原则和基本方法；
- 掌握物流作业成本动因的选择；
- 掌握物流作业成本的二阶段成本分摊模式的应用。

引导案例

某仓储配送型物流公司同时为 5 个医药经销企业客户提供货物仓储、配送及其他相关增值服务。物流公司的基本业务是：客户的货物从医药制造企业发货过来之后，物流公司直接接货入库储存，再根据客户发来的订单，向省内各大中医院配送药品。5 个客户的货物都储存在同一个配送中心内，配送中心内的人员、装卸搬运机器设备及其他设施设备都是共用的，配送的作业也往往是共同实施的。

5 个客户中，有的客户的产品以进口药物为主，货物价值高，但占用的仓储空间并不大，个别货物还需要专门由物流公司建立一个冷库来储存；有的客户则以经营中成药为主，相对来说货值低、占用存储空间大；有的客户则中药、西药都有。也就是说，这 5 个客户的货物种类有所不同、客户要求提供的服务内容和服务质量要求也有所区别，但是由于物流企业的物流成本是共同发生的，而会计人员也没有办法将 5 个客户发生的共同成本公平合理地分摊到每个客户身上。在收费标准的制定上，物流公司对 5 个客户都按照流转货值的 0.5% 收费。

请问：公司是不是应该为 5 个客户单独核算各自发生的物流成本，以有利于定价和改善物流服务质量？如果需要，共同发生的仓储成本、配送成本甚至行政管理成本如何分摊给 5 个客户？共同成本能不能按照 5 个客户各自的流转货值的比例进行分配？

4.1 物流作业成本法概述

4.1.1 作业成本法的产生与发展

作业成本法的产生，最早可以追溯到 20 世纪杰出的会计大师、美国的埃里克·科勒（Eric Kohler）教授。科勒教授在 1952 年编著的《会计师词典》中，首次提出了作业、作业账户、作业会计等概念。1971 年，乔治·斯托布斯（George Staubus）教授在《作业成本计算和投入产出会计》(*Activity Costing and Input Output Accounting*)中对作业、成本、作业会计、作业投入产出系统等概念做了全面系统的讨论，这是理论上研究作业会计的第一部宝贵著作。但是当时作业成本法并未在理论界和实业界引起足够的重视。20 世纪 80 年代后期，随着 MRP、CAD、CAM、MIS 的广泛应用，以及 MRP Ⅱ、FMS 和 CIMS 的兴起，美国实业界普遍感到产品成本与现实脱节，成本扭曲普遍存在，且扭曲程度令人吃惊。美国芝加哥大学的青年学者库珀和哈佛大学教授卡普兰注意到这种情况，在对美国公司调查研究之后，重提了斯托布斯的思想，提出了以作业为基础的成本计算（1988）。作业成本法在过去 10 年中受到了广泛的关注，新型咨询公司已经扩展了作业成本法的应用范围并研发出相应的软件。

> **提示**
> 作业或作业中心是成本归集和分配的基本单位。作业中心可以由一组性质相似的作业组成。由于作业消耗资源，伴随作业的发生，作业中心也称为作业成本库。

作业成本法引入了许多新概念，图 4-1 显示了作业成本计算中各概念之间的关系。资源按资源动因分配到作业或作业中心，作业成本按作业动因分配到产品。分配到作业的资源构成该作业的成本要素，多个成本要素构成作业成本池，多个作业构成作业中心。作业动因包括资源动因和成本动因，分别是将资源和作业成本进行分配的依据。

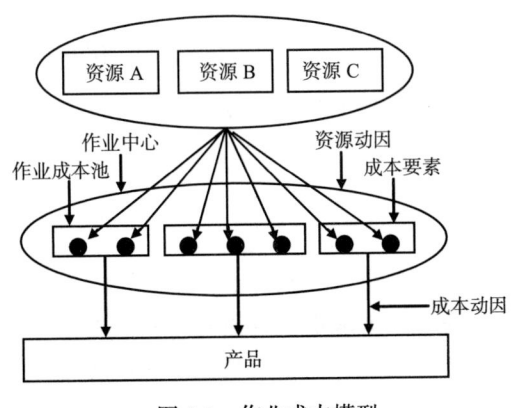

图 4-1 作业成本模型

4.1.2 物流作业成本法的基本原理

目前，作业成本法是被认为确定和控制物流成本最有前途的方法。作业成本法应用于物流成本核算的理论基础是，产品消耗作业，作业消耗资源并导致成本的发生。作业成本法把成本核算深入作业层次，它以作业为单位收集成本，并把"作业"或"作业成本池"的成本按作业动因分配到产品。因此，应用作业成本法核算企业物流成本并进行管理的基本思路如下：

1）界定企业物流系统中涉及的各个作业。作业是工作的各个单位（Units of Work），作业的类型和数量会随着企业的不同而不同。例如，在客户服务部门，作业可以包括处理客户订单、解决产品问题、提供客户报告3项作业。

2）确认企业物流系统中涉及的资源。资源是成本的源泉，一个企业的资源包括直接人工、直接材料、生产维持成本（如采购人员的工资成本）、间接制造费用、生产过程以外的成本（如广告费用）。资源的界定是在作业界定的基础上进行的，每项作业必定涉及相关的资源，与作业无关的资源应从物流成本核算中剔除。

3）确认资源动因，将资源分配到作业。作业决定着资源的耗用量，这种关系被称作资源动因。资源动因联系着资源和作业，它把总分类账上的资源成本分配到作业中。

4）确认成本动因，将作业成本分配到产品或服务中。作业动因反映了成本对象对作业消耗的逻辑关系，例如，问题最多的产品会产生最多客户服务的电话，故按照电话数的多少（此处的作业动因）把解决客户问题的作业成本分配到相应的产品中。

作业成本法计算物流成本的逻辑如图4-2所示。

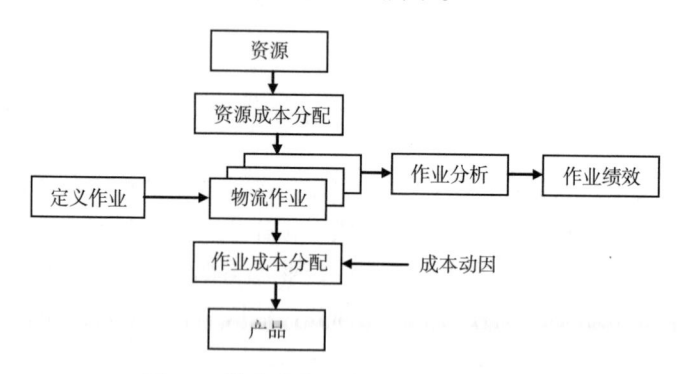

图4-2 作业成本法计算物流成本的逻辑

根据我国企业物流成本管理发展的现状，要实施作业成本的核算与管理，首先要转变传统的会计成本为作业成本。现以某典型制造企业供应物流核算为例进一步阐述这个问题。

> **应用案例**
>
> 这是一家汽车配件生产厂商，部分原材料需要进口。我国加入世界贸易组织后，汽车价格面临压力，希望通过物流成本的核算发掘成本下降的潜力。由于在原有的会计体系中，无法直接得到物流成本，因此采用作业成本法进行了核算。该企业利用作业成本法的基本步骤如下。

(1）界定供应物流系统中涉及的各个作业（见表4-1）

表4-1 确定作业

活 动	作业					
	作业1	作业2	作业3	作业4	作业5	作业6
计划管理	计划编制	档案管理				
采购	价格管理	谈判	发订单	委托采购		
储运	入库检验	仓库租赁	流通加工	报关运输	搬运装卸	流通加工
供货	运输	搬运装卸				
供应商建设	月供应会	年供应大会	访问	评审		

（2）确认企业物流系统中涉及的资源（见表4-2）

表4-2 确定资源费用

活 动	费 用					
	费用1	费用2	费用3	费用4	费用5	共同费用
计划管理	材料费					人工费、办公用品等低值易耗品、水电费等
采购	差旅费	业务招待费				
储运	资金占用费	仓库租赁费	搬运器具折旧费	包装用材料	报关运输费	
供货	运输费		搬运器具折旧费	包装用材料		
供应商建设	会议费	业务招待费	差旅费			

（3）确认资源动因，将资源分配到作业中

以人工费为例，将其分配到各个作业成本池时可选择工时为资源动因。

（4）确认成本动因，将作业成本分配到产品或服务中

以采购成本池为例，将其分配到各个产品时可选用采购材料在各产品中的比例为成本动因。

比较基于作业成本法的核算结果与基于传统会计核算的结果，成本的计算结果也许有较大的差别，说明利用作业成本法核算物流成本能达到揭示"物流冰山"的目的，是物流成本核算的有力工具。

4.1.3 作业成本法对传统成本计算方法的改善

传统的成本计算是货主把物流成本以单一的尺度，即"计算出平均每个产品的物流成本"，应用于结算报告、绩效评估或决策分析。此外，货物运费的计算是使用每吨多少钱或每吨·公里多少钱，仓库保管费的计算则使用重量或体积。因此，以"平均每个产品多少"作为基准，结果是个数增加则物流成本就随之增加，个数相同的话，即使其他条件不同，物流成本也不会增加。

如果能够充分利用作业成本法，则能反映物流作业的变化而计算其物流成本。虽输送个数相同，但因对应的作业不同，使得物流成本有所差异。换言之，若进行多品种、少批

要点解析：了解作业成本法的基本原理

量、多频率物流，则会显示出物流成本增加，甚至不划算而亏损。这样的结果可以唤起对多品种、少批量、多频率物流需求的注意。

随着物流作业成本管理的使用，可以更清楚地分析造成物流成本增加的原因，要求相应的责任人负担相应的成本部分，并且在物流绩效考核和物流定价中发挥更大的作用。因为物流也是一种商品，商品应按照不同的物流成本对象来计算其成本，并据以决定其价格，则"物流产品有价化"就可以实现。

§ 相关链接

作业成本法在企业的应用有 3 个层次：成本核算层、成本管理层和作业优化层。企业在应用中，首先要做的是对企业产品实施作业成本核算，在正确核算企业各工序作业和产品作业成本的基础上，运用管理会计的各种方法，把作业成本的信息运用到企业各项决策和管理中去。最高的层次是借助作业成本的信息，开展作业管理，消除不增值作业，提高作业效率。

应用案例

作业成本法对物流成本分析的改善

近年来，日本会计学界受美国作业成本理论的影响，也进行了作业成本应用的研究。日本研究物流会计的泰斗——早稻田大学的西泽修教授也积极主张在物流业中引入作业成本法，并进一步实用化，以促进物流成本管理。西泽修教授在 1992 年以一个案例的形式分析了作业成本法对传统物流成本分析方法的改善。

（1）案例背景资料

这是一个以自用货车进行运输的物流成本管理案例。基本情况如下：

- 出发地——甲配送中心。
- 到达地——乙销售区域。
- 路线行走距离——290 公里。
- 商品——产品编号 No.50。
- 托盘装载量——每一托盘装载 24 个产品。
- 卡车总装载量——每台卡车 32 托盘，共 768 个产品。

（2）作业分析

首先，对该自用货车运输的步骤进行"动作研究"，所调查的结果如表 4-3 所示。表 4-3 是自用货车运输的 10 个作业。

表 4-3　自用货车运输作业分析

作业编号	作业名称	作业描述
1	开车前检查	开车前对各种机件的检查
2	使用叉车进行托盘装载	使用叉车，操作员 1 人用托盘装载产品

续表

作业编号	作业名称	作业描述
3	关车门	固定好装载完成的产品,关上车门、封好
4	事务作业	开车前,进行"出车"等事务作业
5	开动	开车发动
6	按线路行驶	使用驾驶员1人,按路线行车
7	开车门检查	到达后,开车门,检查产品
8	卸下托盘	使用叉车卸下托盘
9	清扫	清扫货车
10	事务作业	进行后期事务处理

表 4-4 为物流作业与其对应的成本动因。表 4-5 为调查分析自用货车运输时间的结果,包括构成自用货车运输性能的各个物流作业,其所需的人数、次数、单位作业时间、总作业时间、燃料费(平均每公里的燃料消耗量)、燃料消耗量等。表 4-6 为物流作业成本计算表。

表 4-4 物流作业与其对应的成本动因

物流作业	成本动因 人工费	成本动因 设备费
1. 开车前检查	所需时间	
2. 使用叉车进行托盘装载	所需时间	使用时间
3. 关车门	所需时间	
4. 事务作业	所需时间	
5. 开动	所需时间	
6. 按线路行驶	所需时间	行驶距离
7. 开车门检查	所需时间	
8. 卸下托盘	卸货时间	使用时间
9. 清扫	所需时间	
10. 事务作业	所需时间	

表 4-5 自用货车的运输时间分析

标准时间	物流作业的种类	成本动因实际数: 人数(人)×次数(次)×单位作业时间(分)=总作业时间(分)
货车装载开动 标准时间		1×1×2.0=2.0 1×1×5.0=5.0 1×1×8.0=8.0

续表

火车装载开动标准时间	1. 开车前检查 2. 使用叉车进行托盘装载 3. 关车门 4. 事务作业 5. 开动	
	装载、开动合计时间	66.0
	6. 按线路行驶	1×1×420.0=420.0
到达卸货标准时间	7. 开车门检查 8. 卸下托盘 9. 清扫 10. 事务作业与管理	1×1×2.0=2.0 1×32×1.5=48.0 1×1×5.0=5.0 1×1×10.0=10.0
	到达、卸货合计时间	65.0
	总作业时间	551.0
其他费用标准	燃料费	公里数÷平均公里标准=总消耗量 290公里÷5公里/升=58升

表 4-6 物流作业成本计算表

A 费用		B 费用编号	送输作业	作业编号	C 成本动因	D 单价	E 一次送输时的送输费	F 两次送输时的送输费
人事费		a	托盘上下	2、8	所需时间	30元/分	96分×30元/分 =2 880元	96分×30元/分 =2 880元
		b	货车行驶	其他		30元/分	455分×30元/分 =13 650元	455分×2×30元/分 =27 300元
燃料费		c	车子行驶	6	行驶距离	105元/分	58升×105元/升 =6 090元	58升×2×105元/升 =12 180元
设备费		d	使用叉车	2、8	使用时间	17元/分	96分×17元/分 =1 632元	96分×17元/分 =1 632元
		e	使用货车	6	行驶距离	55元/公里	290公里×55元/公里=15 950元	290公里×2×55元/公里=31 900元
总送输费		f	a+b+c…+e		合计		40 202元	75 892元
产品数		g			768个			
送输费单价		h	f÷g				约52元	约99元
增加额（率）								（99-52）÷52×100% ≈90%

因此，按照传统的成本计算方法计算，平均每个产品的送输费是52元，即使分两次，每次384个进行配送，也被看成同样金额的配送费。然而，如果采用作业成本法

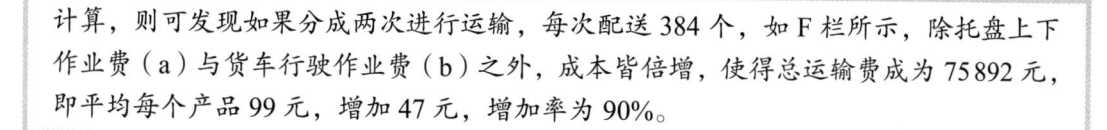

计算，则可发现如果分成两次进行运输，每次配送384个，如F栏所示，除托盘上下作业费（a）与货车行驶作业费（b）之外，成本皆倍增，使得总运输费成为75 892元，即平均每个产品99元，增加47元，增加率为90%。

4.2 物流作业成本法的基本步骤

4.2.1 取得物流成本信息

一般货主企业内的物流成本项目可能并未将物流成本从产品成本中分离出来，而是混在产品成本内。如果将物流定义为产品输配送及仓储保管功能，则这些成本在一般企业可依照下列方式抽离出来。

- 直接人工：包括仓储行政、入库、拣货、包装、贴标等。
- 仓储厂房费用：包括仓储空间的租金或折旧费，货架、仓储设备折旧费等。
- 装卸设备：按照使用年限计提折旧费。
- 车辆相关成本：包括自有车辆折旧费、租用车辆租金、车船使用税等。
- 其他材料费：包括包装材料、标签等。

这些成本项目可由会计记录中直接取得或经成本分离、推估等方式取得。

如果一个企业会计科目分类足够细，会计科目的子科目应当可以足够辨识成本费用属于何单位。中小制造业企业若无独立的配送仓库，其仓管人员可归属于某个厂区的直接人工。如果配送没有独立出一个单位，也可将它归属于某一个厂区的成本。实际上，管理物流成本的最佳始点是对会计科目的子科目进行合理的分类，即按照所需信息的要求将子科目分类得足够细。

下面要讨论的重点是当一般企业在其会计记录确实无法厘清各项细目时，如何合理估算以上这些物流成本项目。

1. 直接人工

直接人工是物流成本的一大要素，为此首先要确认执行物流（仓管、配送）功能的相关人员，按照约当全职人数（Full Time Equivalent）计算，也就是说，如果某员工只花费其工作时间的1/3执行仓管功能，另2/3时间执行其他非物流功能，则将该员工工资的1/3计作物流成本。

至于直接人工除工资外还包括保险费、退休金、年终奖金、绩效奖金及其他福利等，可将每月工资按照企业的福利政策估算，如将工资乘以一定倍数，如1.5或1.6等。

2. 仓储厂房费用

仓储厂房费用要根据不同情况进行考虑。

- 仓储空间若是租用则可按照租金计算，若是自建则可按照机会成本概念，即因为自用而不能外租损失的市场可取得租金收益作为约当费用。
- 货架等的投资可依照使用年限或租赁期间计提折旧。

3．装卸设备

装卸设备的成本费用按照使用年限计提折旧。

4．车辆相关成本

如为外车运输直接以所付运费计算，如为自有车辆则按照其使用年限计算每年折旧，其他如燃料费用、车船使用税等按照实际成本计算。

5．其他材料费

其他材料费如包装材料、胶带、标签等可以按照实际成本计算，也可以每件产品平均成本乘以产品总数推估。

> **§相关链接**
>
> 成本按其计入成本的对象可以分为直接成本与间接成本。直接成本是与成本核算对象直接相关的一部分成本，它可以直接计入成本对象。间接成本是指与成本核算对象相关联的成本中不能用一种经济合理方式追溯到成本对象的那一部分成本，它要用一定的方式分摊给成本核算对象。间接成本的分摊要力求做到准确。

4.2.2 作业及成本分摊

作业成本制度顾名思义，是以作业活动为基础的，也就是说，成本的归属或累积是以作业活动为中心的，然后将各作业活动的成本归属或分摊到成本对象或成本核算对象（Cost Objects）。如果成本对象是产品，则最后可算出各产品的成本；如果成本对象为客户，则可算出为服务不同的客户所投入的成本。这种分摊方式就是"二阶段分摊"（Two-stage Allocation），即先分摊或直接归属到作业，再将作业成本分摊到成本对象，如图4-3所示。

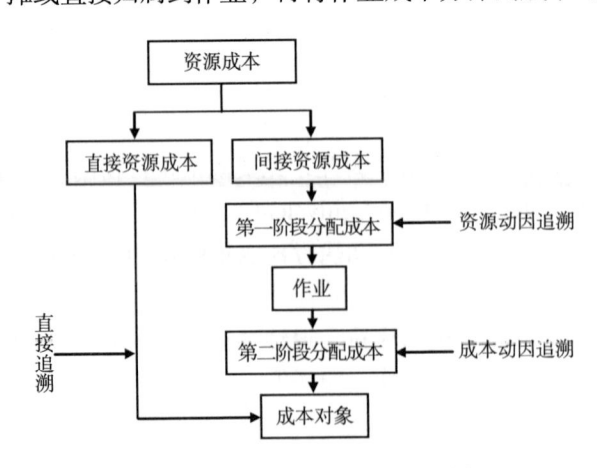

图4-3 作业成本制度的二阶段分摊

图4-3中所示的间接资源成本包括间接材料、间接人工费、折旧费、水电费等无法直接归属至产品的成本。而这些成本按照目前的会计制度，均将其记录于分类账中。然而分类账中的余额往往是指同质性的成本科目的总额，如水费、电费、保险费，因而无法辨认

究竟是何项作业造成了成本的增加。所以在实行作业成本制度时，问题之一是如何将间接资源成本归属至作业。

总体来说，将资源成本归属至作业的方法有以下 3 种：
- 直接归入（Direct Charging）。
- 估计（Estimation）。
- 武断分摊（Arbitrary Allocation）。

在这些方法中，以直接归入法最能正确提供正确的信息。如果直接归入法无法达到时，则应该以与成本变动有因果关系的动因来归属；如果得不出动因，则只能采取武断的分摊法来完成，但此法能不用就最好不用。图 4-4 显示了资源成本的归属方法及其选择方法的偏好程度。

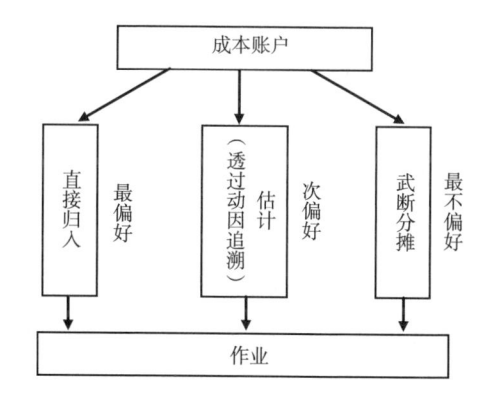

图 4-4　资源成本的归属方法及其选择方法的偏好程度

虽然直接归入法是较好的方法，但在实务上大多不可行，因为成本账户与作业级别往往没有直接关联性，所以在实务上往往需要使用估计方式进行，估计方法包括问卷或访谈，根据经验，对现场领班或部门经理做访谈可能是最有效的方法。

4.2.3　选定成本对象

在作业成本法中，成本对象的定义可随研究的目的而有所不同。若研究的目的在于探讨每个客户的成本分析，则成本对象须定义为客户。若目的在于探讨每个产品的成本，则成本对象须定义为产品。关于成本核算对象的选定问题，在本书第 3 章中有详细的论述。

一般来说，企业可以按照所经销或制造的所有产品作为产品类别，但是当企业所经销或制造的产品很多时，就显得过于烦琐而可能不切实际。在这种情况下，除非在分摊作业成本时不依"实际"动因使用量，而用"标准"成本动因使用量，否则光是收集每个产品的成本动因使用量便是一大问题。即使在作业成本分摊时采用"标准"使用量，仍须知道每个产品的"实际"使用量，以做事后评估之用。有鉴于此，在产品品种很多时，有必要对所有产品进行必要的合并。产品合并的原则是使用共同作业的产品必须合并。

上述原则可能只适用于产品少的公司，对产品种类繁杂的公司，逐一比较每个产品所经过的作业而决定是否合并，可能仍是一项艰巨的工作。所以在实务上，可能仍需要依赖对产品的了解，而依照每个产品的成本结构或属性，将有类似成本结构的产品归成相同类别。如物流业，可依仓储位置将产品分类，因不同成本结构的产品，往往放置于不同位置。

4.2.4 将作业成本归属至成本对象

将作业成本分摊至成本对象的方法与将资源分摊至作业相似，可选择直接归入、估计或武断分摊，实务上，很难有数据作为直接归入的依据，所以往往只能使用估计方法。估计方法有3类：

- 回归分析。
- 时间动作研究。
- 实地访谈。

回归分析是一项可行而有效率的方法，但往往由于资料的限制，变得不可行。时间动作研究让我们可以客观且准确地找出作业的成本动因，但其耗时费钱，故常在应用时被排除。在实务上，大多由研究人员与现场工作人员访谈，根据访谈资料综合判断具有代表性的成本动因。

4.2.5 分析物流成本

一般企业在没有物流成本管理基础的情况下可依上述方法分离出物流成本。取得物流成本信息并不是目的，只是作为加强管理的一种工具。如何根据分离出的物流成本信息加强管理是问题的关键所在。

许多企业发现自己的成本日益增加而失去竞争力，却不知根据上述方法分离出物流成本，无法知道成本增加是由物流成本造成的。因此建议企业根据上述方法计算以下数据。

1）总物流成本/总营业收入。观察其变化趋势，既可观察物流成本占营业收入的趋势变化，也可以就各种不同类别物流成本计算其占物流总成本的百分比。

2）各项物流成本/总物流成本。如此可以分析物流管理的重点、应当改善的重点，并在一定期间观察其变化趋势。

3）按照作业进行成本管理。对每项作业所消耗的物流成本进行分析，考虑每项作业成本消耗的合理性，并以此为基础制定作业的成本消耗定额或成本消耗指标，作为对每项作业进行改善和绩效考核的基础。

> **§ 相关链接**
>
> 对美国运输与物流企业的相关调查显示，有29%左右的企业用作业成本法代替了传统成本方法，超过50%的企业使用作业成本法作为传统成本系统的补充。另外，还有15%的企业用作业成本法作为辅助成本系统和成本分析的工具。据专家统计，作业成本法在物流组织中应用前景广阔，今后将会在物流系统管理中充分发挥其作用。

4.2.6 管理物流成本

物流成本的高低受许多因素的影响，良好的事前作业规划可以降低物流成本，下面提出几个可以降低物流成本的基本方向，在物流成本管理中要注意考虑。

1. 客户的特殊需求

1）订单所需协调的复杂度。不同客户的订单，需要不同程度的协调。例如，对准时送货的要求，若为 15 分钟区间，则其所需的协调工作，肯定比 3 天区间复杂，成本也就相应提高。单项商品订购，其所需协调复杂程度则比整套系统更简单。

2）运输点的特殊要求。每位客户的运输条件可能不同，有些客户只要求送至商店门口，有些客户可能要求入仓，还有些客户甚至要求每项产品依店面摆设上架。

2. 订单的特性

1）每个订单所要求的反应时间、到达频率及订购数量。反应时间越紧急，越会提高物流处理的复杂性及成本；下单频率越不规则，越会造成规划的困难。

2）产品运输属性。产品是整箱上车还是零星散装，严重影响物流配送效率。此外，运输点的位置与集中程度、是否需要做不合格产品回收，这些与成本有关的因素均会影响配送效率。

3. 加工及处理要求

产品加工及处理的特殊要求不同，其发生的物流成本会产生很大的差异。例如，干货与冷冻产品在物流处理上有极大的不同，会大大影响物流成本。此外，产品的加工需求、是否需要开箱逐一贴标签再装回，也会影响最终的物流成本及复杂度。

4. 产品特性

产品间的可替代性不同，物流成本的差别也会很大。可替代性程度高的产品，会降低物流作业的复杂度，并会相对降低仓储的压力，因为不需要提供超额存货，以备不确定的需要。

当管理者仔细思考上述问题之后，则可按照订单与产品的特性，拟定适合的物流管理政策，以提高客户满意度和物流效率，如此才可有效管理物流成本。

要点解析：实施物流作业成本法的几个关键环节

4.3 物流作业及成本的定义与分析

4.3.1 物流作业的定义与分析

1. 作业的种类

物流作业成本法在物流企业或者货主企业物流部门的应用，需要解决的首要问题是定义各项物流作业。

一般来说，作业可以分为 4 个层次（Cooper & Kaplan，1991）。

1）单位水准作业（Unit Activities），是指针对每个单位产出所要执行的作业活动，这种作业的成本与产出量成比例变动。

2）批别水准作业（Batch Activities），是指针对每批产品生产时，所需要从事的作业活动，如对每批产品的机器准备、订单处理、原料处理、检验及生产规划等。这种作业的成本与产品批数成比例变动，是该批产品所有单位产品的固定（或共同）成本，与该批的产量多少无关。

3）产品水准作业（Product Activities），是指为支持各种产品的生产而从事的作业活动，这种作业的目的是服务于各项产品的生产与销售。例如，对一种产品编制材料清单（Bills of Materials）、数控规划、处理工程变更、测试线路等。这种作业的成本与单位数和批数无关，但与生产产品的品种成比例变动。

4）维持水准作业（Facility Activities），是为维持工厂生产而从事的作业活动，它是为支持厂务一般性制造过程的作业活动，如暖气、照明及厂房折旧等。这种作业的成本，为全部生产产品的共同成本。

库珀与卡普兰（1991）以厂房营运费用为例，说明了作业层次与相关费用之间的关系，如图4-5所示。从图中可以看出，与单位水准作业有关的费用大部分是共同分摊的间接费用，且此费用与产量相关。这里要说明的是，单位水准作业的成本并不一定就是直接成本，例如，电费是共同消耗的费用，很难直接归属到某种产品，而此作业的成本是与产出量的多少直接正相关的。所以，如果这种单位水准作业占的比例越大，以传统数量为基础（Volume-Based）的成本分摊方法造成的成本扭曲也就相对越小。相反，批别水准、产品水准及维持水准的作业越多，传统成本分摊方法造成的成本转移就会越明显。显然，在目前少批量、多批次、多品种生产和作业的情况下，批别水准、产品水准和维持水准的作业越来越多，从而利用作业成本法也就显得更加必要。

2．物流作业的定义和选择

作业的选定当然要根据流程的每个细部作业来决定。对物流作业的定义要求在对企业生产工艺流程和物流过程进行深入了解和分解的情况下进行，把企业物流运营的全过程划分为一定数量的作业。由于细部作业的数目过于庞大，因此过细的作业划分会增加信息的处理成本。在确定作业数量时，究竟应划分和确定多少作业，应遵循"成本—效益"原则，在"粗分"和"细分"之间进行权衡。划分过"粗"，会导致在一项作业中含有不相关的作业成本，但划分过"细"，工作量太大，企业为此付出的成本过于高昂。

为了简化作业的数量，某些细部作业（Micro Activity）可以进一步合并为粗部作业（Macro Activity）。细部作业可以作为成本改善与绩效评估的单位来使用，因为每个细部作业都可能由不同的员工和机器操作，因此可以单独进行绩效考核和作业改善，而如果仅仅是为了达到正确的成本累积，粗部作业就足够了。作业的合并一般需要遵循以下3个基本原则：

- 合并的作业必须属于同一层次。
- 合并的作业必须使用相同的成本动因。
- 合并的作业必须具有相同的功能。

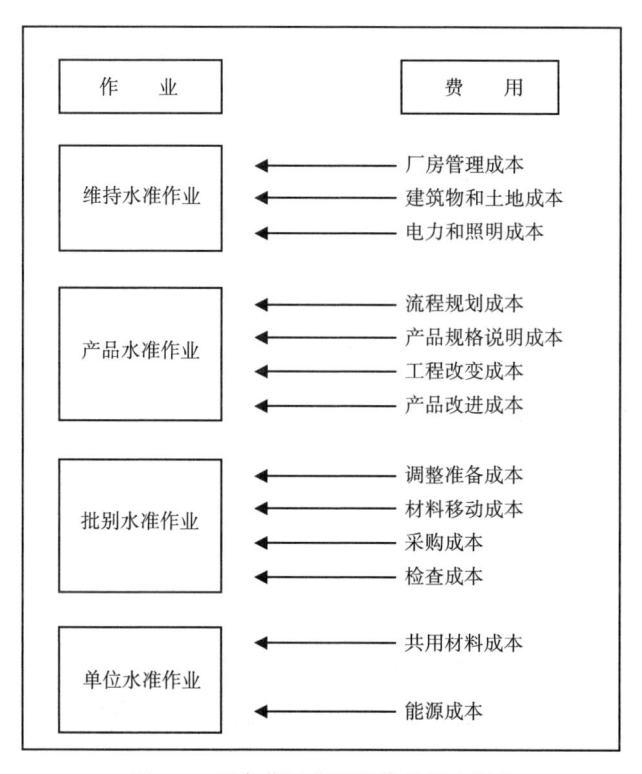

```
┌─────────────────────────────────────────────┐
│   ┌─────────┐              ┌─────────┐      │
│   │  作 业  │              │  费 用  │      │
│   └─────────┘              └─────────┘      │
│                                             │
│   ┌─────────┐         ◄──── 厂房管理成本     │
│   │维持水准 │         ◄──── 建筑物和土地成本 │
│   │  作业   │         ◄──── 电力和照明成本   │
│   └─────────┘                               │
│                                             │
│   ┌─────────┐         ◄──── 流程规划成本     │
│   │产品水准 │         ◄──── 产品规格说明成本 │
│   │  作业   │         ◄──── 工程改变成本     │
│   │         │         ◄──── 产品改进成本     │
│   └─────────┘                               │
│                                             │
│   ┌─────────┐         ◄──── 调整准备成本     │
│   │批别水准 │         ◄──── 材料移动成本     │
│   │  作业   │         ◄──── 采购成本         │
│   │         │         ◄──── 检查成本         │
│   └─────────┘                               │
│                                             │
│   ┌─────────┐         ◄──── 共用材料成本     │
│   │单位水准 │                                │
│   │  作业   │         ◄──── 能源成本         │
│   └─────────┘                               │
└─────────────────────────────────────────────┘
```

图 4-5　厂房营运费用的作业层次划分

建立作业中心时，一般首先确定一个核心作业，然后根据作业"质的相似性"原则，将上下游工序中一些次要任务或作业与之合并，归集为一个作业中心。在每个作业中心中，都有一个同质成本动因。

3．主要的物流作业

物流公司或货主企业的物流部门在进行物流作业（或作业中心）的划分时，其作业主要包括下述项目。

（1）采购作业

采购作业又包括供应商管理、向供应商订货、货物验收和货物入库等作业。

1）供应商管理。具体来说又包括采购合约签订、订货、进货、验收、付款等作业。

2）向供应商订货。向供应商订货的作业一般先由电脑考虑周转率、缺货率、前置时间、存货状况等，自动建议订货，再由人工决定。由电脑考虑季节性因素，算出过去出货资料的平均预估出货量，到了订购点，电脑自动列印出"订购建议表"，经过人工修订，将信息传给上游厂商。该项作业的成本主要包括存货控制、操作电脑的人工及订单处理成本等。

3）货物验收。每进一托盘就要仔细清点，包括品质、制造日期等。当货物送来时，原则上采取诚信原则，以点箱数方式验收，但对高单价商品以开箱点数验收。

4）货物入库。如果货物为整箱则放置在托盘上，所使用的托盘若为标准托盘，则可直接入库；若厂商使用非标准托盘，则需要第二次搬运至标准托盘上，可通过洽谈由上游厂商自行负责搬运。如果货物是非整箱进货，则须人力搬运。

（2）销售订单处理

订单若以电子订货系统传来，无须输入工作；若以传真方式传来，则必须有专人做输入工作。若通过网络传到仓库现场的电脑上，则不需要打印拣货单；若未与仓库现场联网，则须有人按批次打印拣货单，交给仓库现场人员拣货。

在销售订单处理作业上，也要花人力在接电话时确认、回答客户咨询等工作上。

（3）拣货作业

拣货方式若为半自动化拣货，则不必人为判断商品，只看编号，人工动作主要为搬运货物及电动拖板车的行进。

（4）补货作业

补货作业步骤通常有以下几个：
- 人工从事割箱工作。
- 人工从事补货工作，一箱一箱补货。
- 由专人操作堆高机从事堆高机补货工作，在此情况下补货单为托盘一个。

（5）配送作业

配送作业的基本工作流程与步骤包括：
- 接受订单后由电脑系统依货量、路线、重量因素做配车工作，再由人工依需要调整。
- 电脑打印派车单，配送人员根据派车单到现场拉货并与各门市进行送货品项的核对。
- 拉货上车。
- 配送运输。
- 卸货，这是配送人员最辛苦的工作，有些商家要求直接卸在店内，有些则要求卸货上架。
- 点收。

（6）退货作业

采购进货时验收不符则当场退货。储存在仓库的损坏商品，则依合同退货给厂商。客户退回商品时由司机运回放置在仓库内，由专人将商品整理分类，有些商品要报废，有些要重新上架，有些可以退回给厂商。

4.3.2 资源费用分析

作业成本法的基本思路是首先要按照作业来归集各项资源费用，然后按照成本动因将各项作业成本分配到成本对象（成本核算对象）。因此，确定了各作业或作业中心之后，就要明确各项作业所包含的资源费用，并进行归集。

- 采购作业资源包括采购人员成本、采购处理成本、采购设备折旧及维护。
- 验收作业资源包括验收人员成本、设备工具折旧、货架、托盘。
- 销售订单处理使用资源包括销售订单处理人力、电脑设备信息处理、通信费用。
- 拣货使用资源包括拣货人员成本、拣货准备成本、拣货设备折旧、拣货设备维修成本。
- 补货使用资源包括补货人员成本、电动板车折旧、堆高机折旧、货架折旧、输送带折旧、自动分流设备折旧、物流箱、活动托盘、储存托盘。
- 配送作业使用资源包括配送车辆折旧、配送人员工资、油料、过路费、维修费等。
- 仓储作业使用资源包括工具折旧、厂房租金、厂房管理员成本、设备折旧、保养。

4.3.3 成本动因的定义与分析

成本动因是指每个物流成本对象（成本核算对象）消耗各作业中心成本的动因，或者说是期末将每个作业中心成本总额分配给成本核算对象的依据。选择作业成本动因，即选择驱动成本发生的因素。一项作业的成本动因往往不止一个，应选择与实耗资源相关程度较高且易于量化的成本动因作为分配作业成本、计算产品成本的依据。成本计量要考虑成本动因材料是否易于获得，成本动因和消耗资源之间相关程度越高，现有的成本核算被扭曲的可能性就会越小。成本动因相关程度的确定可运用经验法和数量法。

- 经验法是利用各相关的作业经理，依据其经验，对一项作业中可能的动因做出评估，确定权数。
- 数量法是指用回归分析比较各成本动因与成本间的相关程度。

常见的物流作业成本动因主要有直接人工工时、托盘数量、订单数量、货物的货值等，这些成本动因也需要在日常的工作中加以统计计量。

成本动因的选择至少要考虑两个因素：
- 成本动因的计量性及计量成本的合理性。
- 成本动因与作业中心消耗资源的相关程度。

有些资源成本动因是会计资料中现有的，如货值等；而有些资源成本动因需要在日常工作中进行计量，如订单数、托盘数等。

各项作业可能耗用的资源通过有系统的记录方法，可以清楚地了解各项作业的成本。找出各项作业成本的成本动因，将作业成本客观地分摊至成本对象，表 4-7 为常见物流作业的可能成本动因示例。

表 4-7 物流作业的可能成本动因示例

作 业	累积成本	可能的成本动因
1. 采购处理	采购人员成本、采购处理成本、采购设备折旧及维护费用	采购次数
2. 进货验收	进货验收人员成本、验收设备折旧及维护费用	托盘数
3. 进货入库作业	进货人员成本、堆高机设备折旧费用	托盘数
4. 仓储作业	仓库管理员成本、仓库租金、折旧费用、维护费用	体积、所占空间
5. 存货盘点	盘点人员成本、盘点设备折旧及维护费用	盘点耗用时间
6. 客户订单处理	接受订单人员成本、订单处理成本	订单数
7. 拣货准备	拣货人员成本、拣货准备成本	订单数
8. 拣货	拣货人员成本	拣货次数
9. 合流	处理合流人工成本、合流设备成本	每一订单跨区数

续表

作　　业	累积成本	可能的成本动因
10. 配送	车辆调配、油料、车辆维护折旧费用、配送人员成本	出货托盘数
11. 拉货上车	拉货上车人工成本、辅助设备折旧费用	订单量
12. 人工补货	割箱人员成本、搬运人员成本、设备折旧维护费用	补货箱数
13. 堆高机补货	堆高机人员成本、堆高机折旧费用、维护费用	补货托盘数
14. 卸货	卸货人员成本	订货标准箱
15. 销管作业	财会人员成本、文具用品费用、电脑设备、管理费用、行政人员成本、通信成本	营业金额

4.3.4　成本累计模式的定义与分析

成本是定价的基础，为使定价能反映物流成本，需要有一套能反映服务内容的成本模式，通过作业成本分析，可以清楚地看出各项订单所需要的物流服务内容，以及各项服务内容所要消耗的资源费用。图 4-6 是以某物流中心（配送中心）为例反映的各个成本对象的累计物流成本。

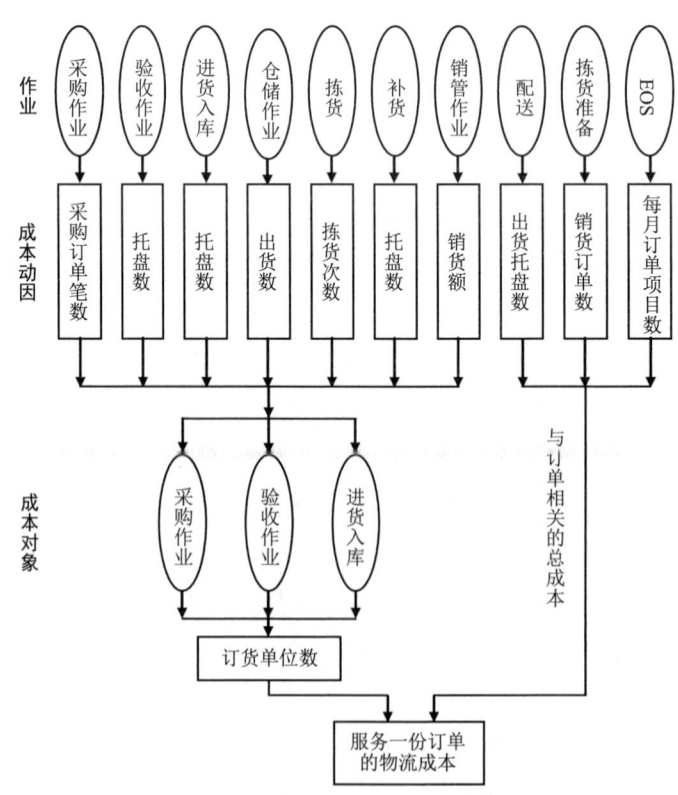

图 4-6　某物流中心物流成本分摊模式和流程

由图 4-6 可知，物流成本基本上包含两部分：一部分是与订单相关的成本，此成本的多少与订单的订购数量无关。另一部分则与订单的订购量相关，也就是数量越多，物流成本越高。

阅读材料：对物流作业进行改善

> **§ 相关链接**
>
> 作业成本核算包含两种观点：一种是成本分配观或成本分解观，另一种是过程分析观。前者进行纵向分析核算，提供关于资源、作业量、作业与产品等成本对象的成本信息；后者进行横向分析核算，提供关于作业对客户价值的满足程度、效率等非财务方面的信息。这两种观点在作业成本核算制度中被合称为两维成本核算观。

4.4 作业成本法的实施分析

4.4.1 销售型物流企业作业成本法的实施

销售型物流企业是指向上游供应商买断商品，再转售给下游零售门市商店的企业，属于商品批发型流通企业性质。在这种类型的企业中，物流的合理组织非常重要，也是企业取得竞争优势的重要来源，而物流成本在其整个企业经营成本中也占有非常大的比例，可见有效的物流成本管理对于企业来说是十分重要的。

阅读材料：物流配送中心作业成本分析与控制

某销售型物流公司的仓储平面布置如图 4-7 所示。

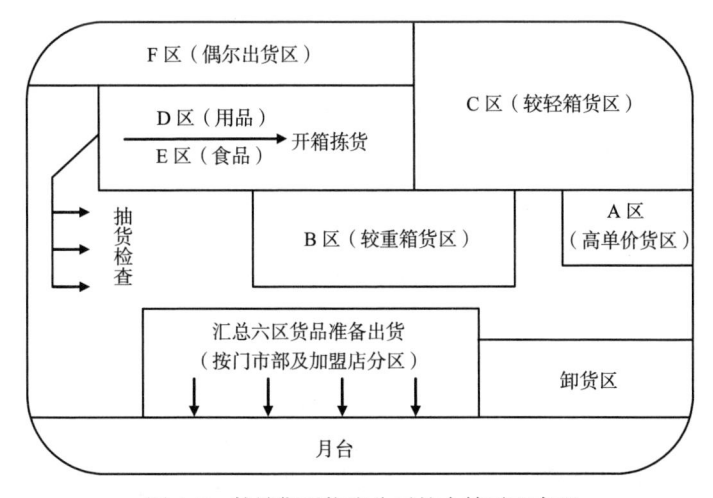

图 4-7 某销售型物流公司的仓储平面布置

该物流公司在作业成本制度的实施上主要从以下几个方面展开。

1. 作业的确定

根据实际了解该公司物流作业流程并分析各种相关资料，再合并一些相关作业，归纳出下述作业来涵盖该公司的整个物流处理程序，如表4-8所示。

表4-8 销售型物流企业的作业划分

作业序号	作 业	累计成本	可能的成本动因
1	采购处理	采购人员成本、采购处理成本、采购设备的折旧及维护费用	采购次数（笔数）
2	进货验收	进货验收人员成本、验收设备的折旧及维护费用	验收托盘数（ABCDE区）
3	进货入库作业	进货人员成本、叉车设备折旧费用	托盘数（ABCDE区）
4	仓储作业（ABCDE区）	仓库管理员成本、储存仓库的租金、折旧费用、维护费用、财产税、杂项费用（包括拣货储存区的空间费用）	所占空间、体积
5	人工补货（DE区）	开箱人员成本、搬运人员成本、设备成本	补货箱数（DE区）
6	叉车补货（BC区）	叉车驾驶员成本、叉车折旧及维护费用、托盘成本	补货托盘数（BC区）
7	EOS作业	接收订单人员成本、订单处理成本	一般订单数
8	BC区拣货准备	拣货人员等待成本、拣货设备折旧及维护费用	订单数
9	BC区拣货作业	拣货人员成本（约占总拣货人员成本的百分比）	箱数
10	DE区拣货准备	拣货准备成本、拣货设备折旧及维护费用、人员等待成本	订单数
11	DE区拣货作业	拣货人员成本	包数
12	A区拣货	拣货人员成本、拣货准备成本	拣货次数
13	出货作业	车辆调配、油料、车辆维修折旧费用、司机成本	拣货次数
14	营销管理作业	人员成本、文具用品费用、电脑设备、通信费用、教育培训费用	营业金额

2. 成本对象的选择

在作业成本制度的实施中，成本对象的选择可以随着分析目的的不同而有所不同。如果分析的目的是探讨每个便利店的成本，则成本对象一定是每个便利商店；如果设定研究目的是探讨每个商品的物流成本，则成本对象就定义为商品。

虽然该公司经销的商品种类繁多，但其流程仍大致按不同区位的商品而有所不同，为此可以把商品分成A，B，C，D，E，F六大类，而F区中商品因属于非经常性销售项目，因此建议将其排除，在分析中真正涵盖的商品只有五大类。最终用来计算成本分摊的商品被分为A，B，C，D，E五大类。从而得到该公司作业成本制度下的成本分摊二阶段模式，如图4-8所示。

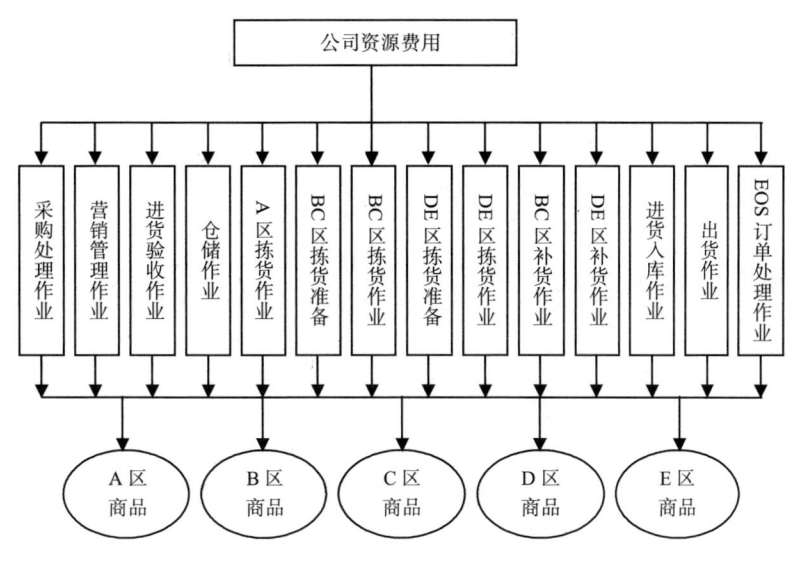

图 4-8 二阶段成本分摊模型

3. 作业成本分析

由于人工成本和折旧费用等都是按月计算的，因此，公司每月都要根据表 4-8 中的作业，累计计算各项作业的成本，再按照各成本对象的成本动因消耗量，将作业成本分摊到各区域的商品中。

（1）采购处理作业

采购处理是公司对外的采购作业，由于每个区域商品的采购频率不同，所以在分摊采购成本上也应该有所区别。根据实地研究观察，采购处理作业的成本动因选择为每个区域的"订单笔数"。每种产品采购一次，不管每次的订货量或者订货金额多少都视为一笔。采购处理作业的成本主要是人事成本和订单服务费用。月末采购处理作业的成本分摊系数计算公式为：

$$每笔采购处理作业成本 = \frac{采购处理成本总额（人事成本+折旧费+订单服务费+耗材）}{（A区+B区+C区+D区+E区）订单总笔数}$$

（2）进货验收作业

进货验收作业为对外采购商品入库前的检验工作，因每个区域的商品采购量不同而不同，采购量越大则验收成本越高，因此应按照采购量的多少作为验收成本分摊的动因；托盘数的多少反映了采购量的多少，因此以托盘数验收作为入库作业的成本动因。月末验收作业成本分摊系数的计算公式为：

$$每托盘货物验收作业成本 = \frac{验收成本总额（人事成本+折旧费+耗材等）}{（A区+B区+C区+D区+E区）托盘数}$$

（3）进货入库作业

进货入库作业是指将对外采购商品搬入仓库的作业，入库成本也与采购量成正比，从而可以以托盘数作为进货入库作业的成本动因。计算公式与上面相类似。

（4）仓储作业

由于仓库作业人员都承担着入库、补货等作业，因此这里的仓储作业成本主要是仓库的租金（包括仓储设施的折旧费用）。而每个区域的面积已经事先固定，除非仓库布置重新改变，否则很少变动。显然，仓储作业的相对成本动因为每个商品区域所分配的库存面积。仓储作业成本的月末分配系数计算公式为：

$$单位面积仓储作业成本 = \frac{仓储作业成本总额（人事成本+折旧费+耗材等）}{（A区+B区+C区+D区+E区）总面积}$$

（5）补货作业

补货作业是指将商品由仓库搬运至拣货等待区，以有利于拣货的进行。由于B,C区的商品属于重型商品，因此补货需要用叉车，而D,E区属于轻型商品，补货作业由人工完成，在成本结构上存在很大差异，尤其在机器的折旧与维护成本上，B,C区的补货作业成本要高出D,E区很多。由于B,C区的补货大多以叉车将整托盘商品搬运至拣货区，因此其对应的成本动因为"托盘数"；而D,E区的补货作业为人工搬运，可以用"补货搬运箱数"作为D,E区补货作业的成本动因。

（6）拣货准备及拣货作业

A区商品的拣货作业比较简单，一般而言是由卡车司机在出货时按照拣货单直接到A区仓库领取，而B,C区及D,E区所牵涉的作业就比较麻烦，B,C区内的商品有轻有重，D,E区内的商品种类多样化，因此在作业划分时有必要将拣货作业区分成两段，前段称为拣货准备作业，后段称为真正的拣货作业。

就"拣货作业"而言，每个区域商品的成本动因都是"拣货次数"。但是每区使用的销售单位有所不同，A区商品销售按"条"计，B,C区商品销售按"箱"计，而D,E区商品销售按"包"计。此外，每个区域的拣货作业成本的构成也不同，A区以人事成本为主；B,C区除人事成本外，还需要计算拣货搬运设备的折旧费和维修成本；而D,E区除人事成本外，也要包括传送带的折旧费和维护费用。

B,C区和D,E区的商品需要经过"拣货准备"作业，此项作业是拣货作业的规划设计及拣货单的准备工作，以使得拣货作业更加有效率。拣货准备作业成本以人事成本为主，其成本动因为"订单张数"，也就是假设每张订单所耗用的拣货准备成本不受订单内容或订购数量的影响。

（7）出货作业

出货作业包括拉货上车、运输、卸货及车辆维护与指派等作业。从理论上讲，该作业应该进行更进一步的细化，但由于该公司在该作业的成本资料追踪和归集上有困难，因此只好将这些作业合并为一项出货作业。出货作业的成本主要包括司机的成本和外包车辆的费用、内部车辆的维修费、折旧费、保险和油料费等。出货作业的成本与运输量有关，由于等待出货的商品均放置在托盘上，因此合理的出货作业动因选择为"出货托盘数"。

（8）营销管理作业

营销管理作业是指行政管理部门的支持性作业，由于管理成本必须分摊到3个物流中心，而这里只讨论了一个物流中心，因此，这里只需摊提部分营销管理成本。营销管理费用的分摊以"销货金额"作为成本动因，其理由是营销管理成本往往是按照销售额的固定百分比提取的，随着公司业务量和销售金额的提高，公司的营销管理费用也会随之提高。

（9）EOS 订单处理作业

EOS 为处理各便利商店向公司订购的作业，其作业成本包括人事成本、EOS 机器的折旧费与维护费用。随着商品订货项目的增加，EOS 的成本也会随之增加。EOS 订单处理作业成本以订单笔数作为成本动因。

划分了作业，明确了每项作业消耗的资源成本并进行日常的统计工作，再按照图 4-8 所示的二阶段成本分摊模型，就可以按照既定的成本对象来进行公司作业成本的计算，并在此基础上开展相应的作业附加值分析、作业成本标杆的确定及客户的获利能力分析。

阅读材料：第三方物流企业成本核算创新

4.4.2 仓储配送型物流公司作业成本制度的实施

这里以本章的引导案例来说明仓储配送型物流公司中作业成本法的实施。第 2 章中的表 2-4 为该物流公司某年的利润表，该物流公司的成本由经营费用、管理费用、财务费用和税金及附加组成。其中财务费用主要是负债的利息，从该表中可以看到，财务费用为负值，说明该公司可能并没有发生银行贷款（负值是因为企业的银行存款而获得的利息），而税金及附加直接与营业收入相关，与内部作业无关。因此，在这里进行的作业成本分析中，不包括财务费用和税金及附加。因此，从该表可知，该物流公司除去财务费用和税金及附加后的总物流成本为 2 946 706.53+1 166 577.28=4 113 283.81（元）（经营费用与管理费用）。按照案例中的要求，目前企业需要将该物流成本分摊给 5 个客户，以分别核算该 5 个客户的物流成本。利用作业成本法可以有效地解决该问题。

该公司实施作业成本法的步骤如下。

1. 确定成本核算对象及物流作业

为了对该公司 5 个客户的成本进行单独核算，这里选择以客户 A, B, C, D 和 E 作为成本核算的对象。

根据该公司作业流程的分析，先将公司的业务过程分为接货入库、储存、冷库储存、分拣配货、配送及行政管理 6 个作业。接货入库作业以入库货物的托盘数作为成本动因。储存作业以各客户占用的仓储面积作为成本动因。冷库储存作业只为 A 客户的进口药品服务，因此直接计入 A 客户的成本，不需要进行成本分摊。分拣配货作业以各客户需要分拣的销售订单数量作为成本动因。配送作业的成本动因选择时，最合适的成本动因可以是配送的吨公里数，但是由于 5 个客户的配送地点都是省内各大中医院，物流公司对 5 个客户实行共同配送，因此要单独计量每个客户的配送吨公里数有很大的困难，这里简化选择需要配送的销售订单数（或者配送的次数）作为配送作业的成本动因。这样，分拣配货作业与配送作业都选择客户的销售订单数量作为成本动因，从而可以将这两个作业合并为分拣配送作业成本库。行政管理作业包括财务、行政办公室等职能管理部门的业务活动，一般认为订单数量越多，行政管理的业务就越复杂，因此选择各客户的入库订单和销售订单的总数作为行政管理作业的成本动因,从而可以得到该公司作业的划分及成本动因的选择结果,如表 4-8 所示。

2. 将企业发生的各项资源费用计入作业,并计算成本动因分配率

根据本书第 3 章的介绍,将资源费用计入作业的方法有两种:一种是会计方式,另一种是统计方式。采用会计方式时,要求物流公司的会计人员在各项费用发生时,直接将费用计入各项作业,从而可以得到每项作业的作业成本金额;而统计方式要求会计人员在资源费用发生时,仍然将费用计入管理费用或者经营费用,到月末或者年末,再将各项资源费用的汇总数按照资源动因分配到各个作业中。

要将总物流成本 4 113 283.81 元分摊到 5 个客户的成本对象之中,首先将其分摊计入各项作业。分摊结果如表 4-9 所示。

表 4-9 作业成本的确定与成本动因的选择 单位:元

作业	成本项目	作业成本额	可能的成本动因
1. 进货入库作业	进货人员成本、叉车设备折旧费用	582 311.45	进货托盘数
2. 储存作业	仓库管理员成本、储存仓库的折旧费用、维护费用、财产税、杂项费用	1 544 339.34	所占仓储空间(平方米)
3. 冷库储存作业	冷库人员成本、库房折旧费用、电费等	345 628.29	直接计入 A 客户成本
4. 分拣配送	拣货和配送人员成本、车辆调配、油料、车辆维修折旧费用等	1 023 768.36	销售订单数量
5. 行政管理作业	人员成本、文具用品费用、电脑设备、通信费用、教育培训费用	617 236.37	进货订单和销售订单合计数量
合计		4 113 283.81	

对 5 个客户五项作业的成本动因进行统计,并计算各项作业的成本动因分配率。统计与计算结果如表 4-10 所示。

表 4-10 各客户在各项作业上的成本动因发生额及成本动因分配率计算 单位:元

作业	进货入库作业	储存作业	冷库储存作业	分拣配送	行政管理作业
成本动因	进货托盘数	所占仓储空间	直接计入	销售订单数	订单合计数
客户 A	3 876	850		8 865	9 665
客户 B	8 387	3 200		7 682	8 676
客户 C	22 865	7 800		12 464	15 784
客户 D	5 287	1 700		6 598	7 863
客户 E	8 548	4 450		6 520	8 065
成本动因合计	48 963	18 000		42 129	50 053
作业成本	582 311.45	1 544 339.3	345 628.29	1 023 768.36	617 236.37
成本动因分配率	11.892 9	85.796 6		24.300 8	12.331 7

3. 计算分摊到每个客户的成本

根据每个作业的成本动因分配率，将作业成本分摊到 5 个客户，并计算每个客户的物流成本总额，如表 4-11 所示。

表 4-11　以客户为成本核算对象的物流成本计算　　　　　　　　　单位：元

作　　业	进货入库	储存作业	冷库储存	分拣配送	行政管理	成本合计
客户 A	46 096.83	72 927.14	345 628.29	215 426.58	119 185.45	799 264.29
客户 B	99 745.65	274 549.22		186 678.74	106 989.45	667 963.05
客户 C	271 930.87	669 213.71		302 885.16	194 642.86	1 438 672.60
客户 D	62 877.70	145 854.27		160 336.67	96 963.81	466 032.45
客户 E	101 660.40	381 795.00		158 441.21	99 454.80	741 351.42
作业成本	582 311.45	1 544 339.34	345 628.29	1 023 768.36	617 236.37	4 113 283.81

4. 依据物流作业成本计算结果，确定对每个客户的物流服务定价

依据每个客户物流成本的计算结果，可以采用成本加成的方法进行定价决策，如表 4-12 所示。

表 4-12　基于作业成本计算的物流企业定价

客　户	货物周转额（元）	原收费标准（%）	原来的企业收入（元）	客户作业成本（元）	成本加成定价后的收入（元）	按作业成本法的价格标准（%）
客户 A	285 678 320	0.50	1 428 391.6	799 264.29	895 176.009 3	0.31
客户 B	187 653 980	0.50	938 269.9	667 963.05	748 118.612 8	0.40
客户 C	165 642 870	0.50	828 214.35	1 438 672.60	1 611 313.313	0.97
客户 D	87 542 980	0.50	437 714.9	466 032.45	521 956.342 5	0.60
客户 E	142 256 130	0.50	711 280.65	741 351.42	830 313.589 8	0.58
合计	868 774 280		4 343 871.4	4 113 283.81	4 606 877.867	

在表 4-12 中，货物周转额为一年内每个客户在物流公司的货物周转量，按照原来的收费标准 0.5%计算，得到原来企业对每个客户的收入，企业的总收入为表 2-4 中该企业的营业收入 4 343 871.4 元。

根据作业成本法计算出每个客户的作业成本之后，可以按照成本加成定价法对每个客户进行单独定价。这里的成本加成比例定为 12%，即物流服务收费（收入）=客户的作业成本计算结果×（1+12%）。这 12%的成本加成中，扣除营业收入 5.5%左右的税金及附加（企业交纳营业税和城建税、教育费附加）之后的余额，再扣除财务费用，才是物流企业的利润。用成本加成法确定的收入除以货物周转额，就可以得到按照作业成本法确定的对每个客户的收费标准。

从表 4-12 中可以看到，按照作业成本法计算后，客户 A 的收费标准可以确定为货物周转额的 0.31%，比统一定价时的 0.5%有了很大程度的降低。主要原因是：客户 A 销售的药品以进口药品为主，体积小而价值高，尽管需要冷库单独储存，但是作业成本计算结果显

示原来的 0.5%的收费标准依然偏高；而客户 C 以经营中成药为主，相对来说货物体积大而价值低，装卸搬运工作量大，储存空间占用多，因此应当适当提高收费标准。

在本案例中，基于作业成本法的物流成本核算，至少可以有两个用途：第一，通过作业成本核算使得每个客户的成本分摊结果更加准确清晰，有利于企业做出定价决策；第二，通过作业成本核算，可以为企业加强每个作业的成本管理与控制提供有效的信息，管理者可以在每项作业的成本计算结果基础上，开展物流作业过程的成本控制。

阅读材料：关于实施作业成本法的两个疑问

本章小结

❶ 作业成本法被认为是确定和控制物流成本最有前途的方法。作业成本法应用于物流成本核算的理论基础：产品（或服务）消耗作业，作业消耗资源并导致成本的发生。作业成本法把成本核算深入作业层次，它以作业为单位收集成本，并把"作业"或"作业成本"的成本按作业动因分配到产品。

❷ 作业成本法实施的基本思路是取得物流成本基础信息，将物流成本分摊到各项作业，选定成本对象，将作业成本归属至成本对象、计算和分析物流作业成本并进行相关管理。

❸ 物流作业成本制度实施中的关键要点包括确定各项作业的成本动因，确定成本对象，以及确定物流作业成本累计模式。物流企业或者货主企业的物流部门在作业成本的实施过程中，要完善各方面的基础工作，注意物流作业成本与传统财务会计制度的衔接。另外，作业基础信息系统的开发和利用是企业全面推行作业成本制度的基础。

提示与思考

1．物流作业成本法的实施，至少可以从两个方面对企业有所帮助：第一，通过作业成本核算使得每个客户（或每个成本对象）的成本分摊结果更加准确清晰，有利于企业做出定价和客户服务决策；第二，通过作业成本核算，可以为企业加强每个作业的成本管理与控制提供有效的信息，管理者可以在每项作业的成本计算结果基础上，来开展物流作业过程的成本控制。实际上，如果你无法计量它，就无法对它进行改进。物流作业也是如此。每个物流作业的成本核算结果也是开展物流作业管理的基础。

2．作业的划分，不能太细。基本上，以满足企业对作业管理的需要为准。

3．每个作业需要确定一个合适的成本动因。如果成本对象在某个作业上消耗的成本动因数越多，应该分配的作业成本就越多。另外，成本动因的确定还要考虑日常计量的方便性。

4．别觉得作业成本法的实施很难且费钱，试着用用统计方式的作业成本核算方式。

复习思考题

1. 简述作业成本法二阶段成本分摊模式的逻辑思路。
2. 与传统成本计算方法比，作业成本法的优点是什么？
3. 作业有哪些种类？作业的确定要考虑哪些因素？
4. 主要的物流作业有哪些？
5. 成本动因的确定要考虑哪些因素？
6. 应用作业成本法时，如何确定成本对象？
7. 物流业中运用作业成本法需要做好哪些基础工作？
8. 以本章开始的引导案例为例，考虑一个典型的以仓储、配送为基本业务的仓储配送型物流企业，如果要以 5 个服务客户作为成本对象，请分析其主要的作业有哪些？每项作业可以选择的成本动因如何确定？

第 5 章

物流成本性态分析与预算管理

成本总额与业务量永远不是成正比例增长的。

本章学习目标

- 掌握成本性态的概念；
- 正确划分变动成本和固定成本；
- 掌握混合成本的分解方法；
- 掌握物流系统本量利分析的方法；
- 掌握弹性预算的编制方法。

引导案例

表 5-1 是某物流公司 2019 年度简化的利润表。基于 2019 年度的财务信息和对 2020 年度的经营预测，公司财务经理要制定 2020 年度管理费用和营业费用的预算。

表 5-1　某物流公司 2019 年度简化的利润表

项　　目	金额（万元）
营业收入	500
减：营业成本	200
税金及附加	30
管理费用	100
营业费用	120
财务费用	10
税前利润	40
减：所得税	16
税后利润	24

公司预计 2020 年度的营业收入可以达到 600 万元，财务经理据此确定 2020 年度的管理费用预算数为 120 万元，而营业费用的预算数也按比例确定为 144 万元。而到 2020 年年末，公司实际完成了营业收入 550 万元，实际发生管理费用 109 万元，实际发生营业费用 130 万元。请考虑以下问题：

1）财务经理按照营业收入增长的幅度来制定管理费用和营业费用的预算是否合理？如果不合理，你觉得应该如何改善？

2）你认为 2020 年公司营业费用和管理费用的控制情况怎么样？

5.1 物流成本性态分析

成本性态（Cost Behavior）也称成本习性，是指成本总额与业务总量之间的依存关系。成本总额与业务总量之间的关系是客观存在的，而且具有一定的规律性。企业的业务量水平提高或降低时，会影响企业的各种经济活动，进而影响企业的各项成本，使之增减。在一定的相关范围内，一项特定的成本可能随着业务量的变化而增加、减少或者不变，这就是不同的成本所表现出的不同的成本性态。

研究成本与业务量的依存关系，进行成本性态分析，可以从定性和定量两方面掌握成本与业务量之间的变动规律，这不仅有利于事先控制成本和挖掘降低成本的潜力，而且有助于进行科学的预测、规划、决策和控制。

5.1.1 物流成本性态

在物流系统的生产经营活动中，发生的成本与业务量之间的关系可以分为两类：一类是随着业务量的变化而变化的成本，如材料的消耗、燃料的消耗、工人的工资等。这类成本的特征是业务量高，成本的发生额也高，成本的发生额与业务量近似成正比。另一类是在一定的业务量范围内，与业务量的增减变化无关的成本，如固定资产折旧费、管理部门的办公费等。这类成本的特征是在物流系统正常经营的条件下，这些成本是必定发生的，而且在一定的业务量范围内基本保持稳定。对于这两类不同性质的成本，我们将前者称为变动成本，而将后者称为固定成本。也就是说，按物流成本的性态特征，可将物流成本划分为变动成本（Variable Cost）和固定成本（Fixed Cost）。有部分成本的特征介于变动成本和固定成本之间，可以称为混合成本（Mixed Cost）。

1. 变动成本

变动成本是指其发生总额随业务量的增减而近似成正比例增减的成本。这里需要强调的是，变动的对象是成本总额，而非单位成本。变动成本具有如下特点：

- 变动成本总额的正比例变动性，即在相关范围内，其成本总额随着业务量的变动而成倍数变动的特性。
- 单位变动成本的不变性，即无论业务量怎样变化，其单位成本都保持在原有水平上的特性。

变动成本的这两个特点可以用图 5-1 表示。一般来说，运输过程中的直接材料消耗，工作量法计算的折旧额，流通加工成本中的直接材料、直接人工消耗，按包装量、装卸搬运量计算工资的包装人工费用、装卸搬运人工费用等，都属于变动成本的范畴。

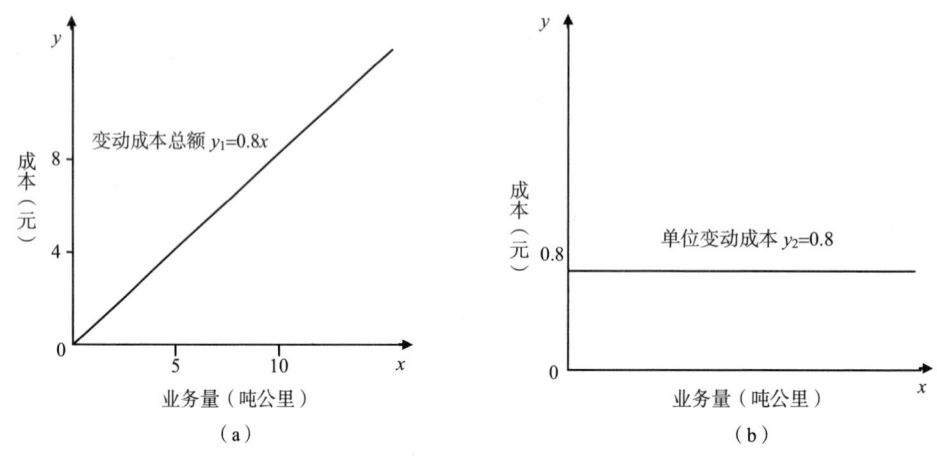

图 5-1 变动成本的特点

变动成本可根据其发生的原因进一步划分为技术性变动成本和酌量性变动成本两大类。

（1）技术性变动成本

技术性变动成本是指其单位成本受客观因素影响，消耗量由技术因素决定的变动成本。例如，运输车辆的耗油量，在一定条件下，其成本就属于受设计影响的、与运输量成正比例关系的技术性变动成本。要想降低这类成本，一般应当通过改进技术设计方案，改造工艺技术条件，提高劳动生产率、材料综合利用率和投入／产出比率，加强控制及降低单耗等措施来实现。

（2）酌量性变动成本

酌量性变动成本是指单耗由客观因素决定，其单位成本主要受企业管理部门决策影响的变动成本。例如，按包装量、装卸搬运量计算工资的包装人工费用、装卸搬运人工费用等，就是酌量性变动成本。这类成本的主要特点是，其单位变动成本的发生额可由企业管理层来决定。要想降低这类成本，应当通过提高管理人员素质，进行合理的经营决策，优化劳动组合，改善成本-效益关系，全面降低材料采购成本，严格控制制造费用的开支等措施来实现。

与固定成本不同，变动成本的水平一般是用单位额来表示的。因为在一定条件下，单位变动成本不受业务量变动的影响，直接反映各项要素的消耗水平。所以，要降低变动成本的水平，就应该从降低单位变动成本的消耗量入手。显然，由于变动成本是以相应的业务量为基础的，所以只有通过改进技术、更新设备、提高生产率等手段，才能达到降低单位变动成本以相应地降低变动成本总额的目的。

2. 固定成本

固定成本是指成本总额保持稳定，与业务量的变化无关的成本。同样应予以注意的是，固定成本是指其发生的总额是固定的，就单位成本而言，却是变动的。因为在成本总额固定的情况下，业务量小，单位产品所负担的固定成本就高；业务量大，单位产品所负担的固定成本就低。固定成本具有如下特点：

- 固定成本总额的不变性，即在相关范围内，其成本总额总是保持在同一水平上的特性。
- 单位成本的反比例变动性，即单位固定成本与业务量的乘积恒等于一个常数的特性，即单位成本与业务量成反比。

固定成本的特点可以用图 5-2 表示。员工工资、按直线法计算的固定资产折旧费及其他与业务量无关的成本费用等都属于固定成本范畴。

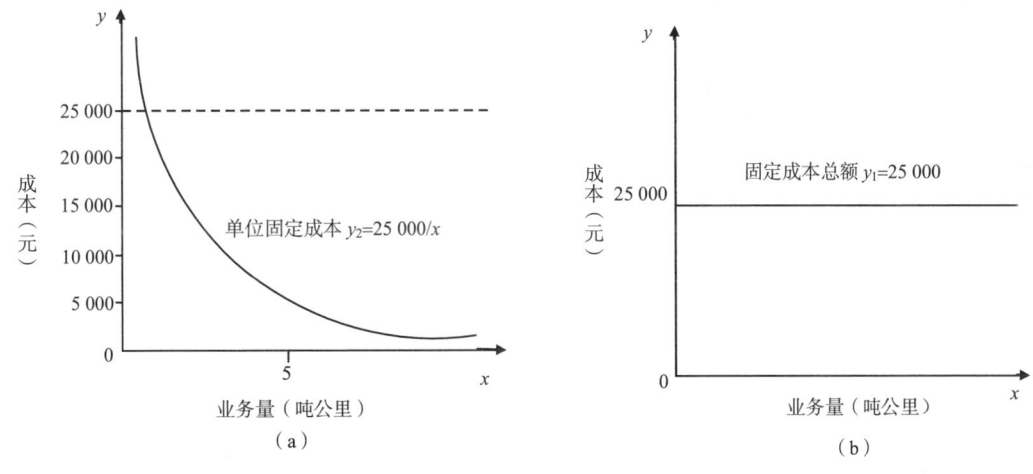

图 5-2　固定成本的特点

固定成本按其支出数额是否受管理当局短期决策行为的影响，可将其进一步细分为酌量性固定成本和约束性固定成本两类。区分这两类固定成本的意义在于寻求降低该类成本的最佳途径。

（1）酌量性固定成本（Discretionary Fixed Cost）

酌量性固定成本也称管理固定成本、规划成本和抉择固定成本，是指通过管理层的短期决策行为可以改变其支出数额的成本项目，如广告费、新产品研发费用、员工培训费、科研试验费等。这类费用的支出与管理层的短期决策密切相关，即管理层可以根据企业当时的具体情况和财务负担能力，斟酌是继续维持还是调整这部分成本，而对企业的长期目标不会产生太大的影响。酌量性固定成本的降低，应在保持其预算功能的前提下，尽可能减少其支出数额，即只有提高酌量性固定成本的使用效率，才能促使其降低。

（2）约束性固定成本（Committed Fixed Cost）

约束性固定成本也称承诺固定成本，是指通过管理层的短期决策行为不能改变其支出数额的成本项目，即投资于厂房、机器设备及企业基本组织结构的生产能力成本，如固定资产折旧费、财产税、保险费、租赁费、不动产税金等。这部分成本是与管理层的长期决策密切相关的，即和企业经营能力的形成及其正常维护直接相联系，具有很大的约束性，一经形成就能长期存在，短期内难以有重大改变，即使营业中断或裁减，该固定成本仍将维持不变，一般生产能力的水平没有变动时，这部分成本不可能有实质性的降低。约束性固定成本的降低，主要通过经济、合理地形成和利用企业生产能力，提高产品产量和质量，取得相对节约。

应该注意的是，酌量性固定成本与约束性固定成本之间并没有绝对的界限，一项具体的固定成本究竟应归属于哪一类，取决于企业管理层特定的管理方式。若该企业的管理层倾向于经常性地分析大多数固定成本项目的可行性，则其固定成本中的酌量性固定成本的比例会较大，反之亦然。

> **提示**
>
> 固定成本总额的固定性是对特定的业务量水平而言的。这里所说的业务量水平一般是指企业现有的生产能力水平。业务量一旦超过这一水平，势必增添设备等，其固定成本的固定性就不复存在。同样，变动成本总额和业务量之间的线性依存关系也存在一定的相关范围。一旦超出该业务量范围，它们之间就可能表现出非线性关系或者另一种线性关系。

3. 混合成本

混合成本是指全部成本中介于固定成本和变动成本之间，既随业务量变动又不与其成正比例的那部分成本。把企业的全部成本根据成本性态划分为变动成本和固定成本两大类，是管理会计规划与控制企业经济活动的前提条件。在实务中，往往有很多成本项目不能简单地将其归类于固定成本或变动成本，一些成本明细项目同时兼有变动成本和固定成本两种不同的特性。它们既非完全固定不变，也不随业务量成正比例变动，不能简单地把它们列入固定成本或变动成本，因而统称为混合成本。

在实际工作中，有许多成本的明细项目属于这类成本。这是因为全部成本在按其性态分类时，必须先后采用"是否变动"和"是否成正比例变动"双重分类标准，所以全部成本按其性态分类的结果必然产生游离于固定成本和变动成本之间的混合成本。

混合成本与业务量之间的关系比较复杂，按照其变动趋势的不同特点，常见的混合成本有半变动成本、半固定成本和延期变动成本等类型。

（1）半变动成本（Semi-variable Cost）

半变动成本由两部分组成：一部分是一个固定的基数，一般不变，类似于固定成本；另一部分是在此基数之上随着业务量的增长而增加的成本，类似于变动成本。如企业需要缴纳的大多数公用事业费（电话费、电费、水费、煤气费等）、机器设备的维护保养费及销售人员的薪金等，均属于半变动成本。半变动成本又称典型的混合成本，可直接写成 $y=a+bx$。

（2）半固定成本（Semi-fixed Cost）

半固定成本也称阶梯式固定成本（Step-fixed Cost）。通常，这类成本在相关范围内，其总额不随业务量的增减而变动，但当业务量一旦超出相应的范围，成本总额便会发生跳跃式的变化，继而在新的业务量范围内保持相对稳定，直到业务量超出新的范围，成本总额出现新的跳跃为止。

（3）延期变动成本（Delayed-variable Cost）

延期变动成本也称低坡形混合成本，是指在相关范围内成本总额不随业务量的变动而变动，但当业务量一旦超出相应的范围，成本总额将随业务量的变动而发生相应的增减变动的成本项目。例如，企业在正常工作时间（或正常产量）的情况下，对员工所支付的工资是固定不变的，但当工作时间（或正常产量）超过规定水准，则要按加班时间的长短成比例地支付加班费。所有为此支付的人工成本都属于延期变动成本。

3 种形式的混合成本可以用图 5-3 表示。

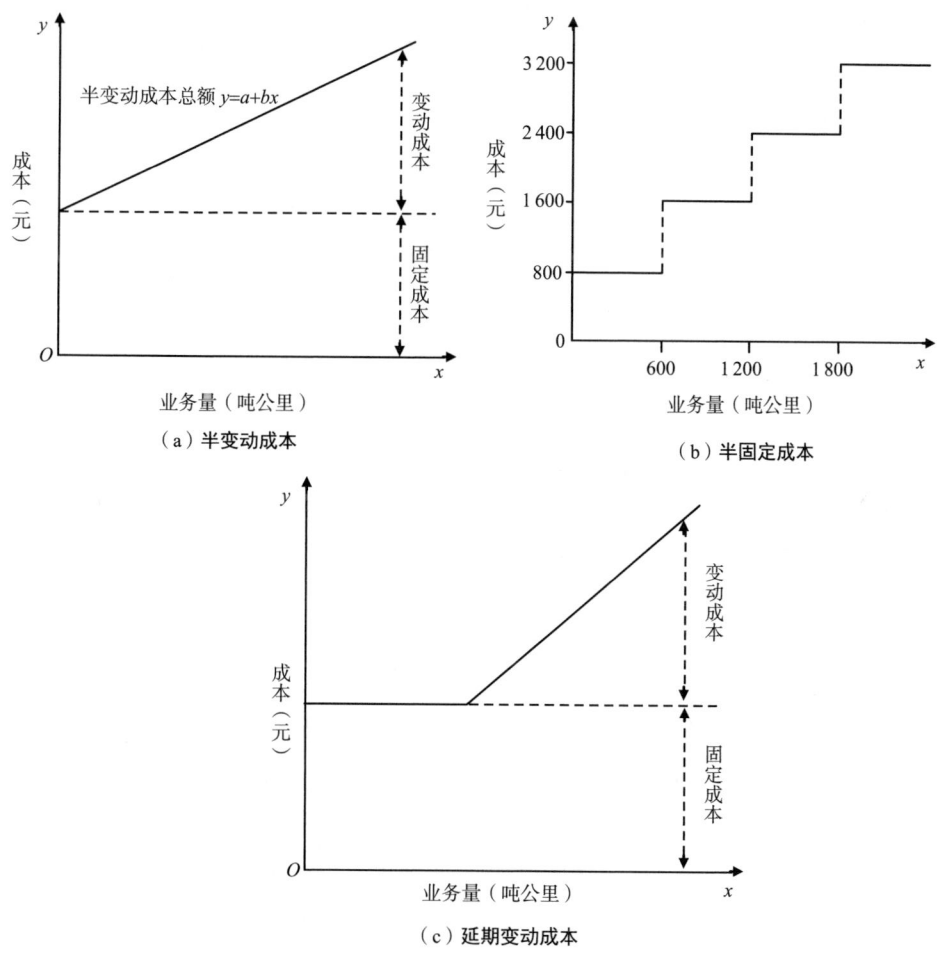

（a）半变动成本

（b）半固定成本

（c）延期变动成本

图 5-3　3 种形式的混合成本

★ 注　意

要开展物流成本性态分析，首先就要把所有的成本发生额分解为变动成本和固定成本两个部分。分清哪些是固定成本、哪些是变动成本。对于混合成本，则要用一定的技术方法分解成固定成本和变动成本两个部分，也就是说，要将混合成本分解后分别归入固定成本和变动成本，最后，将成本发生额用公式 $y = a + bx$ 来表示，其中 a 为固定成本，b 为单位变动成本，x 表示业务量，y 表示成本总额。这个工作，具有一定的技术性，需要财会人员的参与，可以请单位的财会人员来协助完成，如果财会人员说这个有困难，那么就需要送他去培训了。

5.1.2 混合成本及其分解

要点解析：关于物流成本性态分析与混合成本的分解

企业为了规划与控制企业的经济活动，必须首先将全部成本按其性态划分为固定成本和变动成本两大类。要采用不同的专门方法将混合成本最终分解为固定成本和变动成本两部分，再分别纳入固定成本和变动成本两大类中，这就叫作混合成本的分解（Segregation of Mixed Cost）。对混合成本进行分解后，可以将整个运营成本分为固定成本与变动成本两个部分，在此基础上进行物流成本的分析与管理。事实上，在物流系统的运营过程中，混合成本所占的比例是比较大的，可见，混合成本的分解对于有效的成本性态分析起着非常重要的作用。

常见的用于分解混合成本的方法有两大类：一类是侧重于定性分析的方法，如账户分析法、合同确认法、技术测定法等。采用这类分析方法，就是根据各个成本账户的性质、合同中关于支付费用的规定、生产过程中各种成本的技术测定等来具体分析，进而确认哪些成本属于固定成本，哪些成本属于变动成本。另一类是历史成本分析法，即利用一定期间的业务量与成本数据，采用适当的数学方法进行分析，确定所需要分解的混合成本的函数方程式，进而将其分解为固定成本和变动成本。常用的此类方法有高低点法、散布图法和回归直线法。

1. 定性分析方法

（1）账户分析法

账户分析法也称会计分析法，根据各个成本项目及明细项目的账户性质，通过经验判断，把那些与变动成本较为接近的划入变动成本，把那些与固定成本较为接近的划入固定成本，至于不宜简单地划入变动成本或固定成本的项目，则可通过一定比例将它们分解为变动成本和固定成本两部分。账户分析法的优点是简单明了，分析的结果能清楚地反映出具体成本项目，实用价值较高；账户分析法的缺点是分析的工作量大，成本性态的确定较粗。

（2）合同确认法

合同确认法是根据企业与供应单位所订立的合同（或契约）中关于支付费用的具体规定来确认费用性态的方法，如电话费、保险费、水费、电费、燃气费等。例如，对于电话费而言，电信局每月向用户收取的基本费用，可以看作固定成本，按照用户的通话次数计收的费用则是变动成本。合同确认法的优点是成本性态分析比较准确，但其应用范围较小，只限于签有合同生产经营项目的成本的性态分析。

（3）技术测定法

技术测定法是根据生产过程中消耗量的技术测定和计算来划分成本的变动部分和固定

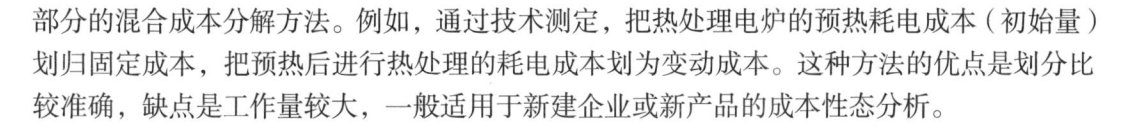

部分的混合成本分解方法。例如，通过技术测定，把热处理电炉的预热耗电成本（初始量）划归固定成本，把预热后进行热处理的耗电成本划为变动成本。这种方法的优点是划分比较准确，缺点是工作量较大，一般适用于新建企业或新产品的成本性态分析。

2．历史成本分析法

历史成本分析法是根据混合成本在过去一定期间内的成本与业务量的历史数据，采用适当的数学方法加以分解，来确定其中固定成本总额和单位变动成本的平均值。在实际工作中最常用的数学方法有高低点法、散布图法、回归直线法3种。

（1）高低点法

高低点法也称两点法，是根据企业一定期间历史数据中的最高业务量（高点）和最低业务量（低点）之差，以及它们所对应的混合成本之差，计算出单位变动成本，进而将混合成本最终分解为固定成本和变动成本的方法。

由于混合成本包含变动成本和固定成本两种因素，因此它的数学模型同总成本的数学模型类似，也可用直线方程式 $y = a + bx$ 来表示。其中 a 为混合成本中的固定成本部分，b 为混合成本中的单位变动成本，x 表示业务量，y 表示成本总额。高低点法的计算公式为：

$$单位变动成本 = \frac{最高业务量的成本 - 最低业务量的成本}{最高业务量 - 最低业务量}$$

$$固定成本 = 最高业务量的成本 - 最高业务量 \times 单位变动成本$$
$$= 最低业务量的成本 - 最低业务量 \times 单位变动成本$$

应用案例

某公司某年上半年的设备维修费与机器的运转小时数的数据如表5-2所示。

表5-2　某公司某年上半年的设备维修费与机器的运转小时数

月　份	1	2	3	4	5	6
业务量（千机器小时）	7	8	5	9	10	6
维修费（元）	210	215	200	220	230	205

在表5-2中，最高点是5月，最低点是3月，按上述公式计算如下：

$$b = \frac{230 - 200}{10 - 5} = 6（元/千机器小时）$$

$a = 230 - 6 \times 10 = 170$（元）或 $a = 200 - 6 \times 5 = 170$（元）

反映维修费成本性态的直线方程式为：

$$y = 170 + 6x$$

高低点法分解成本简便易行，有助于管理人员迅速确定成本关系。但这种方法只以诸多历史数据中的高点和低点两种情况来取代其他数据，进而确定一条直线，并以该直线代表所有历史数据。如果最高点和最低点是偏离较大的点，它们所代表的可能是非典型的成本-业务量关系,其结果将是不太准确的。

> **提　示**
>
> 尽管从经济理论上讲,成本函数很少是线性的,通常是二次或三次曲线。但在进行成本性态分析时,我们假设在相关范围内,成本和成本动因之间的关系是线性或近似线性的。

（2）散布图法

散布图法也称布点图法、目测画线法,是指将若干期业务量和成本的历史数据标注在业务量和成本构成的坐标图上,形成若干个散布点,然后根据目测画一条尽可能接近所有坐标点的直线,并据此来推测固定成本和变动成本的一种方法。

运用散布图法的第一步就是将各点画出,以便确定生产成本与业务量的关系。该图形称为散布图。以上面例题中的数据为例,作如图5-4所示的散布图。

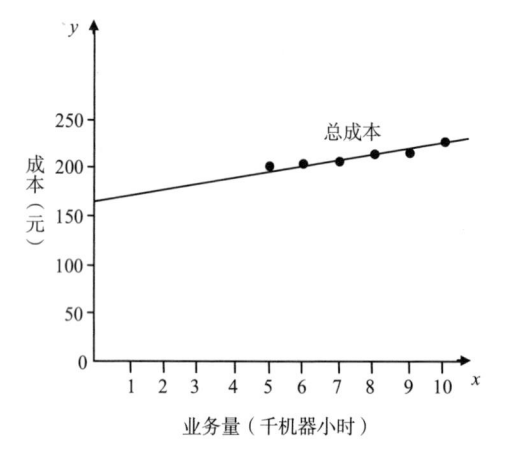

图5-4　某公司某年上半年维修费的散布图

在图5-4中,成本变动趋势直线与 y 轴的交点,即维修费用中的固定成本 $a=165$ 元,单位变动成本 b 是这条直线的斜率。

$$b = \frac{y-a}{x} = \frac{230-165}{10} = 6.5 \text{（元/千机器小时）}$$

反映成本变动趋势的直线方程式为：

$$y = 165 + 6.5x$$

散布图法利用散布图分解混合成本,综合考虑了一系列观测点上业务量与成本的依存关系,显然,分解的结果较高低点法准确。但散布图法的缺陷是选择最佳直线时缺乏客观标准,成本方程式的质量取决于分析者主观判断的质量,有时误差比较大。

（3）回归直线法

回归直线法也称最小平方法,是根据最小平方法原理,从大量历史数据中计算出最能反映成本变动趋势的回归直线方程,并以此作为成本模型的一种成本性态分析方法。

回归直线法的数学推导以混合成本的直线方程式 $y=a+bx$ 为基础，根据这一方程式和实际所采用的一组 n 个观测值（x_1, y_1），（x_2, y_2），…，（x_n, y_n），即可得到一组用于决定回归直线的方程式：

$$\begin{cases} \sum_{i=1}^{n} y_i = na + b\sum_{i=1}^{n} x_i \\ \sum_{i=1}^{n} y_i x_i = a\sum_{i=1}^{n} x_i + b\sum_{i=1}^{n} x_i^2 \end{cases}$$

解方程组，得

$$b = \frac{n\sum_{i=1}^{n} y_i x_i - \sum_{i=1}^{n} x_i \sum_{i=1}^{n} y_i}{n\sum_{i=1}^{n} x_i^2 - (\sum_{i=1}^{n} x_i)^2}$$

求得 b 后，即可解得 a。

利用回归直线法求得上例中的维修费直线方程式为：

$$y=170.51+5.71x$$

回归直线法使用了误差平方和最小的原理，相对高低点法和散布图法，结果更为精确；但计算过程较烦琐，适用于计算机操作。

要点解析：混合成本的分解

5.1.3 总成本公式及其成本性态模型

根据以上分析，全部成本依其性态可分为固定成本、变动成本和混合成本三大类，其中混合成本又可分解为固定部分和变动部分。企业的总成本公式可以写成：

总成本=固定成本总额+变动成本总额
　　　=固定成本总额+（单位变动成本×业务量）

现在用 y 表示总成本，a 表示固定成本总额，b 表示单位变动成本，x 表示业务量，则上述总成本公式可写成 $y=a+bx$。

总成本的成本性态模型如图 5-5 所示。

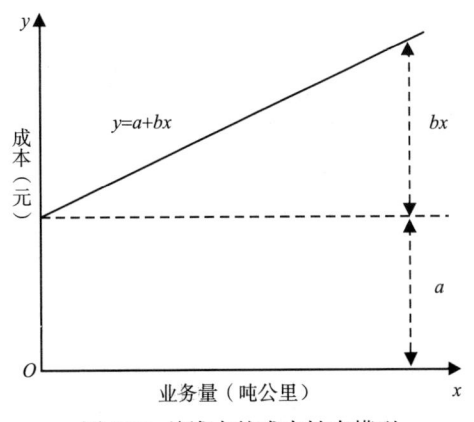

图 5-5　总成本的成本性态模型

★ 注 意

由于混合成本包含变动成本和固定成本两种因素,因此它的数学模型同总成本的数学模型类似,也可用直线方程式 $y = a + bx$ 来表示。其中 a 为混合成本中的固定成本部分,b 为混合成本中的单位变动成本,x 表示业务量,y 表示成本总额。混合成本的分解,就是要将混合成本分解成这个公式,然后将这里的 a 并入固定成本,这里的 b 并入单位变动成本。

§ 相关链接

成本性态的特定成本对象假设:在对成本进行变动成本或固定成本的性态分析时,都是针对某一特定成本对象而言的,诸如产品、劳务、客户、作业及研发计划,不同的成本对象,某一费用的成本性态可能不同。

成本性态的特定成本动因假设:在研究成本性态时,通常只针对某一特定的成本动因,如业务量常用产品的产量或劳务的劳务量,其他成本动因都视为不变或不重要。

5.2 物流系统本量利分析

5.2.1 本量利分析基本模型

本量利分析是成本-业务量-利润关系分析的简称,是指在变动成本计算模式的基础上,以数学模型与图形来揭示固定成本、变动成本、业务量、单价、营业额、利润等变量之间的内在规律性联系,为预测、决策和规划提供必要财务信息的一种定量分析方法。在介绍其在物流中的应用前,必须了解一些本量利的基本公式与图形,即本量利分析的原理。

本量利分析的基本模型可用如下公式表示:

利润=营业收入−变动成本总额−固定成本总额

=单价×业务量−单位变动成本×业务量−固定成本总额

=(单价−单位变动成本)×业务量−固定成本总额

=单位边际贡献×业务量−固定成本总额

=边际贡献总额−固定成本总额

利润+固定成本总额=边际贡献总额=营业收入−变动成本总额

=(单价−单位变动成本)×业务量

$$\frac{利润+固定成本总额}{业务量}=单位边际贡献=单价−单位变动成本$$

$$\frac{\text{利润+固定成本总额}}{\text{营业收入}} = \text{边际贡献率} = \frac{\text{单价-单位变动成本}}{\text{单价}} = 1-\text{变动成本率}$$

若考虑所得税，则用下式将以上各式中的利润替代即可：

$$\text{利润} = \frac{\text{净利润}}{1-\text{所得税税率}}$$

边际贡献是指营业收入与相应变动成本总额之间的差额，又称贡献边际、贡献毛利、边际利润或创利额，除主要以总额表示外，还有单位边际贡献和边际贡献率两种形式。单位边际贡献是某产品或服务的单价减去单位变动成本后的差额，也可用边际贡献总额除以相关业务量求得；边际贡献率是指边际贡献总额占营业收入总额的百分比，又等于单位边际贡献占单价的百分比。

在上式中，单价-单位变动成本就是产品或服务的单位边际贡献，而（单价-单位变动成本）×业务量就是边际贡献总额。由此可以看出，各种产品或物流服务所提供的边际贡献，虽然不是物流的营业净利润，但它与物流的营业净利润的形成有着密切的关系。边际贡献首先用于补偿物流系统的固定成本，弥补固定成本后的余额即企业或物流系统的利润。本量利分析如图5-6所示。

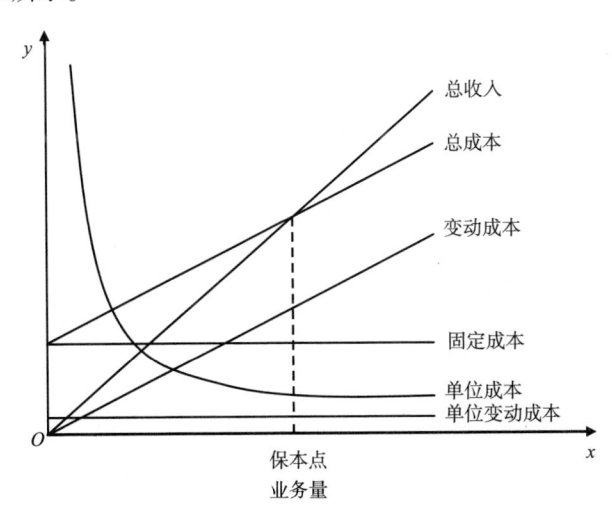

图 5-6 本量利分析

★ 注 意

（1）图中总收入的斜率总是大于总成本的斜率（只要物流服务的价格大于物流服务的单位变动成本），从而两条线总有交点，那个交点对应的物流业务量，就是保本点业务量。由此可以看到，当业务量大于保本点业务量时，总收入就大于总成本，从而有盈利；当业务量小于保本点业务量时，收入线在成本线的下方，收入低于成本，则物流系统亏损。

（2）随着业务量的增大，物流服务的单位成本呈明显的下降趋势，这就是规模效应的体现。

5.2.2 单项物流服务的本量利分析

本量利分析包括盈亏平衡分析和盈利条件下的本量利分析。从上面的分析可以看出，只有当物流系统所实现的边际贡献大于固定成本时才能实现利润，否则物流系统将会出现亏损，而当边际贡献正好等于固定成本总额时，物流系统不盈不亏。所谓盈亏平衡点，又称为保本点，是指企业或物流系统的经营规模（业务量）刚好使利润等于零，即出现不盈不亏的状况。盈亏平衡分析就是根据成本、营业收入、利润等因素之间的函数关系，预测企业或物流系统在怎样的情况下可以达到不盈不亏的状态。而盈利条件下的本量利分析主要考虑在特定利润要求情况下应达到的业务量，以及在一定业务量情况下企业或物流系统的利润及安全边际情况。

本量利分析的应用十分广泛，它与物流经营分析相联系，可促使物流系统降低经营风险；与预测技术相结合，可进行物流系统保本预测，确定目标利润实现的最少业务量预测等；与决策融为一体，物流系统能据此进行作业决策、定价决策和投资不确定性分析；此外，它还可以应用于物流的全面预算、成本控制和责任会计。

单项物流服务的本量利分析也包括保本点分析和盈利条件下的本量利分析。

1. 保本点分析

单项物流服务保本点是指能使物流达到保本状态的单项业务量的总称，即在该业务量水平上，该项物流业务收入与变动成本之差刚好与固定成本持平。稍微增加一点业务量就有盈利；反之，稍微减少一点业务量就会导致亏损。

单项物流服务的保本点有两种表现形式：一是保本点业务量，二是保本点营业收入，它们都是达到收支平衡实现保本的物流业务量指标。保本点的确定就是计算保本点业务量和保本点营业收入的过程。在物流多项作业条件下，虽然也可以按具体品种计算各自的保本业务量，但由于不同服务的业务量不能直接相加，因而往往只能确定它们总保本点营业收入，而不能确定总保本点业务量。下面以汽车运输企业的运输业务为例来说明单项物流服务的本量利分析方法。

汽车运输企业的运输收入同运输成本的数量关系，不外乎以下3种情况：运输收入>运输成本，运输收入<运输成本，或者运输收入=运输成本。在以上3种情况中，只有运输收入同运输成本相等时企业才处于不盈不亏状态，也就是盈亏平衡状态。盈亏平衡点就是企业的运输收入同汽车运输成本相等的点，在这一点以上就是盈利，在这一点以下就是亏损。

运输业务量越大，企业所实现的盈利就越多或亏损越少。运输企业保本点运输周转量的计算公式如下：

$$保本点运输周转量 = \frac{固定成本总额}{单位运价 \times (1-营业税率) - 单位变动成本}$$

其中，单位变动成本也可以用下面的公式计算：

$$单位变动成本=\frac{车公里变动成本}{载运系数}+吨公里变动成本$$

应用案例

某运输公司依据历史数据分析，确定单位变动成本 150 元/千吨公里，固定成本总额为 20 万元，营业税率为 3%。本月预计货物周转量 5 000 千吨公里，单位运价为 200 元/千吨公里，请对该公司进行运输业务的本量利分析。

首先计算该公司的保本点运输周转量。从本题条件可知，固定成本总额=200 000 元，单位运价=200 元/千吨公里，营业税率=3%，单位变动成本=150 元/千吨公里，则可以计算保本点货物运输周转量为：

$$保本点运输周转量=\frac{固定成本总额}{单位运价\times(1-营业税率)-单位变动成本}$$

$$=\frac{200\ 000}{200\times(1-3\%)-150}\approx 4\ 545.45（千吨公里）$$

保本点运输营业收入=保本点运输周转量×单位运价
$$=4\ 545.45\times(200\div 10\ 000)=90.909（万元）$$

在本例中，如果单位变动成本为未知，但其车公里变动成本为 0.2 元/车公里，吨公里变动成本为 0.05 元/吨公里，载运系数为 2 吨，则其单位变动成本可以计算为：

$$单位变动成本=\frac{0.2\times 1\ 000}{2}+0.05\times 1\ 000=150（元）$$

同样可以计算出其保本点运输周转量及保本点运输营业收入。

2. 安全边际和安全边际率

安全边际是把盈亏临界点和企业的利润联系起来的一个概念，是指实际的（或预计的）销售量或销售额与盈亏临界点的销售量或销售额的差额。它反映了企业从目前状态至盈亏临界点状态的下降空间有多大，即企业的销售量或销售额降低多少还不至于造成亏损。安全边际可以用于分析企业或物流系统所面临的经营风险大小。

根据定义，安全边际既可以用实物量来表示，也可以用价值量来表示，其公式如下：

安全边际量=实际（或预计）业务量-保本点业务量
安全边际额=实际（或预计）营业收入-保本点营业收入

显然，对于企业的经营来说，安全边际越大，经营风险越低；安全边际越小，其风险越高。

此外，反映企业经营安全程度的另一个指标是安全边际率。

$$安全边际率 = \frac{安全边际量}{实际或预计业务量}$$

或

$$= \frac{安全边际额}{实际或预计营业收入}$$

在上例中，该公司的安全边际可以计算如下：
安全边际量：5 000−4 545.45=454.55（千吨公里）。
安全边际额：100−90.909=9.091（万元）。
安全边际率：9.09%。

安全边际量与安全边际率都是正指标，即越大越好。在欧美企业，一般用安全边际率来评价物流经营的安全程度，表 5-3 列示了安全边际率与评价物流系统经营安全程度的一般标准。

表 5-3 物流系统经营安全程度的检验标准

安全边际率	10%以下	10%~20%	20%~30%	30%~40%	40%以上
安全程度	危险	值得注意	一般安全	比较安全	非常安全

企业或物流系统可以通过降低单位变动成本、降低固定成本、扩大业务量或提高价格等方式来提高安全边际率，降低经营风险。

3．经营风险

物流企业或者物流系统的经营风险可以用安全边际来衡量，也可以用经营杠杆（或营业杠杆）来衡量。

经营杠杆是本量利分析中另一个重要的概念。根据成本性态原理，在一定的业务量范围内，销售量的增减不会改变固定成本总额，但会使单位固定成本随之增减，从而提高或降低单位产品的利润，并使利润的变化率大于业务量的变化率。这种由于固定成本的存在，销售上较小幅度的变动引起利润上较大幅度的变动（利润变动率大于业务量变动率）的现象，就称为经营杠杆，它可以反映企业的经营风险。

将经营杠杆量化的一个指标是经营杠杆率，也称经营杠杆程度，它是指利润变动率相当于营业收入变动率的倍数，即

$$经营杠杆 = \frac{利润变动率}{营业收入变动率} = \frac{边际贡献}{利润} = \frac{固定成本+利润}{利润}$$

$$= \frac{营业收入 - 变动成本总额}{营业收入 - 变动成本总额 - 固定成本总额}$$

显然，经营杠杆是由于固定成本的存在引起的，所以企业的固定成本与变动成本在其

成本总额中所占的比例即成本结构对经营杠杆有着重要的影响。一般来说，固定成本比例较高的企业具有较高的经营杠杆，而变动成本比例较高的企业具有较低的经营杠杆。经营杠杆率能反映企业经营的风险，并帮助管理当局进行科学的预测分析和决策分析。

仍然采用上例中的资料，计算该运输公司的经营杠杆如下：

$$边际贡献=(200-150-200\times 3\%)\times 5\,000=220\,000（元）$$

$$利润=220\,000-200\,000=20\,000（元）$$

$$经营杠杆=220\,000/20\,000=11$$

该企业的安全边际率为9.09%，经营杠杆为11，均说明该运输企业的经营风险较大。

4．保利点分析

保利点分析是比较特殊的本量利分析，以利润为零、物流系统不盈不亏为前提条件。从现实的角度看，物流系统不但要保本，还要有盈利。显然，只有在考虑到盈利存在的条件下才能充分揭示成本、业务量和利润之间正常的关系。除进行盈亏平衡分析之外，还可以进行有盈利条件下的本量利分析，即保利点分析。

要点解析：物流企业可以承受多大的市场经营风险

在已定单价和成本水平条件下，企业或物流系统为了实现一定目标利润，就需要达到一定的业务量或营业收入，这可以称为实现目标利润的业务量或营业收入，也可以称为保利点业务量或营业收入。保利点业务量和保利点营业收入的计算公式为：

$$保利点业务量=\frac{固定成本总额+目标利润}{单位价格-单位变动成本}=\frac{固定成本总额+目标利润}{单位边际贡献}$$

$$保利点营业收入=\frac{固定成本总额+目标利润}{边际贡献率}$$

如果考虑所得税因素，需要确定实现目标净利润条件下的业务量和营业收入，则上述公式可以演变为：

$$保利点业务量=\frac{固定成本总额+目标净利润/(1-所得税税率)}{单位价格-单位变动成本}$$

$$=\frac{固定成本总额+目标净利润/(1-所得税税率)}{单位边际贡献}$$

$$保利点营业收入=\frac{固定成本总额+目标净利润/(1-所得税税率)}{边际贡献率}$$

> **应用案例**
>
> 某运输公司依据历史数据分析,确定单位变动成本为150元/千吨公里,固定成本总额为20万元,营业税率为3%,单位运价为200元/千吨公里,请计算该公司本期为实现15万元利润需完成的运输周转量。
>
> 计算如下:
>
> 保利点业务量=(200 000+150 000)/(200−200×3%−150)≈7 954.55(千吨公里)
>
> 即该公司为实现15万元利润,本期须实现7 954.55千吨公里的运输周转量。

如果企业或物流系统在预算期业务量无法达到保利点业务量时,企业需要调控其他因素以确保利润的实现。对其他因素的调控要以能否控制为前提。因素的选择可以借鉴因素敏感分析的结论,选择较敏感、易于控制的因素,可以选择一个因素,也可以选择多个因素。

接上例,假设该公司预算期只能实现7 500千吨公里的运输周转量,请计算该公司为实现15万元利润必须采取措施降低多少变动成本。

保利点变动成本=[(200−200×3%)×7 500−200 000−150 000]÷7 500
≈147.33(元/千吨公里)

5. 有关因素变动对本量利指标的影响

在上述的本量利分析中,诸因素均是已知和固定的,但实际上这种静态平衡是不可能维持长久的,当有关因素发生变动时,各项相关指标也会发生变化。掌握各因素和各指标之间的变化规律,对物流成本控制实践是很有帮助的。

(1)考虑相关因素的变动对保本点和保利点的影响

当其他因素保持不变而单价单独变动时,单价变动会引起单位边际贡献或边际贡献率向相同方向变动,从而改变保本点和保利点。当单价上涨时,会使单位边际贡献和边际贡献率上升,相应降低保本点和保利点,使物流经营状况向好的方向发展;当单价下降时,情况则刚好相反。

当单位变动成本单独变动时,会引起单位边际贡献或边际贡献率向相反方向变动,因而影响保本点和保利点。当单位变动成本上升时,会提高保本点和保利点,使物流经营状况向不利的方向发展;反之则相反。

当固定成本单独变动时,也会影响保本点和保利点业务量。显然,固定成本增加会使保本点和保利点提高,使物流成本向不利方向发展;反之则相反。

当要求的目标利润单独变动时,显然,目标利润的变动只会影响保利点,但不会改变保本点。营业量的变动不会影响保本点和保利点的计算。

(2)考虑相关因素变动对安全边际的影响

当单价单独变动时,由于单价变动会引起保本点向反方向变动,因而在营业业务量既定的条件下,使安全边际向相同方向变化。

当单位变动成本单独变动时,会导致保本点向同方向变动,从而在营业业务量既定的条件下,使安全边际向反方向变动。固定成本单独变动对安全边际的影响与之类似。当预计营业量单独变动时,会使安全边际向同方向变动。

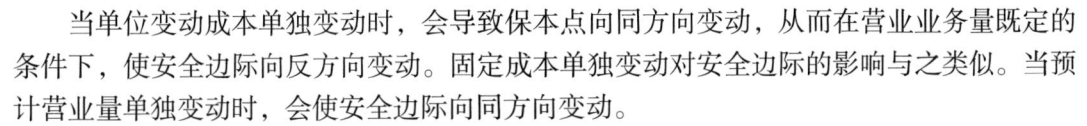

(3)考虑相关因素变动对利润的影响

单价的变动可通过改变营业收入而从正方向影响利润;单位变动成本的变动可通过改变变动成本总额而从反方向影响利润;固定成本的变动直接从反方向改变利润;营业量的变动可通过改变边际贡献总额而从正方向影响利润。

上述关系是企业或物流系统进行利润敏感性分析的重要前提。

5.2.3 多项物流服务的本量利分析

一般来说,物流系统提供的物流服务往往不止一项。在这种情况下,由于每项物流服务的业务量计量单位都不同,给本量利分析带来了一定的困难。例如,仓储服务业务量的计量单位可能是托盘数、吨等,而运输服务业务量的计量单位可能为吨公里。在这种情况下,本量利分析可以从以下角度进行考虑。

首先,如果在物流成本的核算中可以按照不同的服务分别进行固定成本和变动成本的核算,那么就可以分别按照单项物流服务的本量利分析原理进行分析了。

其次,如果物流系统提供的多种服务中,有一种是主要服务,它所提供的边际贡献占整个物流系统的边际贡献比例很大,而其他服务项目所提供的边际贡献很小或者发展余地不大,也可以按照主要服务的有关资料进行本量利分析。

如果各种服务在物流系统中都占有相当大的比例,且没有分项目进行物流成本核算,根据前面的分析,可以知道无法进行保本点业务量和保利点业务量的计算,而只能计算保本点和保利点的营业收入。其计算公式分别为:

$$保本点营业收入 = \frac{固定成本总额}{综合边际贡献率}$$

$$保本点营业收入 = \frac{固定成本总额 + 目标利润}{综合边际贡献率}$$

$$安全边际率 = \frac{安全边际额}{实际或预计营业收入}$$

应当指出的是,在本量利分析的实际应用中,应该结合企业实际需求及物流成本核算基础工作的完成情况来考虑,物流成本的核算是进行本量利分析的前提,离开了物流成本的核算,本量利分析就成为一句空话。而结合实际需要进行本量利分析可以使该项工作发挥更大的效用。例如,如果物流企业针对大客户提供多项物流服务,则可以按照不同的客户进行本量利分析,这可以为物流企业的客户关系管理提供非常有用的信息。

★ 注 意

1）应当指出的是，不管是单项物流服务还是综合物流服务，在应用本量利分析时，应该结合企业实际需求及物流成本核算基础工作的完成情况来考虑，物流成本的核算是进行本量利分析的前提，离开了物流成本的核算，本量利分析就成了一句空话。

2）结合实际需要进行本量利分析可以使该项工作发挥更大的效用。例如，如果物流企业针对大客户提供多项物流服务，则可以按照不同的客户进行本量利分析，这可以为物流企业的客户关系管理提供非常有用的信息。

应用案例

物流系统本量利分析案例

某医药分销企业坐落在上海，目前年销售额为 30 亿元，其业务范围主要是向上海市内及周边县市的医院、医药分销商店销售各种药品。公司的物流业务由下属的一个有独立法人资格的物流公司负责，该物流公司目前在上海市内有一个配送中心。但是由于总公司销售业务规模不断扩大，现有的配送中心已经不能适应物流业务发展的需求，于是公司希望建设一个新的物流中心，以适应不断发展的业务需求，同时也可以改善配送中心的环境，利用新型的物流设施设备来提高物流服务水平和物流管理水平。于是，公司请某物流咨询公司进行了项目的可行性研究，下面是可行性研究报告中关于财务分析的部分内容摘选。

1. 项目总投资概算和达产后的收入估算（见表 5-4）

表 5-4 投资概算与收入预计

项	目	金额（万元）	备 注
投资额估算	土地使用权	1 050	20 亩×52.5 万元/亩
	土建设施	1 903	配送中心主体建筑及配套建筑
	物流中心设备	2 376	相关物流设备
	计算机管理控制系统	607	
	公用工程设施	216	水电暖等
	流动资金投资	500	
	投资总额	6 652	
达产后的收入估计	商业批发物流收入	5 214.23	商业批发业务业务量×0.5%
	商业零售物流收入	168.20	商业零售业务业务量×0.8%
	原场地出租收入	100	
	收入合计	5 482.43	

2. 物流中心的运营成本与费用估算

（1）固定资产折旧费

项目的总投资额测算为 6 652 万元。其中，流动资金为 500 万元，其余投资为 6 152 万元。采用综合折旧法，综合折旧年限为 15 年。固定资产残值按固定资产的 5% 计算，为 307.6 万元，则可以计算每年的折旧额为 389.63 万元。

（2）人员工资与福利费

物流中心定员 93 人，工资、福利费、社会保险费合计每年支出 311.55 万元。

（3）其他固定成本与费用

包括固定资产保险和修理费、通信费用、网络专用线使用费、土地使用税、房产税、水电费用等共计 423.04 万元。

以上 3 项运营成本视为物流中心运营的固定成本，合计 1 124.22 万元。

（4）税金及附加

税金及附加包括城建税和教育费附加，这里假定税金及附加共计为营业收入的 3.3%，达产后的年税金及附加计算为 180.92 万元。

（5）其他变动成本与费用

物流中心业务运营的变动成本与费用包括装卸费、燃油费、车辆养路费、维护修理费、运输费、路桥费及其他变动管理费用、营业费用、广告费用等。按照物流运营的一般规律，假定变动成本率为 40%，则达产后的年变动成本总额为 2 192.97 万元（不包含税金及附加）。

3. 项目的盈亏平衡分析

在本项目中，由于物流中心的建设主要是为本公司自身业务服务的，因此，本项目建成后的风险主要来自公司的业务发展。项目完工投产达到设计能力后，物流公司每年可实现物流服务营业收入 5 482.43 万元，净利润 1 289.30 万元。按照前面关于固定成本和变动成本的分析，可以对该项目进行盈亏平衡分析。不考虑所得税的因素，计算本项目的保本点营业收入如下：

$$保本点营业收入 = \frac{1\,124.22}{1 - 3.3\% - 40\%} \approx 1\,982.75（元）$$

$$安全边际率 = \frac{5\,482.43 - 1\,982.75}{5\,482.43} \times 100\% \approx 63.834\%$$

保本点分析结果如图 5-7 所示。

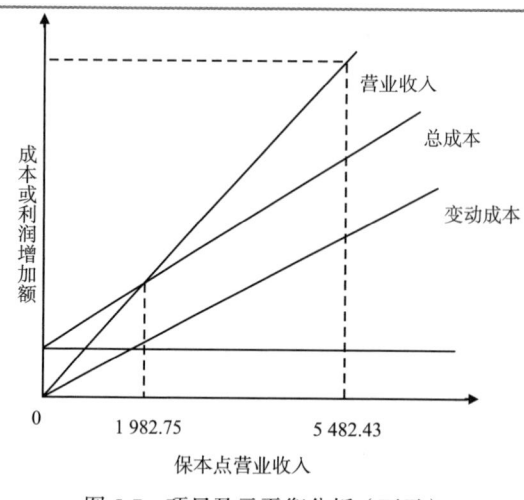

图 5-7 项目盈亏平衡分析（万元）

从图 5-7 中可以看出，项目投产后的保本点营业收入为 1 982.75 万元，安全边际率达到 63.834%，项目风险相对不大。

5.3 物流成本预算管理

5.3.1 物流成本预算编制的作用、内容与方法

1. 物流成本预算编制的作用

物流成本预算作为物流系统成本计划的数量反映，是控制物流活动的重要依据和考核物流部门绩效的标准。它有如下作用。

（1）预测成本未来

物流成本计划是以物流成本预算为基础的。物流成本预算是根据对未来期间的物流成本进行预测而编制的。在确定物流成本预算之前，需要根据历史数据，并通过各种调查或运用适当的统计和数学方法，预测物流活动各个环节中所发生的各项成本。做好物流成本预算可以在掌握物流成本现状、预计物流成本未来上有充分的主动性，从而便于物流计划的准确可靠、物流成本的绩效考核和物流成本的降低。

（2）建立成本目标

物流成本预算是物流成本计划的定量反映，明确建立和显示物流系统所要实现的近期成本目标。通过总的物流成本预算，以及按照一定的对象进行分解后的物流成本预算，可以使各级物流运营主体对自身的成本管理和控制目标非常明确，从而能够在此基础上不断控制成本，同心协力完成物流系统的总体成本目标。

（3）绩效评估与成本控制

经确定的各项成本预算数据，可以作为评估物流工作完成任务情况的一种尺度。对各物流部门及其主管的成本控制绩效，一般都以成本预算为标准进行衡量、评估。若发现成

本差异，就要采取适当措施进行控制，使之尽量符合预算。

总之，通过物流成本预算可以比较及时和准确地预测物流成本的未来信息，从而使物流成本管理工作能够有明确的方向；通过物流成本预算又可以明确各种物流成本控制目标，使每个物流部门、物流运营者为各自的成本控制目标而努力，有利于发挥各部门和个人的积极性、主动性和创造性；通过物流成本预算为评估物流成本控制绩效提供标准，只有通过评估和比较才能发现差异，修正方案，进而使物流部门和物流运营者能够按科学的计划去开展物流业务，降低物流成本。

2．物流成本预算编制的内容

物流成本预算应根据物流系统成本控制与绩效考核的需要，分解到各个部门、各个物流功能、各物流成本项目等，并在日常的成本核算过程中分别实施对这些形式的物流成本的核算，以便有利于比较物流成本预算与实际物流成本发生额之间的差异，达到预算管理的目的。物流成本预算的编制内容与物流成本的核算内容基本类似。

如前所述，物流成本可按各种不同的划分标准进行分类核算。与此相适应，物流成本预算也可以按照各种不同的标准进行编制。例如，按照某种物流功能（包装、运输、储存等）编制；按照每个物流部门（如仓库、运输队、装配车间等部门）编制；按照每个服务客户编制；按照每个产品编制；按照物流流程（供应、生产、销售、退货等）编制；按照每个物流成本项目（材料费、人工费、燃料费、办公费、维护费、利息费、折旧费等）编制；按照某一物流设备和工具编制等。在每种形式的物流成本预算中，还可以按照更细的项目对预算进行进一步细化。图5-8反映了物流成本预算的细化编制内容。

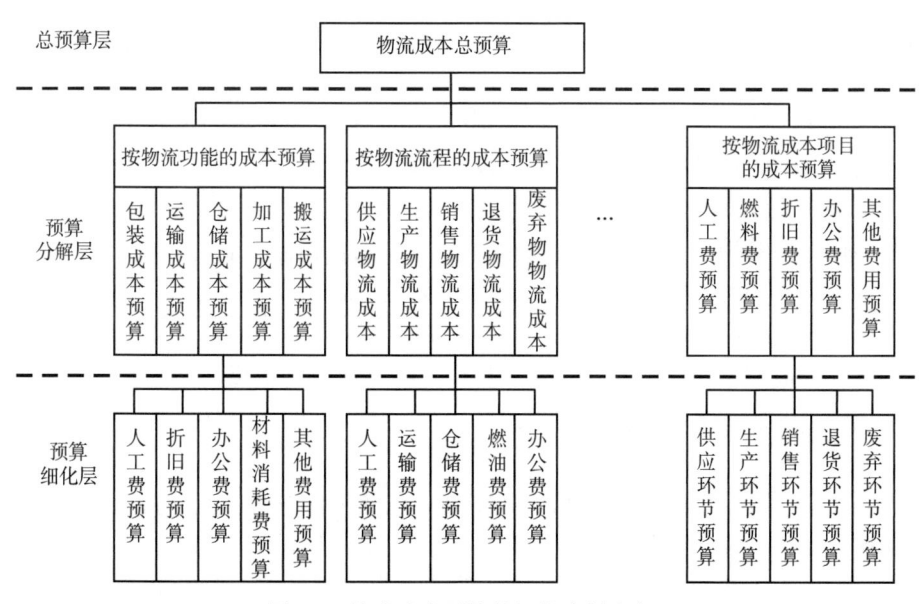

图5-8 物流成本预算的细化编制内容

3．物流成本预算编制的方法

一般来说，物流成本预算的编制对象取决于物流系统绩效考核形式及物流成本的核算形式。这里介绍其中几种物流成本预算编制的方法。

（1）按物流流程进行物流成本预算

这是指按照物流系统的流程进行物流成本预算的编制。这种预算规划出计划期内各物流领域中的物流成本支出数目，从而作为各领域的物流运营者降低物流成本的目标。以制造企业物流系统为例，它可以包括供应物流成本预算、生产物流成本预算、销售物流成本预算、退货物流成本预算和废弃物物流成本预算等内容。

例如，可以以上年的物流成本统计数据为基础，考虑到物流作业量的变化及成本的控制节约目标，制定新一年各物流流程的物流成本，如表5-5所示。

表5-5 按物流流程的物流成本预算　　　　　　　　　　　单位：万元

成本项目	上年实际数	预计增减比率（%）	本年预算金额
供应物流成本	100	10	110
生产物流成本	150	—	150
销售物流成本	200	−5	190
退货物流成本	10	−40	6
废弃物物流成本	20	−10	18
总计	480		474

在上述物流成本预算中，应注意几个问题：首先是预计增减比率的确定。该增减比率要考虑到物流业务量的变化。一般来讲，当业务量预计增加时，物流成本预算也会有所增加，同时又要考虑物流成本控制和降低的因素。可见，预计增减比率的确定是一个关键因素。其次是对于每项物流成本预算，应采用一定的技术方法对其进行细化，例如，将供应物流成本预算细化为材料费、人工费、折旧费、办公费等。另外，不同流程的物流成本预算除可按年度编制以外，也可按季、月分别编制，然后汇总编制年度预算。如果企业物流业务量较大，且不同月份的物流业务量增减变化较为明显，最好先按季分月编制预算。

（2）按物流的职能编制物流成本预算

这是指按不同的物流职能编制的费用预算。这种预算包括包装成本预算、运输成本预算、仓储成本预算和配送成本预算等。这种形式的物流成本预算能够将预算同物流部门及其工作人员有机地结合起来，将不同职能的物流成本指标落实到具体的物流部门，从而有利于明确责任，提高物流部门及其工作人员降低物流成本的积极性。这时，只要将预算与实际做一比较，就能知道各物流部门对预算执行的情况，明确责任，从而有利于物流成本的降低。

1）包装成本预算的编制。包装成本是指商品包装过程中所发生的费用，可分为直接包装费和间接包装费。直接包装费是指与商品包装业务量大小直接有关的各种费用，包括直接材料费、直接人工费和直接经费。间接包装费是指与各种商品包装有关的共同费用，同样也是由间接材料费、间接人工费和间接经费组成的。由于直接包装费随包装件数的增减而成比例增减，因此，直接包装费一般属于变动费用。相反，间接包装费属于固定费用，但也有一部分间接包装费是半变动费用，如电费、煤气费、水费等。在编制某类商品的包装成本预算时，直接包装费可按商品的包装件数乘以该商品每件的直接包装费计算确定。间接包装费可用企业间接包装费总额按一定的分摊标准计算出一个分配比率，然后分别乘以各种商品的分配标准数（如包装的件数、包装商品的产值、销售收入等）以确定某种商品的间接包装费。

2）运输成本预算的编制。运输成本包括营业运输费和自家运输费两个部分。营业运输费是指利用营业性运输工具进行运输所支付的费用，自家运输费则是用自备运输工具进行运输所发生的费用，这两种费用的支付对象、支付形式及项目构成都有较大的差别，因而必须区别对待，分别编制预算。

首先看营业运输费预算的编制。在进行营业运输时，其运输费是直接以劳务费的形式支付给承运单位（运输企业）的。营业运输费实质上是一种完全的变动费用，这种运输费的编制是很简单的。如果企业采用汽车运输，运输费可按汽车标准运费率乘以运输吨公里计算确定；如果采用火车运输，运输费可按铁路标准运费率乘以运输吨公里数计算确定；水路运输、航空运输，依次类推。

自家运输费的发生情况比较复杂。有随运输业务量增减而成比例增减的变动运输费，如燃料费、维修费、轮胎费等；也有不随运输业务量成比例变化的固定运输费，如运输工具的折旧费、保险费、养路费等。因此，为了有效地实施预算控制，需要在编制运输费之前，首先区分变动运输费和固定运输费。

3）仓储成本预算的编制。仓储成本预算也是物流成本预算的重要组成部分。根据所使用的仓库是否归本企业所有，又可将仓储形式分为自家仓储和营业仓储。由于自家仓储与营业仓储所支付的费用形式与内容都有很大的差别，不可等同对待，所以在编制仓储费预算时，也要分别编制营业仓储费预算和自家仓储费预算。

如果使用营业性仓储设备储存、保管商品的话，只需向仓储企业支付一笔保管费。对于委托仓储的单位来说，所支付的仓储费就是保管费。保管费的大小，往往因储存商品的价值大小、保管条件的好坏及仓库网点所处的地理位置而有所不同。

自家仓储费预算的编制较营业仓储费预算的编制更复杂。这是因为自家仓储费所包括的内容比营业仓储费多，计算起来也比较麻烦。为了编制自家仓储费的预算，首先也要区分变动仓储费和固定仓储费。一般来说，属于变动仓储费的有转库搬运费、检验费、挑选整理费、临时工人工资及福利费、库存物资损耗等。属于固定仓储费的有仓储设备折旧费、维修费、管理人员的工资及福利费、保险费、其他费用（如水费、电费、煤气费）等。

自家仓储费的预算可按月、季和年度编制。不论月度、季度还是年度预算，费用的计算方法基本相同。可根据上年统计数据在预算期的变化因素进行计算，然后编成预算表。

（3）按物流成本项目编制物流成本预算

物流成本项目包括物流人员工资、燃料费、租金、折旧费、材料费、修缮费及各种杂费等。以这种形式编制的物流成本预算，与现行的财务会计核算系统接轨，从而有利于评价一定时期内物流系统的成本财务状况，但是这种编制方式不利于物流系统的管理。

> **相关链接**
>
> **美国仓储成本的估算方法**
>
> - **固定成本计算**：仓储成本中的固定成本是相对固定的，与库存量无直接关系，主要包括租赁费、照明费和设备折旧费等。
> - **变动成本计算**：估算每项仓储成本占库存商品价值的比例，其中，仓库租金、仓库折旧费和税金、保险费的比例为3%~10%，搬运装卸费、设备折旧费、能源消耗和人工费的比例是1%~5%，资金占用成本、库存商品损坏变质损失的比例为5%~25%。用全部存储成本占库存商品的价值的比例，乘以商品的价值，就可以估算出保管一定数量商品的年仓储成本。

5.3.2 物流成本弹性预算

1. 弹性预算的概念

阅读材料：物流成本的构成与增减变动分析

弹性预算也称变动预算或滑动预算。它是相对固定预算而言的一种预算。编制预算的传统方法是固定预算法，即根据固定业务量水平（如产量、运输量、销售量）编制出的预算。这种预算的主要缺陷是：当实际发生的业务量与预期的业务量发生较大偏差时，各项变动成本的实际发生数与预算数之间就失去了可比的基础。在市场形势多变的情况下，这种偏差出现的可能性极大，因而将导致固定预算失去应有的作用。

为了弥补按传统方法编制预算所造成的缺憾，保证实际数同预算数的可比性，就必须根据实际业务量的变动对原预算数进行调整，于是就产生了弹性预算。

所谓弹性预算，是指在编制成本预算时，预先估计到计划期内业务量可能发生的变动，编制出一套能适应多种业务量的成本预算，以便分别反映在各业务量的情况下所应支出成本的一种预算。由于这种预算随着业务量的变化而变化，本身具有弹性，因此称为弹性预算。

2. 弹性预算的基本原理

弹性预算的基本原理是：把成本按成本性态分为变动成本与固定成本两大部分。由于固定成本在其相关范围内，其总额一般不随业务量的增减而变动，因此在按照实际业务量对预算进行调整时，只需调整变动成本即可。

$$Y=a+bX$$

式中　Y——变动成本总额（元）；
　　　a——固定成本总额（元）；
　　　b——单位变动成本（元/单位业务量）；
　　　X——计划业务量（单位业务量）。

3. 弹性预算的特点

弹性预算具有下述特点：

- 弹性预算可根据各种不同的业务量水平进行编制，也可随时按实际业务量进行调整，具有伸缩性。
- 弹性预算的编制是以成本可划分为变动成本与固定成本为前提的。

弹性预算由于可根据不同业务量进行事先编制或根据实际业务量进行事后调整，因此具有适用范围广的优点，增强了预算对生产经营变动情况的适应性。只要各项消耗标准价格等编制预算的依据不变，弹性预算就可以连续地使用下去，而不用每期都重新编制成本预算。由于弹性预算的编制是以成本可划分为变动成本与固定成本为前提的，所以可以分清成本增加的正常与非正常因素，有利于成本分析与控制。

4. 物流成本弹性预算的编制

弹性预算在成本控制中可用于编制各种成本预算。对于某项物流成本的弹性预算的编制，首先要选择合适的业务量计量单位，确定一定的业务量范围，然后根据各项物流成本项目与业务量之间的数量关系，区分出变动成本与固定成本，并在此基础上分析确定各项目的预算总额或单位预算，并用一定的形式表达出来。其编制步骤如下。

（1）业务量计量单位的选取

业务量计量单位的选取应以代表性强、直观性强为原则。例如，对于运输成本的预算来说，可以选择吨公里作为计量单位；对于仓储成本的预算，可以选择货物周转量（托盘数、吨等）为计量单位；对于供应物流成本的预算，可以以材料采购量（如吨）作为计量单位；对于销售物流成本的预算，可以以产品销售量或销售收入作为计量标准等。

（2）确定业务量变动范围

确定业务量变动范围应满足其业务量实际可能变动的需要。一般来说，可以将业务量范围确定在正常业务量的 60%~120%；或者把历史上的最低业务量和最高业务量分别作为业务量范围的下限和上限；也可以对预算期的业务量做出悲观预测和乐观预测，分别将其作为业务量的下限和上限。

（3）选择弹性预算的表达方式

物流成本的弹性预算通常可以用公式法和列表法来表示。

公式法是以公式 $Y=a+bX$ 来表示物流成本弹性预算的方法，而列表法是最常见的弹性预算表示方式。表 5-6 就是一个运输成本弹性预算表达方式。

表 5-6 运输成本弹性预算 单位：元

项目	预算值				
业务量（万吨公里）	60	80	100	110	120
单位变动成本	10	10	10	10	10
变动成本总额	60 000	80 000	100 000	110 000	120 000
固定成本总额	60 000	60 000	60 000	60 000	60 000
运输成本总预算	120 000	140 000	160 000	170 000	180 000

需要指出的是,弹性预算只是编制物流成本的一种方法。在具体编制时,仍然要按照前面所述的各种物流成本预算的对象来编制弹性预算,然后再进行汇总、日常成本核算,并在期末根据实际业务量来对成本预算数与实际发生数进行比较考核。

应用案例

某运输企业正在编制 2019 年的运输成本预算,由运输车队负责,年终进行考核。根据多年的分析和 2018 年各项运输成本的数据,确定各项变动运输的变动成本率分别是:燃料费为 0.8 元/吨公里,维修费为 0.5 元/吨公里,轮胎费为 0.6 元/吨公里,其他费用为 0.45 元/吨公里。另外,根据 2018 年的实际情况,并考虑预算期的变化因素,确定预算期支付各项固定运输成本的数额如下:运输设备折旧费为 5.5 万元,养路费为 2.2 万元,交通管理费为 3.2 万元,其他固定成本为 1.1 万元。经业务部门预测,公司 2019 年可能完成商品运输任务为 250 万吨公里。

根据上述资料,财务部门编制了企业 2019 年度自营运输成本的预算,如表 5-7 所示。于是,确定运输车队 2019 年度的运输成本预算总额为 599.5 万元,并以此金额对车队进行考核。预算编制完成后,交到企业总经理手中。总经理认为,2019 年度的业务量预测 250 万吨公里存在很大的不确定性,因此,如果运输车队的实际完成业务量高于或者低于该业务量,则是否还可以按照 599.5 万元的预算成本对车队进行考核?另外,有财务背景的总经理认为,财务人员在编制预算时,有相当多的基础资料,而财务人员没有有效地利用起来,于是让财务人员重新编制了一份运输成本预算报告。

表 5-7 企业自营运输成本预算(2019 年)

项目		变动成本率(元/吨公里)	计划运输量(万吨公里)	费用预算(万元)
变动运输费	燃料费	0.80	250.00	200.00
	维修费	0.50	250.00	125.00
	轮胎费	0.60	250.00	150.00
	其他	0.45	250.00	112.50
	小计	2.35		587.50
固定运输费	折旧费			5.50
	养路费			2.20
	管理费			3.20
	其他			1.10
	小计			12.00
合计				599.50

表 5-8 是财务人员重新编制的企业自营运输成本弹性预算。

表 5-8　企业自营运输成本弹性预算（2019 年）　　　　　　单位：万元

项目		变动成本率（元/吨公里）	运输任务量及费用（万吨公里）				
			210.00	230.00	250.00	270.00	290.00
变动运输费	燃料费	0.80	168.00	184.00	200.00	216.00	232.00
	维修费	0.50	105.00	115.00	125.00	135.00	145.00
	轮胎费	0.60	126.00	138.00	150.00	162.00	174.00
	其他	0.45	94.50	103.50	112.50	121.50	130.50
	小计	2.35	493.50	540.50	587.50	634.50	681.50
固定运输费	折旧费		5.50	5.50	5.50	5.50	5.50
	养路费		2.20	2.20	2.20	2.20	2.20
	管理费		3.20	3.20	3.20	3.20	3.20
	其他		1.10	1.10	1.10	1.10	1.10
	小计		12.00	12.00	12.00	12.00	12.00
合计			505.50	552.50	599.50	646.50	693.50

实际上，该公司 2019 年度自营运输成本的预算也可以用公式法表示为（单位：万元）：

$$Y = (5.50+2.20+3.20+1.10) + (0.80+0.50+0.60+0.45)X$$
$$= 12.00 + 2.35X$$

5.3.3　基于作业的物流成本弹性预算编制

1. 作业弹性预算的基本思路

弹性预算是物流成本管理的重要手段。事实上，弹性预算是企业各类费用控制的最有效工具之一。而将弹性预算的原理与作业成本法结合起来，将弹性预算建立在作业成本核算的基础上，将大大提升成本预算控制职能的使用范围与使用效果。

作业成本法以作业为中心进行间接成本计算和分摊，作业成本是维持作业所发生的耗费。作业成本法中最基本的成本计算对象就是作业，而物流成本是企业物流活动中所需全部作业的成本总和。作业成本法的本质是把作业作为确定和分配费用的合理基础，引导管理人员将注意力放在成本发生的原因，即成本动因上，而不是仅仅关注成本计算结果本身。将这种思想和方法应用到物流预算管理领域，无疑会使我们对预算差异的原因分析得更加深入准确，所采取的纠正措施更加得力，从而大大提高物流预算控制的效果。

另外，企业将作业成本系统纳入物流预算体系中，以作业中心为基础来确定责任中心并编制预算，这样可以在很大程度上避免传统预算编制中经济责任（特别是共同费用责任）不清的问题，便于加强共同费用（间接费用）的预算，同时提高预算的准确性，以便进行更有意义的差异分析，并可为管理人员从非财务角度进行业绩评价与控制提供相应的工具和指标。

基于作业的弹性预算在应用过程中，一方面，应注意到这里预算的控制点在概念上已经由传统的责任中心转化为作业,也就是说,将每个作业作为一个责任中心进行物流作业成本的预算管理,从而有效地开展物流成本管理;另一方面,通过物流作业成本的弹性预算,也可以基于作业成本的预算情况与实际执行情况,加强对每项物流作业的有效管理与控制。

> ★ 注　意
>
> 基于作业的弹性预算在应用过程中,预算的控制点在概念上已经由传统的责任中心转化为每个作业,也就是说,将每个作业作为一个责任中心进行物流作业成本的预算管理,从而有效地开展物流成本管理;通过物流作业成本的弹性预算,也可以基于作业成本的预算情况与实际执行情况,加强对每项物流作业的有效管理与控制。
>
> 每个作业物流成本的弹性预算中,选择的业务量就是各个作业的成本动因。一般的物流成本弹性预算假设成本是由单一的因素(例如直接人工工时、业务收入等)驱动的,并以此来计算实际作业水平下的预计成本。而实际中,正如作业成本法中的基本原理那样,物流成本常常是由多个动因驱动的,以单一动因来做成本预算就会导致重大误差。基于作业的物流成本预算就是要建立在多动因的基础之上,针对每个作业采用不同的成本动因进行物流作业成本预算,从而可以较为准确地预测不同作业量水平下每个作业的成本。

2. 作业弹性预算在运输企业物流成本管理中的应用

一般的运输企业是以运输里程(吨公里数)作为成本动因来做物流成本预算的,但单一动因的物流成本预算并不能很好地反映物流成本的实际发生情况。这里以某运输企业为例来说明作业弹性预算在物流成本管理中的应用。

应用案例

AB 公司是一家以提供货物运输服务为主的物流企业。在使用作业成本法进行成本控制前,该企业成本核算以运输服务作为核算对象按分步法和分批法进行,它基本上是以数量为基础的成本核算(Volume-Based Costing)。这种成本核算法适用于服务品种少、批量大、直接人工费用高、管理费用低的运输企业。近年来,企业引入了现代信息系统、通过效率化的配送,利用一贯制的运输等物流方法来应对越来越激烈的行业竞争。由于现代化信息技术的使用,AB 公司直接人工费用逐步下降,批量减少,批次增加,在运输服务中同时面对多家供应商与零售商,这一切造成公司管理及其他费用大幅上升,也使运输业的成本构成发生了根本性改变。企业成本构成的改变,使传统的成本计算方法在营运间接费用分配方面变得盲目,不再满足企业成本核算和控制的需要,但是成本构成的改变为作业成本法提供了应用的条件。

1. 公司作业成本法的实施

AB 运输公司的成本核算对象为运输服务的线路、地区及客户。在作业成本法的实施中,需要确定作业中心及其成本动因。

该运输企业的主要生产活动是运输，运输属于批水平作业，例如，对每批产品的订单处理、规划、车辆准备、维修检验及运输等。企业总成本中还有为维持企业生产而从事的作业成本，如企业的管理费、暖气费、照明费及库房折旧费等。这类作业的成本，应视为全部运营活动的共同成本。根据企业业务活动情况划分企业的作业中心及其成本动因，如表 5-9 所示。表中还列出了某月各个作业中心发生的作业成本计算结果及成本动因分配率。

表5-9 运输公司作业中心及成本动因确定

作业分类	作业中心	成本动因	作业成本发生额	成本动因分配率
企业业务相关作业	货物检验	订单数	60 000	500 元/单
	货物入库	入库货物数量	7 500	600 元/吨
	货物搬运	搬运货物数量	7 500	600 元/吨
	货物分类	分类货物数量	5 000	350 元/吨
	运输	运输里程	120 000	0.2 元/吨公里
后勤保证相关作业	维修中心	人工工时	10 000	20 元/小时
	订单处理	订单数	6 000	30 元/单
	调度中心	货物运输量	4 000	10 元/吨
	行政管理	订单数	20 000	40 元/单

2. 基于作业的物流成本弹性预算

这里以企业业务相关作业为例说明该运输公司作业物流成本弹性预算的编制。

首先要进行各项运输成本的成本性态分析。货物检验、入库、搬运、分类和运输作业是批水平作业。这些作业的成本与货物批量成比例变动，当运输的批量越多时，作业次数越多，作业成本也越多。在此类成本中，凡与货物批量多少无关的成本为此类作业的固定成本；凡与货物批量有关的成本为此类作业的变动成本。与货物批量无关的成本有运输作业管理成本、人工工资、车辆折旧费等成本。

企业的各项业务相关作业是由多个动因驱动的，作业弹性预算模型将弹性预算建立在多动因的基础上，使每种作业的变动成本部分与取得的资源相适应，固定成本部分与作业前取得的资源相适应，这样有助于企业各部门成本控制业绩的评价。表 5-10 是某月该公司基于作业的物流成本弹性预算。

表5-10 基于作业的物流成本弹性预算

项　目	金　额	成本动因	成本动因发生额及费用预算（元）		
货物检验作业		订单数	100 单	110 单	120 单
固定成本	5 000 元		5 000	5 000	5 000
变动成本	500 元/单		50 000	55 000	60 000
总成本			55 000	60 000	65 000
货物入库作业		货物数量	20 吨	25 吨	30 吨
固定成本	6 000 元				
变动成本	60 元/吨		1 200	1 500	1 800

续表

项　目	金　额	成本动因	成本动因发生额及费用预算（元）		
总成本			7 200	7 500	7 800
货物搬运作业		货物数量	20 吨	25 吨	30 吨
固定成本	5 000 元				
变动成本	100 元/吨		2 000	2 500	3 000
总成本			7 000	7 500	8 000
货物分类作业		货物数量	20 吨	25 吨	30 吨
固定成本	0 元				
变动成本	200 元/吨		4 000	5 000	6 000
总成本			4 000	5 000	6 000
运输作业		运输里程	550 000	570 000	570 000
固定成本	6 000 元				
变动成本	0.2 元/公里		110 000	114 000	118 000
总成本			116 000	120 000	124 000

该运输公司后勤保障相关作业的成本预算也可以按照同样的思路制定。另外，表 5-10 是用列表法表示的运输成本弹性预算，事实上，用公式法表示弹性预算更简洁，也更具有可操作性。

5.3.4 零基预算

1. 零基预算的基本思路

预算按其编制的程序不同可分为调整法和零基法两种。零基法这种编制预算的方法，即零基预算（Zero-Based Budgeting，ZBB），也称"以零为基础编制计划和预算"。

传统的预算编制方法一般都采用调整法。在编制间接费用或固定费用预算时，这种方法是在上年度预算实际执行情况的基础上，考虑预算期内各种因素的变动，相应增加或减少有关项目的预算数额，以确定未来一定期间收支预算的一种方法。由于以调整法编制预算是以前期预算的实际执行结果为基础的，不可避免地要受既成事实的影响，预算中的某些不合理因素得以长期沿袭，无法使预算发挥其应有的作用。为了克服调整法带来的弊病，美国彼得·派尔于 20 世纪 60 年代提出了零基预算。

零基预算不同于传统的预算编制方法，对于任何一项预算支出，不是以过去或现有成本水平为基础，而是一切都以零为起点，从根本上考虑它们的必要性及数额的多少。所以，这种预算编制方法更切合实际情况，从而使预算充分发挥其控制实际支出的作用。

2. 零基预算的特点

零基法与调整法的不同点在于：

1）调整法是以现有预算为基础，按执行结果和变化条件进行调整编制的。零基法则以零为起点，根据成本发生对于预算单位目的实现的必要性，来确定各项预算。

2）调整法要求对新的、未进行过的业务活动，在编制预算时，进行成本-效益分析，对现在已进行的业务活动，不再做分析。零基法则要求对一切业务活动，不论过去是否进行过，都毫无例外地逐个进行成本-效益分析。

3）调整法的着眼点仅限于预算金额的增减，而没有侧重于业务工作本身的分析，之后再落脚于预算金额。零基法则完全不同，它首先从业务活动本身考虑问题，对每项业务活动进行逐个分析之后，再确定其成本支出水平和收益率。

4）调整法对新增加的业务活动，不是把它当作该业务部门业务整体的一部分，而是把它割裂开来孤立地进行处理，新业务不增加，预算不变化。零基法则不同，对待所有业务，不论新旧，都看成整体的组成部分，同等看待，统一安排，不分新旧，一律根据成本-效益分析来确定它们的重要程度，根据重要程度增加或削减开支。

3. 零基预算的编制步骤

零基预算的编制步骤如下：

1）按照企业或物流系统计划期的目标和任务，列出在计划期内需要发生的各个成本项目，并说明成本开支的目的性，以及需要开支的具体数额。

2）将每项成本项目的所得与花费进行对比，权衡利害得失，并区分轻重缓急，按先后顺序排列，并分出等级。一般以必不可少的业务及其发生的成本为第一层次；然后依据业务内容和成本多少，依次列为第二层次、第三层次等，作为领导人决策的依据。

3）按照上一步骤所定的层次和顺序，结合可动用的资金来源，分配资金，落实预算。

零基预算由于对每项成本都是从零开始考虑的，因此其工作量必然繁重，但其带来的效益和效果也是十分可观的。在物流系统中，如果认为现行成本发生中存在诸多不合理之处，就可以抛开历史数据而实施零基预算，然后将零基预算结果与实际发生结果进行比较，从而找寻物流成本降低的途径。

本章小结

❶按照成本性态的不同，物流成本可以分为固定成本、变动成本和混合成本 3 类。混合成本可以用一定的方法分解成变动成本和固定成本，物流成本总额可以用公式 $Y=a+bX$ 来表示。

❷在物流系统中，由于要求的初始投资相对较大，因此固定成本相对较高，对物流成本性态的分析更加重要。物流成本性态分析可以采用物流系统的本量利分析、经营风险分析和弹性预算编制。本量利分析可以计算企业或物流系统的盈亏平衡点和保利点，盈亏平衡点是使得企业或物流系统不盈不亏时应达到的业务量。

❸成本预算是一种重要的管理办法，可以用于预测成本未来、建立成本目标、进行绩效评估与成本控制。预算的编制办法有固定预算、弹性预算和零基预算等。其中弹性预算特别适用于成本（包括物流成本）预算，因为在成本的发生中，有相当一部分是固定成本，与业务量的多少没有相关关系。

提示与思考

1．成本性态分析是值得企业推广的一种成本管理方式。对于物流系统来说，它至少有两个方面的作用：第一，通过成本性态分析更好地开展物流成本的计划预算、成本控制绩效管理，使物流成本管理精细化；第二，可以进行物流系统的保本点和保利点计算，从而分析物流系统的经营风险可承担程度。

2．成本性态分析的关键在于：把所有的成本分成固定成本和变动成本两类。除可以直接确定的变动成本和固定成本之外，对混合成本需要用一定的技术手段进行分解。这个问题，需要财会人员协助解决。

3．了解企业的保本点和安全边际情况，从而了解企业的经营风险状况，这对做出经营决策有很大的参考作用。

4．物流成本的预算，要和物流成本的核算对象相结合，并开展相应的物流成本管理。

5．弹性预算是企业各类费用控制的最有效工具之一。开展物流成本的弹性预算，需要将成本预算与物流成本性态分析结合起来。

6．作业成本管理可以使物流成本管理更加精细化，而将弹性预算与作业成本法相结合，将弹性预算在每个物流作业层面展开，可以使企业的物流成本预算管理及物流作业管理达到非常高的水平。有了作业成本法实施的基础，物流作业弹性预算的实施既简单又实用。

复习思考题

1．什么是固定成本和变动成本？它们各有什么特点？请列举物流成本中比较常见的固定成本和变动成本项目。

2．混合成本的分解方法有哪些？

3．如何计算物流系统的保本点和保利点？你觉得企业在运用本量利分析方法的过程中可能遇到哪些困难？

4．如何利用安全边际和营业杠杆来衡量企业的经营风险？

5．物流成本预算有什么意义？物流成本预算有哪些内容？

6．什么是弹性预算？弹性预算的编制原理是什么？

7．弹性预算的表示方式有哪些？

8．基于作业的弹性预算编制基本思路是什么？

9．什么是零基预算？零基预算的步骤是什么？

第 6 章

物流责任成本与财务绩效评估

节约库存是降低物流成本的核心。

本章学习目标

- 了解物流责任中心的概念；
- 掌握物流责任中心的成本管理指标；
- 掌握物流企业的财务评估指标体系；
- 了解物流企业的综合绩效评估体系；
- 掌握货主企业物流管理部门的财务绩效考核方法。

引导案例

某区域性大型医药分销企业年销售额超过 20 亿元，业务范围主要集中在北京市及周边县市，原来公司的物流配送业务是由物流部负责的。公司在北京市郊设有一个配送中心，业务部门接到的订单被传送到配送中心，由物流部负责按照订单要求将货物配送到客户手中。

为了加强物流部门的经营意识，适应市场商流与物流分离的趋势，公司将原有的物流部门与配送中心独立出来，成立了一个具有独立法人资格的物流公司，继续为该分销公司（母公司）提供物流服务，分销公司按照流转货值的 0.5% 付给物流公司物流成本，这也构成物流公司的收入来源，收入的多少取决于分销公司的销售业务量。由于分销公司的业务量较大，物流公司没有精力再对外提供额外的物流服务。物流公司是独立的法人，因此，既要独立向外提供财务报告，也要独立核算会计利润，并缴纳所得税。

基于以上资料，请考虑下列问题：

- 在物流部门独立以前，如何进行物流部门的财务绩效考核？物流部门是一个独立的成本费用中心吗？能不能把物流部门当成一个利润中心进行内部利润的考核？
- 在成立独立的物流公司之后，物流公司是不是从原来的成本费用中心变成了一个利润中心？如何对物流公司的经营绩效进行考核？

> ● 在回答上述两个问题时,请特别考虑物流公司独立后,物流公司经理能不能控制整个公司的收入?同时物流公司的所有成本费用对于物流公司经理来说都是可控成本吗?如果不是,那么物流公司经理能控制自身的利润水平吗?

6.1 物流责任成本与财务绩效评估的基础工作

案例导读

在企业组织内部,高层管理者往往通过制定预算或编制计划等方式,对下级责任者设定财务绩效标准,然后进行绩效计量,据此反映实际执行情况,对之做出绩效评估。

物流财务绩效评估以对物流活动实施分权管理为基础,将企业整个物流过程划分为各种不同形式的责任中心,对每个责任中心明确其权责及其财务绩效计量和评估方式,特别是物流成本的计量与评估方式,建立起一种以责任中心为主体,责、权、利相统一的机制,通过信息的积累、加工、反馈形成物流系统内部的一种严密控制系统。

企业要进行物流财务绩效评估,必须完善一系列基础工作,包括责任中心的划分、绩效评估指标的确定、内部转移价格的合理确定、绩效报告的编制和报告制度,以及奖惩制度的设定等。

1. 合理划分责任中心,明确规定责权范围

实施物流财务绩效评估制度,首先要按照分工明确、责任分明、成绩便于考核的原则,合理划分物流责任中心;其次必须依据各个物流责任中心的特点,明确规定其责权范围,使每个物流责任中心在其权限范围内,独立自主地履行其职责。关于物流责任中心的确定及责任中心的基本绩效考核指标问题,将在第 6.2 节详细展开讨论。

2. 定期编制责任预算,明确各物流责任中心的考核标准

在明确责任中心及其责权范围之后,应定期编制责任预算,使物流活动的总体目标按各物流责任中心进行分解、落实和具体化,并以此作为它们开展日常物流经营活动的准则和评估其工作成果的基本标准。

绩效考核标准应当具有可控性、可计量性和协调性等特征,即其考核内容只应为物流责任中心能够控制的因素。考核指标的实际执行情况,要能比较准确地计量和报告,并能使各个物流责任中心在完成物流活动总目标的过程中,明确各自的目标和任务,以实现局部与整体的统一。

3. 区分各个物流责任中心的可控与不可控费用

对各个物流责任中心工作成果的评估与考核,应仅限于能为其工作好坏所影响的可控项目,不能把不应由它负责的不可控项目列为考核项目。为此,要对企业所发生的每项物流成本判别责任归属,分别落实到各个物流责任中心,并根据可控费用来科学地评估各物流责任中心的成绩。

> **相关链接**
>
> 不可控成本是指在特定时期内,特定责任中心不能够直接控制其发生的成本。不可控成本不能列入责任中心的成本考核范围。

4. 建立健全的物流责任记录、报告系统

要建立一套完整的物流责任日常记录制度,建立计量和考核有关责任预算执行情况的信息系统,以便为计量和考核各物流责任中心的实际经营绩效提供可靠的依据,并能对各物流责任中心的实际工作绩效起反馈作用。一个良好的报告系统,应当具有相关性、适时性和准确性等特征,即报告的内容要能适应各级管理人员的不同需要,只列示其可控范围内的有关信息,报告的时间要适合报告使用者的需要,报告的信息要有足够的准确性,保证评估和考核的正确合理性。

5. 制定合理而有效的奖惩制度

要求对每个物流责任中心制定一套既完整又合理有效的奖惩制度,根据其实际工作成果的好坏进行奖惩,做到功过分明,奖惩有据。奖惩制度及其执行包括以下内容:

1)奖惩制度必须结合各物流责任中心的预算责任目标,体现公平、合理、有效的原则。

2)要形成严格的考评机制,包括建立考评机构、确定考评程序、审查考评数据、依照制度进行考评和执行考评结果。

3)要把过程考核与结果考核结合起来,即把即时奖惩与期间奖惩结合起来。

6.2 物流责任成本管理

物流责任会计就是根据不同级别的物流管理人员和管理部门应负的责任,收集、汇总和报告其有关的会计资料的一种会计制度。它是物流管理制度的一个组成部分,也是物流系统成本控制的有效手段。

6.2.1 物流责任会计的内容

物流责任会计首先要明确物流责任中心的划分,然后以各个物流责任中心为对象,收集和报告它们的计划数据和执行过程中的实际数据,并加以控制、分析和评估其成就,以促使物流的计划和控制不断地相互作用。物流责任会计的基本内容包括:

1)事前编制责任预算或责任成本预算。这是将物流系统的总预算(或物流成本总预算)按各责任中心分别落实编制的一种预算,其目的是使各物流责任中心的负责人了解其在预算过程中所应完成的任务和应控制的事项。

2)事中进行日常控制和核算。在责任预算的执行过程中,对各层次日常业务进行控制,及时予以纠正,保证预算的实现。同时,进行日常的成本统计核算。

3)事后进行绩效考核。责任预算执行完毕后,客观考核各责任中心的工作成果,并编

制预算报告。

因此，建立物流责任会计就是要通过各个责任层次去监督控制内部物流活动，并将物流活动组成一个有机的整体，使各个部门和环节为实现物流系统总目标担负起各自应负的责任，完成各自的任务，同时通过各物流责任中心的信息反馈，使物流系统决策部门随时掌握情况，及时发现问题和解决问题，降低物流成本，提高物流系统效益。

6.2.2 物流责任中心的种类

所谓物流责任中心，是指由一个主管人员负责，承担规定责任并具有相应权利的内部物流单位。作为物流活动中心，必须有十分明确的、由其控制的物流活动范围。

企业物流责任中心通常可分为三大类：物流成本（费用）中心、物流利润中心和物流投资中心。这里以一个物流公司为例，说明物流责任中心的构成，如图6-1所示。

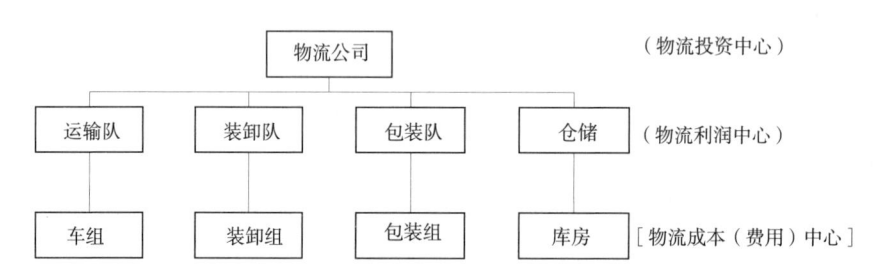

图6-1 物流责任中心的划分

1. 物流成本（费用）中心

物流成本中心也称物流费用中心，是指对物流成本进行归集、分配，对物流成本能加以控制、考核的责任单位，即对物流成本具有可控性的责任单位。这里的"可控性"，是与具体的责任中心相联系的，而不是某一个成本项目所固有的性质。物流成本中心的成本项目一般可分为直接成本和间接成本两种。前者是可以直接计入物流成本的成本项目，后者则需要通过一定的方法、根据一定的标准分配后才能计入物流成本。一般来说，直接成本是变动的、可控制的，间接成本是固定的、不可控制的，但并非所有直接成本都是变动的、可控制的。例如，运输队各车组的折旧费是车组的直接成本和固定成本（在直线折旧法下），却不是可控制成本，因为该车组及其上属运输队无权决定购入或出售车辆，无法控制车辆折旧的发生。又如，仓库保管人员的工资是直接的、可控制的，却不是变动的。

此外，应予以注意的是，可控制成本与不可控制成本在一定条件下是可以互相转化的，二者的划分并不是绝对的。例如，材料仓库若将材料仓储费按比例分配给其他责任中心，那么对被分摊责任中心来说是一种不可控制成本，因为它们无法控制仓储费的多少。如果按各责任中心领用材料，按价值多少收取仓储费，那么对各责任中心来说是可控制成本，因为多领材料、领用高档材料要多负担仓储费，反之则少负担仓储费，与此同时，也促使各责任中心努力降低材料消耗，在保证物流质量的前提下，降低物流成本。

由此可见，物流成本按可控性所进行的分类，对于控制成本中心的物流成本、考核成本中心的工作绩效是十分重要的。可控制成本对成本中心来说是相关成本，进行成本决策时必须予以考虑；不可控成本则是无关成本，可以忽略不计。这也是编制成本中心责任预算时必须注意的。

> **应用案例**
>
> 为了降低运输成本，某公司的运输部门愿意等待更大批量的运输，而这样，就会导致出库变慢，库存量增加。运输成本虽降低了，库存成本却提高了。为了协调由此造成的库存成本与运输成本的冲突，在负责绩效考核的主管经理的协调下，公司的库存管理部门经理和运输管理部门经理协商后达成以下协议：库存管理部门经理允许库存水平比期望高，只要库存成本超过期望的水平（可以根据库存目标精确计算得出），高出部分的库存成本就被计入运输部门的账户，在绩效考核时予以考虑。

2．物流利润中心

物流利润中心是指既负责物流收入，又负责物流支出，并负责管理一定数量资产的物流责任单位，即对物流收入、成本的发生都能加以控制的责任单位。作为物流利润中心，其领导者必须具有控制物流服务价格、物流业务和所有相关费用的权力。

物流利润中心可分为两类：一是实际物流利润中心，二是内部人为物流利润中心。前者是能直接对外发生经济往来、在银行独立开户的相对独立的责任单位，其成本和收入都是实实在在的。后者是在企业内部各部门之间提供物流服务，其收入按内部转移价格结算，物流成本按其实际发生额转移，因而其收支都是虚构的。近几年来，我国企业内部经济责任制已取得很大成绩，在企业内部和物流系统内部结算及内部利润核算上获得了许多有益的经验，并日臻完善，所有这些为物流利润中心的确定打下了坚实的基础。

3．物流投资中心

物流投资中心是指既负责收入、成本，又负责投资的物流责任单位，不但要计算利润，还要计算投资回报率。在上例中，可以将物流公司作为投资中心，通过转让给运输队、装卸队、包装队和仓储部门的房屋、设备、存货的价值和各自所提供的利润，考核其投资回报率。

6.2.3 物流责任会计在物流成本管理中的应用

1．物流成本（费用）中心的成本管理

对于一个物流系统来说，可以划分成几个物流成本（费用）中心。物流成本中心可以是货主企业的整个物流系统，可以是物流系统中的每个部门（仓储部门、运输部门、行政管理部门等），也可以进一步划分成物流作业班组，甚至每个作业人员。通过将物流成本总预算按照每个成本费用中心一步步细化，并明确责任，使得每个责任中心和责任人员明确自身的成本管理职责，并对其进行相应的绩效考核。从这样的角度看，物流成本费用中心的责任会计管理又是预算管理的一部分，其不同之处在于：

1）物流责任成本管理更注重各级责任中心的预算和考核，更加强调责任人和责任中心，它按照各级责任成本中心进行层层的预算细化管理。

2）物流成本费用中心管理所分析和考核的是各责任中心的可控成本，对于责任中心无法控制的成本，不进行预算和考核，或者进行单独的预算与管理。

2. 物流利润中心的成本管理

物流利润中心不仅要考核责任中心的成本，还要考核其收入。对于物流系统内部的某个部门来说，本来可能是一个成本中心，通过内部结算价格的确定，将其确定为一个内部人为利润中心，这对于责任中心的成本控制来说也具有一定的促进作用。这样做可以提高每个部门的经营意识，了解物流成本的节约对自己部门绩效的重要性，从而促使他们改善自己的管理和物流技术，降低自身的物流成本。

（1）应注意解决的问题

在利用人为利润中心管理来进行物流成本控制的过程中，应注意解决以下几个问题：

1）对于几个责任中心共同负担的费用，应根据一定标准，按照谁受益谁负担，受益多的多负担，受益少的少负担的原则分配。一定要避免由于共同费用分配不合理而挫伤各个责任中心的积极性。

2）内部转移价格的制定要合理。这是合理评估各物流责任中心工作成绩，促进各单位努力提高物流效率、降低物流成本的重要保证。合理确定内部结算价格是加强物流系统内部资金、成本、利润管理的有效措施，是客观评估各利润中心工作成绩的重要手段。

（2）物流内部结算价格

物流内部结算价格是指运输、装卸、包装、仓储等人为利润中心之间相互提供物流业务的结算价格。内部结算价格一般可分为成本定价和利润定价两大类。

1）成本定价是依据实际成本或标准成本来制定内部转移价格。一般可以以标准成本进行定价，因为实际成本定价下供方可能向需方转嫁不利成本差异，不利于分清责任。按标准成本定价则可以克服这一缺陷，但它不符合利润中心考核收益、评定利润的要求。

2）利润定价是各利润中心之间结转物流业务时除成本外，还要加上一定的利润结算。其中成本加成定价是最常见的一种，它是指在标准成本基础上加上一定比例的利润确定转移价格，另外，也可以参考市场价格来制定内部转移价格。

> **提 示**
>
> 企业内部不同部门间如果就物流服务互相收费或转移成本，各部门可以采用市场价格或以市场价格为基础的协调价格等进行结算。

（3）责任会计的作用

责任会计是在企业实行分权管理体制后，以企业内部责任单位为主体，以提高经济效益、降低成本、保证企业计划顺利落实为目的，以各责任单位（或个人）的经济责任为对象，利用价值形式并采用专门的会计方法对各责任单位的行为及结果进行核算、考核与评估的会计。成本是由费用的发生额决定的，而费用发生额是由其各自的发生源经济活动决

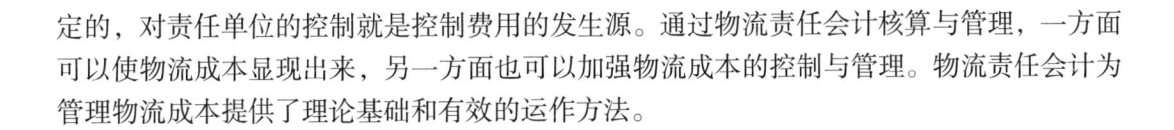

定的，对责任单位的控制就是控制费用的发生源。通过物流责任会计核算与管理，一方面可以使物流成本显现出来，另一方面也可以加强物流成本的控制与管理。物流责任会计为管理物流成本提供了理论基础和有效的运作方法。

> **相关链接**
>
> 国外大型企业的物流部门或大型物流企业内部经常设立物流协调委员会，委员会的成员来自各个重要的物流责任中心的管理部门，委员会通过交流来协调管理，制定协调议案。物流协调委员会也执行内部转移价格协调的功能。

6.2.4 物流责任目标成本管理

目标成本管理是一种现代成本管理方法，同样适用于物流成本控制。

阅读材料：物流责任中心视角的物流企业成本管理模式思考

1. 物流责任目标成本的测算

在进行物流责任目标成本管理时，首先需要测算物流责任目标成本。物流责任目标成本的测算包括两个方面，即物流总目标成本测算和物流单项目标成本测算。

（1）物流总目标成本测算

物流目标成本等于服务收入与目标利润的差。只要测算出物流目标利润，物流目标成本也随之确定。预计物流目标利润的方法有目标利润率法和上年利润基数法。

1）目标利润率法。目标利润率法是使用经营相同或相似业务的物流企业的平均报酬率来预计本企业利润。计算公式如下：

$$目标利润=预计服务收入×同类企业平均服务利润率$$

或

$$目标利润=本企业净资产×同类企业平均净资产利润率$$

或

$$目标利润=本企业总资产×同类企业平均资产利润率$$

2）上年利润基数法。本年利润是上年利润的延续，但随着竞争环境的改变和企业自身的进步，管理层会提出利润增长率的要求。计算公式为：

$$目标利润=上年利润×利润增长率$$

这样测算出的目标成本只是初步的设想，在物流目标成本制定过程中，需要不断修正。

（2）物流单项目标成本测算

测算各项服务或作业的目标成本时，可按以下方法进行：

1）倒扣法。倒扣法是根据调查确定的客户或服务对象可接受的单位价格，扣除企业预期达到的单位服务目标利润和预计单位服务税金及预计单位服务期间费用倒算出单位服务目标成本的方法。倒扣法用公式表示为：

物流单位服务目标成本=预计单价−单位服务目标利润−预计单位服务税金−
预计单位服务期间费用

> **相关链接**
>
> 期间费用是本期发生的不能直接或间接归入某种服务的费用，包括物流行政管理部门发生的管理费用、物流营销活动发生的营业费用，以及企业负债筹集资金所发生的财务费用。

2）比价测算法。比价测算法是将新服务或作业与原来相似的服务或作业进行对比，对于与原来一样的环节，按原成本指标测定，对新的不同环节，按新材料标准成本、作业工时标准等加以估算测定。

与物流总目标成本一样，物流单项目标成本的测算也需要不断修正。

目标成本测算是进行目标成本控制的基础，物流目标成本测算准确与否，关系着物流目标成本控制的好坏。

2．物流责任目标成本管理的步骤

制定物流责任目标成本的步骤如下：

1）设置物流总目标成本。最高管理层结合企业发展战略和企业的实际情况，确定计划期要实现的物流服务利润和物流成本总目标。这个总目标要分解到各级责任中心，直到最基层。

2）明确物流责任中心的成本责任。对每个目标和子目标，根据物流组织结构要求，建立责任中心，明确其应完成的任务和应承担的责任与应享有的权利。

3）设置下级物流目标成本。根据物流资金、人力等资源情况，上下级协商、合作，拟定考核下级的目标成本。在这个过程中，可能需要修订总目标成本。

4）研究物流目标成本可行性。物流目标成本的制定不可能一次就成功，需要对初步设置的物流目标成本进行分析、判断。对不可行目标成本还要从最高层开始重新制定，直到可行为止。在反复循环的过程中，使物流目标成本得以完善。

5）分解物流目标成本。对物流目标成本的分解，需从3方面进行：

- 将物流目标成本分解为材料费用目标、人工费用目标等。
- 将物流目标成本分解到各级具体责任中心或责任人。
- 将物流目标成本分解为年度目标成本、季度目标成本、月度目标成本等。

物流责任目标成本的分解也需要循环，不断修订。物流目标成本控制是责任成本控制与目标管理的有机结合，能及时反映实际物流成本与物流目标成本的偏差，以便采取有效措施加以纠正。

6.3 物流企业的财务绩效评估

物流企业作为独立的法人实体，在责任中心的划分上，一般可以当作投资中心或者利润中心进行管理。其财务绩效如何，受到企业内部和外部相关人员的关注，包括企业的股东、潜在的股东、债权人、财务分析师、企业的高级管理人员及企业的员工等。我们可以采用相应的绩效评估指标去评估分析整个企业财务状况和经营成果。

一般来讲，人们可以通过企业公开发布的财务报表来分析整个企业的财务状况与经营成果。财务报表分析的一般目的可以概括为：评估过去的经营绩效，评估现在的财务状况，预测未来的发展趋势。

> **相关链接**
>
> 会计分成财务会计和管理会计两大分支。财务会计是对外报告会计，主要对外编制和公布会计报表，而管理会计是内部报告会计，为内部管理提供信息。企业对外公布的会计报表主要有3张，即资产负债表、利润表和现金流量表。

6.3.1 财务分析的一般方法

在进行财务报表分析时，可以采用比较分析法和比率分析法。

1. 比较分析法

比较分析法是指将本期财务数据与其他相关数据进行比较，并分析揭示其差异和矛盾。比较分析法是最基本的分析方法。一般来讲，比较的对象包括以下几种：

1）与本企业的历史相比较，即将不同时期的财务指标进行比较，也可以称为趋势分析。它是可以将连续数期的会计报表的金额并列起来，比较其相同指标的增减变动金额和幅度，据以判断企业财务状况和经营成果发展变化的一种方法。会计报表的比较，具体包括资产负债表比较、利润表比较、现金流量表比较等。比较时，既要计算出表中有关项目增减变动的绝对额，又要计算出其增减变动的百分比。

2）与同类企业相比较，即与行业平均数或者竞争对手相比较，也称为横向比较。在比较分析时，既可以用本企业财务指标与同行业平均水平指标对比，也可以用本企业财务指标与同行业先进水平指标对比，还可以用本企业财务指标与同行业公认标准指标对比。通过行业标准指标比较，有利于揭示本企业在同行业中所处的地位及存在的差距。

3）与计划预算数比较，即实际执行结果与计划指标相比较，也称为差异分析。当企业的实际财务指标达不到目标时，应进一步分析原因，以便改进财务管理工作。

2. 比率分析法

在财务分析中，比率分析法应用比较广泛。比率分析法是用同一期内的有关数据相互比较，得出它们的比率，以说明财务报表所列各有关项目的相互关系，来判断企业财务和经营状况的好坏。比率分析法是用相关项目的比率作为指标，揭示数据之间的内在联系，同时，与基本财务数据相比较，财务比率指标是相对数，克服了绝对值给人们带来的误区，也可以排除企业规模的影响，使不同比较对象之间建立起可比性。比率分析中常用的财务比率有：

1）相关比率，是同一时期会计报表及有关财会资料中两项相关数值的比率。这类比率包括反映偿债能力的比率、反映盈利能力的比率和反映营运能力的比率。

2）结构比率，是会计报表中某项目的数值与各项目总和的比率。这类比率揭示了部分与整体的关系，通过不同时期结构比率的比较还可以揭示其变化趋势。存货与流动资产的比率、流动资产与全部资产的比率等都属于这类比率。

3）动态比率，是会计报表及有关财会资料中某项目不同时期的两项数值的比率。这类比率又分为定基比率和环比比率，可分别从不同角度揭示某项财务指标的变化趋势和发展速度。

6.3.2 物流企业的财务绩效评估指标体系

企业的财务绩效可以在对财务比率的分析基础上进行评估。财务比率包括偿债能力比率、营运能力比率、获利能力比率和现金流量比率等，每类比率分别从不同的角度反映了企业经营管理的各个层面和状况。表 6-1、表 6-2 分别是某物流企业 2018 年年末的利润表、资产负债表。各项财务比率的计算是基于财务报表的数据进行的。

表 6-1　2018 年利润表　　　　　　　　　　　　　　　　　单位：元

项　　目	本　年　数	上　年　数
一、主营业务收入	608 590 830.18	362 125 105.70
减：主营业务成本	480 094 991.29	240 918 784.71
主营业务税金及附加	9 659 039.83	7 417 382.14
二、主营业务利润（亏损以"–"号填列）	118 836 799.06	113 788 938.85
加：其他业务利润（亏损以"–"号填列）	2 821 336.49	5 482 995.60
减：营业费用	10 790 000.20	3 309 929.38
管理费用	77 197 310.96	65 796 105.95
财务费用	1 309 030.49	2 275 254.25
三、营业利润（亏损以"–"号填列）	32 361 793.90	47 890 644.87
加：投资收益（损失以"–"号填列）	6 029 786.97	6 459 507.28
补贴收入		
营业外收入	1 404 848.78	1 316 722.53
减：营业外支出	628 626.33	2 551 834.92
四、利润总额（亏损总额以"–"号填列）	39 167 803.32	53 115 039.76
减：所得税	5 534 120.25	7 944 370.90
五、净利润（净亏损以"–"号填列）	33 633 683.07	45 170 668.86

表 6-2　2018 年 12 月 31 日的资产负债表　　　　　　　　　　　　　单位：元

项目	期初数	期末数	项目	期初数	期末数
流动资产：			流动负债：		
货币资金	472 746 156.73	450 768 042.64	短期借款	24 000 000.00	200 000 000.00
短期投资			应付票据	39 250 000.00	89 257 000.00
应收票据	200 000.00	965 079.71	应付账款	10 558 904.42	6 830 224.06
应收股利	2 277 926.85	1 189 453.50	预收账款	15 501 584.95	16 236 273.83
应收利息			应付工资	3 595 926.09	3 315 430.66
应收账款	26 672 563.67	25 793 730.60	应付福利费	4 329 691.63	3 493 823.88
其他应收款	72 334 269.13	36 460 763.44	应付股利	9 310 131.15	20 171 950.83
预付账款	35 088 218.55	177 844 213.58	应交税金	2 453 560.09	(2 877 487.59)
存货	30 177 015.05	36 826 790.07	其他应交款	87 036.35	36 434.88
待摊费用	633 373.43	582 614.11	其他应付款	44 656 654.23	45 001 846.48
流动资产合计	640 894 603.12	729 665 607.94	流动负债合计	153 743 488.91	381 465 497.03
长期投资：			长期负债：		
长期股权投资	81 006 148.03	190 386 344.55	长期借款		
长期债权投资	72 000.00	36 000.00	应付债券		
长期投资合计	81 078 148.03	190 422 344.55	长期应付款	21 831 776.57	
固定资产：			专项应付款		
固定资产原值	355 389 593.47	313 424 603.62	其他长期负债		
减：累计折旧	173 747 409.86	148 875 212.00	长期负债合计	21 831 776.57	
固定资产净值	181 642 183.61	164 549 391.62	负债合计	175 575 265.48	381 465 497.03
减：减值准备	18 828 673.50	17 490 127.09			
固定资产净额	162 813 510.11	147 059 264.53	股东权益：		
在建工程	5 790 312.83	38 243 190.14	股本	310 337 705.00	310 337 705.00
固定资产清理	230 386.95	3 338 368.17	资本公积	322 168 798.58	319 106 686.22
固定资产合计	168 834 209.89	188 640 822.84	盈余公积	77 225 509.15	88 997 298.23
无形资产：	10 175 553.73	9 152 265.88	未分配利润	23 498 264.96	25 188 208.12
长期待摊费用	7 823 028.40	7 214 353.39	股东权益合计	733 230 277.69	743 629 897.57
资产总计	908 805 543.17	1 125 095 394.60	负债和权益总计	908 805 543.17	1 125 095 394.60

1．偿债能力比率

企业的偿债能力指标分为两类：一类是反映企业短期偿债能力的指标，主要有流动比率和速动比率；另一类是反映企业长期偿债能力的指标，主要是资产负债率和已获利息倍数。

（1）流动比率

流动比率是企业流动资产与流动负债的比值，其计算公式为：

$$流动比率 = \frac{流动资产}{流动负债}$$

流动比率可以反映企业短期偿债能力。企业能否偿还短期债务，要看有多少短期债务，以及有多少可变现偿债的流动资产。流动资产越多，短期债务越少，则偿债能力越强。流动比率是流动资产和流动负债的比值，是个相对数，排除了企业规模不同的影响，更适合企业之间及本企业不同历史时期的比较。

一般认为，较为合理的流动比率为2，但不能为一个统一标准。计算出来的流动比率，只有和同行业平均流动比率、本企业历史的流动比率进行比较，才能知道这个比率是高还是低。一般情况下，营业周期、流动资产中的应收账款数额和存货的周转速度是影响流动比率的主要因素。

（2）速动比率

速动比率是从流动资产中扣除存货部分，再除以流动负债的比值，又称酸性测验比率，反映企业短期内可变现资产偿还短期内到期债务的能力。速动比率是对流动比率的补充，其计算公式如下：

$$速动比率 = \frac{流动资产 - 存货}{流动负债}$$

速动资产是企业在短期内可变现的资产，等于流动资产减去存货后的金额，包括货币资金、短期投资和应收账款。通常认为正常的速动比率为1，低于1的速动比率被认为短期偿债能力偏低。当然，这仅是一般的看法，因为行业不同，速动比率会有很大差别，没有统一标准的速动比率。

（3）资产负债率

资产负债率是指负债总额与全部资产总额之比。资产负债率反映在总资产中有多大比例是通过借债来筹资的，也可以衡量企业在清算时保护债权人利益的程度。其计算公式为：

$$资产负债率 = \frac{负债总额}{资产总额} \times 100\%$$

不同的投资者对资产负债率的期望截然不同。

1）从债权人的立场看。他们最关心的是贷给企业的款项的安全程度，也就是能否按期收回本金和利息。因此，他们希望债务比例越低越好，企业偿债有保证，贷款不会有太大的风险。

2）从股东的角度看。股东所关心的是全部资本利润率是否超过借入款项的利率，在企业的全部资本利润率超过因借款而支付的利息率时，股东所得到的利润就会加大。因此，在全部资本利润率高于借款利息率时，负债比例大一些好，否则反之。

3）从经营者的立场看。企业应当审时度势，全面考虑。在利用资产负债率制定借入资本决策时，必须充分估计预期的利润和增加的风险，在二者之间权衡利害得失，做出正确决策。

（4）已获利息倍数

已获利息倍数又称为利息保障倍数，是指企业息税前利润与利息费用的比率，是衡量企业长期偿债能力的指标之一。其计算公式为：

$$已获利息倍数 = \frac{息税前利润}{利息费用} = \frac{税前利润 + 利息费用}{利息费用}$$

公式中利息费用是支付给债权人的全部利息，在计算中，往往可以用利润表中的财务费用来替代。已获利息倍数反映企业用经营所得支付债务利息的能力，倍数足够大，企业就有充足的能力偿付利息。

2. 营运能力比率

营运能力是企业的经营运行能力，反映企业经济资源的开发、使用及资本的有效利用程度。它是通过企业的资金周转状况表现出来的。资金周转状况良好，说明企业经营管理水平高，资金利用效率高。营运能力比率又称资产管理比率，包括应收账款周转率、流动资金周转率和总资金周转率等。

（1）应收账款周转率

应收账款在流动资产中有着举足轻重的地位。及时收回应收账款，不仅可以增强企业的短期偿债能力，也反映出企业管理应收账款方面的效率。反映应收账款周转速度的指标是应收账款周转率，也就是年度内应收账款转为现金的平均次数，它说明了应收账款流动的速度。用时间表示的周转速度是应收账款周转天数，也叫应收账款回收期或平均收现期，它表示企业从取得应收账款的权利到收回款项、转换为现金所需要的时间。其计算公式为：

$$应收账款周转率 = \frac{销售收入}{平均应收账款}$$

$$应收账款周转天数 = \frac{360}{应收账款周转率} = \frac{平均应收账款 \times 360}{销售收入}$$

应收账款周转率是分析企业资产流动情况的一项指标。应收账款周转次数多、周转天数少，表明应收账款周转快，企业信用销售严格；反之，表明应收账款周转慢，企业信用销售放宽。信用销售严格，有利于加速应收账款周转，减少坏账损失，但可能丧失销售商品的机会，减少销售收入。

（2）流动资金周转率

流动资金周转率是销售收入与全部流动资产的平均余额的比值。其计算公式为：

$$流动资金周转率 = \frac{销售收入}{平均流动资产}$$

其中，平均流动资产=（年初流动资产+年末流动资产）/2。流动资金周转率反映了流动资产的周转速度。周转速度快，会相对节约流动资产，增强企业盈利能力；而延缓周转速度，需要补充流动资产参加周转，形成资金浪费，降低企业盈利能力。

（3）总资金周转率

总资金周转率是销售收入与平均资产总额的比值。其计算公式为：

$$总资金周转率 = \frac{销售收入}{平均资产总额}$$

式中，平均资产总额=（年初资产总额+年末资产总额）/2。该项指标反映资产总额的周转速度。周转越快，销售能力就越强。企业可以通过薄利多销的办法，加速资产的周转，带来利润绝对额的增加。

3．获利能力比率

一个企业不但应有较好的财务结构和较高的营运能力，更重要的是要有较强的获利能力。通常，反映获利能力的指标有营业净利率、资本净利润率、所有者权益报酬率、资产净利率、成本费用利润率等。

（1）营业净利率

营业净利率是企业净利润与营业收入净额的比率，这项指标越高，说明企业从营业收入中获取利润的能力越强。其计算公式为：

$$营业净利率 = \frac{净利润}{营业收入净额} \times 100\%$$

（2）资本净利润率

资本净利润率是企业净利润与实收资本的比率。其计算公式为：

$$资本净利润率 = \frac{净利润}{实收资本} \times 100\%$$

会计期间实收资本有变动时，公式中的实收资本应采用平均数。资本净利润率越高，说明企业资本的获利能力越强。

（3）所有者权益报酬率

所有者权益报酬率反映了所有者对企业投资部分的获利能力，也叫净资产收益率或净值报酬率。其计算公式为：

$$所有者权益报酬率 = \frac{净利润}{所有者权益平均余额} \times 100\%$$

式中，所有者权益平均余额=（期初所有者权益+期末所有者权益）/2。所有者权益报酬率越高，说明企业所有者权益的获利能力越强。影响该指标的因素，除企业的获利水平以外，还有企业所有者权益的大小。对所有者来说，这个比率很重要。该比率越大，投资者投入资本获利能力越强。在我国，该指标既是上市公司对外必须披露的信息内容之一，也是决定上市公司能否配股的重要依据。

（4）资产净利率

资产净利率是企业净利润与资产平均总额的比率。其计算公式为：

$$资产净利率 = \frac{净利润}{资产平均总额} \times 100\%$$

式中，资产平均总额=（期初资产总额+期末资产总额）/2。把企业一定期间的净利与企业的资产相比较，表明企业资产利用的综合效果。指标越高，表明资产的利用效率越高，说明企业在增加收入和节约资金使用等方面取得了良好的效果，否则相反。

（5）成本费用利润率

成本费用利润率是企业利润总额与成本费用总额的比率。可以用公式表示为：

$$成本费用利润率 = \frac{利润总额}{成本费用总额}$$

式中，成本费用总额包括物流企业在生产经营过程中投入的各项营业成本和期间费用。成本费用利润率也可以看作投入产出的比率，其配比关系反映了企业每投入单位成本费用所获取的利润额。

6.3.3 物流企业财务综合评估

单个的财务指标不能全面系统地对整个企业的财务状况和经营成果做出评估。所谓财务综合评估，就是将企业的营运能力、偿债能力和获利能力诸方面的分析纳入一个有机体中，认真分析其相互关系，全方位评估企业财务状况和经营成果的经济活动，这对判断企业的综合财务情况具有重要作用。

综合分析的方法有很多，其中杜邦分析法的应用比较广泛。杜邦分析法抓住了企业各主要财务指标之间的紧密联系，来综合分析企业的财务状况和经营成果。因其最先是由美国杜邦公司首创并成功运用的，所以称为杜邦分析法。利用该方法可把各种财务指标间的关系，绘制成简洁明了的杜邦分析图，如图 6-2 所示。

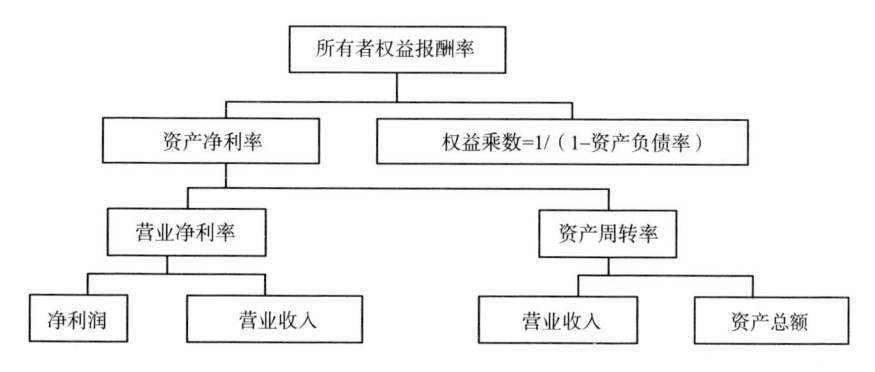

图 6-2 杜邦分析图

由图 6-2 可知，在这个系统中，可以提供以下几种主要的财务比率关系：

$$\text{所有者权益报酬率} = \text{营业净利率} \times \text{资金周转率} \times \text{权益乘数}$$

$$\text{式中，权益乘数} = \frac{\text{资产总额}}{\text{所有者权益}} = \frac{\text{资产总额}}{\text{资产总额} - \text{负债总额}} = \frac{1}{1 - \text{资产负债率}}$$

上述公式中，所有者权益报酬率是一个综合性最强的财务比率，也是杜邦财务分析系统的核心指标。所有者权益报酬率反映了所有者投入资金的获利能力，反映了企业筹资、投资、资产运营等活动的效率，提高所有者权益报酬率是所有者利润最大化的基本保证。从公式上看，决定所有者权益报酬率高低的因素有3个——营业净利率、资金周转率和权益乘数，而这3个指标恰恰反映了物流企业在运营获利能力、资金周转能力和资产负债结构方面的运作情况。

1. 运营获利能力对企业经济效益的影响

如前所述，企业的营业净利率是指净利润与营业收入之间的比率，企业的营业净利率越高，能够获取的经济效益就越高。营业净利率的高低受收入和利润的影响，实际上是由收入和成本的大小来决定的。通过分析这两个因素，可得出营业净利率的变化情况，进而分析其对所有者权益报酬率的影响。抛开企业本身成本控制的因素不考虑，营业净利率的高低取决于企业所从事的行业与提供服务的功能。对于物流企业来说，提供物流服务的附加值越高，营业净利率就会越高。如果企业仅仅能够提供一般的竞争比较激烈的运输或仓储服务，其营业净利率就会相对较低；如果物流企业能够提升自身的物流运营能力，为高附加值货物提供物流一体化服务，并提供各种增值物流服务，就可以提高企业的营业净利率，为企业的所有者权益报酬率和整体经济效益的提高创造条件。当然，物流企业物流成本的控制与降低也是提高营业净利率和所有者权益报酬率的有效途径。

2. 资金周转能力对企业经济效益的影响

资金周转能力是企业的经营运行能力，反映了企业经济资源的开发、使用及资本的有效利用程度。它是通过企业的资金周转状况表现出来的。资金周转状况良好，说明企业经营管理水平高，资金利用效率高。资金只有顺利地通过各个生产经营环节，才能完成一次循环；完成一次生产经营循环，就为企业产生一次增值。企业使资产运作起来才能产生收入和利润，资金周转率反映了资金周转能力的大小，并对所有者权益报酬率的大小产生影响。其计算公式为：

$$\text{总资金周转率} = \frac{\text{营业收入}}{\text{平均资产总额}}$$

式中，平均资产总额＝（年初资产总额＋年末资产总额）/2。该项指标反映了资产总额的周转速度。周转越快，销售能力就越强。企业可以通过薄利多销的办法，加速资产的周转，带来利润绝对额的增加。

资金周转率是反映企业资金周转能力的综合指标。资金周转率的高低取决于各个生产经营环节所占用资产的周转速度，因此，对资金周转率指标可以进行进一步细化，相关的比率指标包括应收账款周转率、存货周转率、流动资金周转率等。资金周转能力比率又称资产管理比率,通过对流动资金周转、存货周转、应收账款周转、总资金周转等影响资金周转的各个因素进行分析,能够判定哪些因素使得资金周转率发生变化,找出症结所在,为物流企业的所有者权益报酬率和整体经济效益分析提供依据。

3. 资产负债结构对企业经济效益的影响

资产负债比率是企业资本运营过程中需要考虑的一个重要问题。企业通过各种途径筹措其生存和发展所必需的资金。企业筹集的资金按其性质不同,可分为权益资金和债务资金。权益资金又称权益资本或自有资本,是指企业依法筹集并可长期占有、自由支配的资金,其所有权属于企业的投资者,包括企业的资本金、资本公积金、盈余公积金和未分配利润。权益资本是企业最基本的资金来源,体现了企业的经济实力和抵御经营风险的能力,也是企业举债的基础。债务资金又可称为借入资金,是指企业依法筹措、须按期偿还的资金,其所有权属于企业的债权人。债务资金主要包括各种借款、应付债券、应付票据等,也是企业资金的主要来源。

企业应该保持一定的资产负债比率,资产负债率是指债务和资产、净资产之间的数量关系。不同的资产负债比率对企业风险程度和所有者权益报酬率的影响是不同的。有效地利用负债经营,能使企业的所有者享受到一定的利益,但负债过多,必然会使企业的偿债负担加重,财务风险增大。因此,企业在筹资过程中,应合理安排筹资结构,寻求筹资方式的最优组合,以便在负债经营过程中,实现风险与收益的最佳平衡。

权益乘数也是反映企业资产负债比率的一个重要指标,其计算公式为:

$$权益乘数 = \frac{1}{1-资产负债率}$$

从前面的分析可以看出,权益乘数对企业的所有者权益报酬率有着重要的影响。负债比例大,权益乘数就高,说明企业有较高的负债程度,既可能给企业带来较多的杠杆利益,也可能带来较大的财务风险。因此,对于经营状况良好的企业,运用较高的负债比率可以给企业带来较多的经济利益,但同时也要承受较大的财务风险。一般来讲,当企业的投资报酬率大于债务利息率时,借债能产生正的财务杠杆作用,使所有者有可能享受到一定的好处;反之,当企业的投资报酬率低于债务利息率时,借债会产生负的财务杠杆,有损股东利益。无论哪种情况,借债都会使财务杠杆系数升高,财务风险增大,且债务利息越多,财务杠杆系数越大,财务风险也越大。

企业的资本结构应如何安排,这是一个极其复杂的问题。一般来说,企业的资本结构除资本成本和财务风险的影响以外,还受到许多其他因素的制约和影响,包括企业资产的构成情况、企业的增长速度、企业的获利能力、管理人员的态度、贷款人和信用评级机构的态度等。企业在设计资本结构时,应充分考虑各种因素的影响,定性分析与定量分析相结合,在此基础上做出正确的决策。

阅读材料:汽车制造企业物流成本竞争力的综合评价研究

从杜邦分析图中可以看出,所有者权益报酬率与企业的销售规模、成本水平、资产运营、资本结构有着密切的关系,这些因素构成一个相互依存的系统。只有把这个系统内的各个因素协调好，才能保证所有者权益报酬率最大，进而实现企业的整体经济效益目标。

6.3.4 基于平衡计分卡的物流企业综合绩效评估

在不同的时期，根据生产经营特点及所处的社会经济环境不同，企业绩效评估与管理方法大不相同。20 世纪以来，财务绩效评估被企业广泛应用，但财务指标评估存在重短期利益而轻长期利益，重局部利益而轻全局利益等许多缺陷。因此，20 世纪 90 年代以来，人们提出了将财务指标和非财务指标相结合的企业绩效评估方法，如平衡计分卡法、ABC 成本核算法、EVA 评价法等。在本节中，将运用平衡计分卡法的基本原理，来分析物流企业的综合绩效评估指标体系。

1. 平衡计分卡法概述

最近几年，在美国许多公司中兴起了一场绩效评估革命，试图将绩效评估指标更进一步与公司战略相联系，以拓宽管理者的视野，使之不局限于成本和利润这些传统财务指标，还包括创新能力等新指标。把财务指标与非财务指标相结合，能够弥补传统绩效评估体系的不足，并将绩效评估与企业战略发展联系起来，这就是平衡计分卡法（Balanced Score Card）的综合评估方法。平衡计分卡法最突出的特点是：将企业的远景、使命和发展战略与企业的绩效评估系统联系起来，它把企业的使命和战略转变为具体的目标和评测指标，以实现战略和绩效的有机结合。平衡计分卡法以企业的战略为基础，并将各种衡量方法整合为一个有机的整体，主要从四方面来观察和评估公司绩效，如图 6-3 所示。

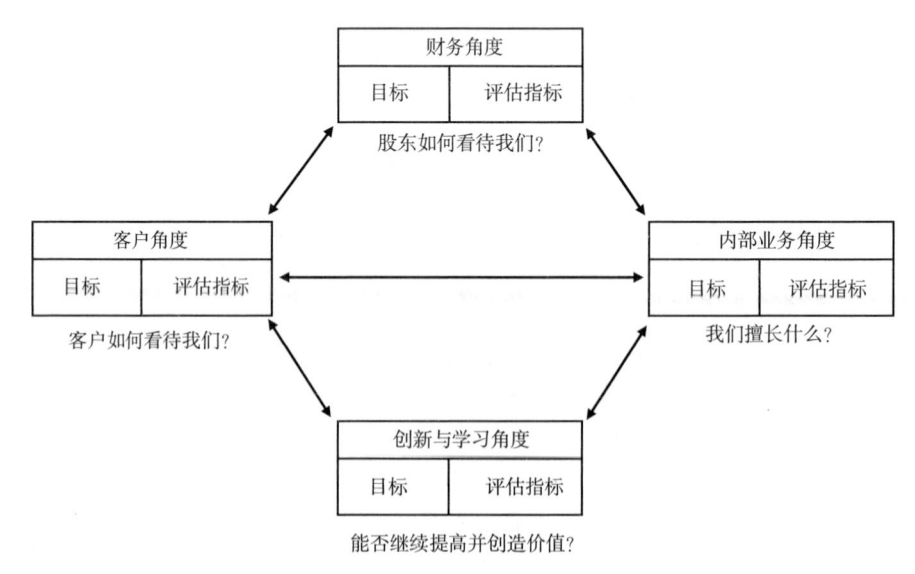

图 6-3 平衡计分卡法的评估结构

（1）财务角度

其目标是解决"股东如何看待我们？"的问题。从财务角度说明公司是如何满足股东要求的。该部分是从传统的财务绩效评估体系中转化而来的，通过设置一系列财务指标来

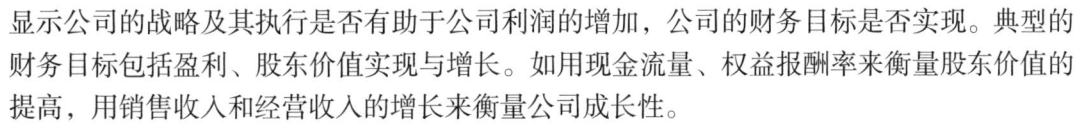

显示公司的战略及其执行是否有助于公司利润的增加，公司的财务目标是否实现。典型的财务目标包括盈利、股东价值实现与增长。如用现金流量、权益报酬率来衡量股东价值的提高，用销售收入和经营收入的增长来衡量公司成长性。

（2）客户角度

其目标是解决"客户如何看待我们？"的问题。从客户角度说明公司是如何在满足客户的价值主张中获取收益的。该部分运用各种方式，包括自己组织或委托第三者进行客户调查，从交货时间、新产品上市时间、产品质量性能和服务等方面了解客户对公司的评价，并将此评价与其他竞争者进行比较。这样使公司与客户建立直接的联系，实现较高的市场反馈水平，有助于市场份额的提高。

（3）内部业务角度

其目标是解决"我们擅长什么？"的问题。从内部业务角度说明我们必须擅长什么或如何高效产出，才能满足客户要求（包括内部客户）。要满足客户要求，必须要求公司内部组织中有一套有效的程序、决策和行为。该部分通过设置一系列内部测量指标，及时反馈影响客户评价的程序、决策和行为是否有效。例如，若经理发现按时交货的总体测评结果较差，马上就可通过内部测量指标确定是销售部门哪个环节导致交货的推迟。该部分指标的设置向公司所有成员清楚无误地传达了与客户建立紧密关系并满足客户要求的重要性。

（4）创新与学习角度

其目标是解决"能否继续提高并创造价值？"的问题。从创新与学习角度说明公司成员必须具备哪些素质、技术、技能才能满足前三者的需求，其实是在说明如何才能提高并创造价值的后劲。创新和学习能力包括公司技术领先能力、产品成熟所需时间、开创新市场能力和对竞争对手新产品的灵敏程度。前面以客户为基础的测评指标和内部流的测评指标确定了公司在竞争中取胜的重要参数。但在全球化、信息化的竞争中，不断改进和创新是公司增加股东价值的前提。

平衡计分卡法是以公司的战略目标和竞争需要为基础的，将财务测评指标和客户满意度、内部业务及公司提高学习能力结合起来，不仅有利于正确评估企业经营绩效和竞争实力，还直接表明了企业的奋斗目标和宗旨，有利于企业全体员工对其战略计划、目标的理解，有利于管理者决策的正确制定和战略性竞争优势的形成。

2. 基于平衡计分卡法的企业综合绩效评估

物流企业在我国作为一批新兴的企业，其经营方法还处于探索阶段，而绩效评估体系更不完善。传统的财务绩效评估太重视净利润率，而忽视对物流企业正常运营和长远获利能力有重大影响的其他因素，如客户、员工、运营风险、作业工序与控制等因素。而作为服务企业，物流企业的经营、客户需求等方面都具有其特有的特点。单纯采用财务指标进行物流企业的绩效评估，往往会造成绩效评估的片面性，影响竞争优势的发掘，造成企业长、短期运营目标的失衡。

借鉴平衡计分卡法建立与现代企业制度、战略相适应的物流服务企业的绩效评估体系，需要从所有者、经营者等角度，从企业组织效率、竞争能力、获利能力、员工工作效率等方面全方位、综合地评估企业的核心竞争力，以反映整个企业的运作效率，是融合财务管理、企业管理、管理工程3门应用型学科的多学科交叉的评估体系。同时，该绩效评估体系应考虑物流服务业具有的与相关行业联系性强的特点，建立反映物流服务业与企业特点的绩效评估体系，以利于评估者规范其经营行为，对其进行事前、事中、事后、定期和不定期的绩效评估。依照平衡计分卡法的框架，对物流企业的绩效评估从4个方面进行。

（1）财务绩效评估指标

财务绩效评估指标显示了物流企业的战略及其执行对于股东利益的影响。企业的主要财务目标涉及盈利、股东价值实现和增长。相应的平衡计分卡法将其财务目标简单地表示为生存、成功、价值增长，如表6-3所示。

表6-3 物流企业平衡计分卡法：财务绩效

目标	评估指标	可量化模型
生存	现金净流量	业务进行中的现金流入−现金流出
	速动比率	（流动资产−存货）/流动负债
成功	权益净利率	净利润/平均净资产
价值增长	相对市场份额增加额	企业在规定的评估期内销售额增加量/在规定的评估期内同行业企业总销售额的增加量

财务层面的绩效评估涵盖了传统的绩效评估方式，但是财务层面的评估指标并非唯一的或最重要的，它只是企业整体发展战略中不可忽视的要素的一部分。例如，现代化的物流企业的整体发展战略立足于长期发展和获取利润的能力，并非只盯着近期的利润。所以绩效评估的结果，虽然客户、内部业务及创新和学习各层面均有较大的进展，但是财务层面不会有令人可喜的结果。这并不是管理者不重视财务层面的相关因素，而是在财务层面上重视的是能否完成基本的要求。

（2）客户层面绩效评估指标

物流企业的经营不仅是为了获取财务上的直接收益，还要考虑战略资源的开发与保持。这种战略资源包括外部资源和内部资源。外部资源即客户，为企业带来了物流服务产品的市场，这也是企业战略性成长的需求基础。

而客户层面的绩效评估，就是对企业赖以生存的外部资源开发和利用的绩效进行衡量。具体来说，是指企业进行客户开发的绩效和获利能力的测量。这种评估主要考虑两个方面：一是客户对物流服务满意度的评价，二是企业的经营行为所开发的客户数量和质量的评价。为使平衡计分卡法有效地发挥作用，要把这些目标转化成具体的评价指标，如表6-4所示。

表6-4 物流企业平衡计分卡法：客户绩效

目标	评估指标	可量化模型
市场份额	市场占有率	客户数量、产品销售量
保持市场	客户保持率	保留或维持同现有客户关系的比率
拓展市场	客户获得率	新客户的数量或对新客户的销售额
客户满意	客户满意度	客户满意率
客户获利	客户获利能力	份额最大客户的获利水平、客户平均获利水平

（3）内部业务绩效评价

企业赖以生存的另一个重要资源是内部资源，就是物流企业具有的内部业务能力，包括产品特性、业务流程、软硬资源等。

企业的内部业务绩效来自企业的核心竞争能力，即保持持久的市场领先地位和较高的市场占有率的关键技术与策略、营销方针等。企业应当清楚自己具有哪些优势，如高质量的产品和服务、优越的区位、资金的来源、优秀的物流管理人员等。这一部分是物流企业绩效评估体系中最能反映其行业和企业特色的，需要结合物流企业的特点和客户的需求共同确定。具体的评价目标和指标如表6-5所示。

表6-5 物流企业平衡计分卡法：内部业务

目标		评估指标	可量化模型
价格合理		单位进货价格	每单位进货量价格
服务质量高	可得性	存货可得性	缺货率、供应比率、订货完成率
	作业绩效	速度、一致性、灵活性、故障与恢复	完成订发货周期速度，按时配送率，异于合同配送需求满足时间、次数、退货更换时间
	可靠性	按时交货率、对配送延迟的提前通知、延期订货发生次数	按时交货次数/总业务数、配送延迟通知次数/配送延迟次数、延期订货发生次数
资源配置	硬件配置	网络化（采用JIT、MRP等物流管理系统的客户）	使用网络化物流管理的客户数/所有客户数
	软件配置	优秀的员工（完成常规任务的时间、质量，专业教育程度）	员工完成规定任务的时间、出错率、接受过专业物流教育的员工数/员工总数

（4）创新与学习层面绩效评估

虽然客户层面和内部业务层面已经着眼于企业发展的战略层次，但都是将评估观点放在物流企业现有竞争能力上，而创新与学习层面强调了企业不断创新，并保持其竞争能力与未来的发展势头，因此无论是管理阶层还是基层员工都必须不断地学习，不断地推出新的物流产品和服务，并且迅速有效地占领市场。不断地学习业务和创新会不断地为客户提供更多高价值的产品，减少运营成本，提高企业经营效率，扩大市场，找到新增附加值的机会，从而增加股东价值。物流企业创新和学习绩效评估目标和指标如表6-6所示。

表6-6 物流企业平衡计分卡法：创新与学习绩效

目标		评估指标	可量化模型
员工学习	信息系统方面	员工获得足够信息	成本信息及时传递给一线员工所用的时间
	员工能力管理方面	员工能力的提高，激发员工的主观能动性和创造力	员工满意率、员工保持率、员工的培训次数
	调动员工参与积极性	激励和权力指标	员工建议数量、员工建议被采纳或执行的数量
业务学习创新		信息化程度、研发投入	研发费增长率、信息系统更新投入占销售额的比率/同行业平均更新投入占销售额比率

将平衡计分卡法应用于物流企业的绩效衡量，其重点是根据物流企业本身的特点和物流客户需求的特点，设定恰当的评估指标，从而提出一个全面衡量物流企业绩效的方法体系。采用这种全方位的分析方法，就是在物流企业的经营绩效与其竞争优势的识别之间搭建了一座桥梁，这必将有利于企业的战略成长。

6.4 货主企业物流部门的财务绩效评估

阅读材料：基于平衡计分卡的物流战略成本管理研究

不管是制造企业的物流管理部门，还是流通企业（包括批发、零售企业和连锁经营企业）的物流部门，其基本职能一般包括采购订货、采购运输、入库验收、库存管理、材料或商品配送、产品销售运输等。

在货主企业的财务核算系统中，一般没有对物流部门创造的收益进行单独核算和计量，因此在对货主企业物流部门的经济效益进行评估时，会存在一定的困难，对其经济效益的评估也不能按照物流企业经济效益的评估指标来进行。一般来说，对货主企业物流部门的评估可以通过对企业资金占用额的分析和物流成本的节约额等指标来进行考核和评估。

6.4.1 货主企业存货资金定额及其考核评估

存货是货主企业在生产经营过程中为销售或者耗用而储备的物资，包括制造企业的原材料、在制品、产成品及流通企业的商品等。在货主企业中，存货占流动资金的比例一般都比较大，因此，存货资金管理对于货主企业的物流管理来说是至关重要的。

保持一定量的存货投资是企业开展正常生产经营活动的前提，而存货的保持需要一定的成本支出，如果存货物资储备量过大，就会发生额外的支出。因此，进行存货管理的主要目的就是在满足正常生产经营活动的前提下，尽可能地使存货投资最少，存货周转率最高。

货主企业在物流管理过程中，需要制定合理的存货资金定额，并严格执行，在日常运营过程中，随时对存货资金的占用情况进行评估。会计期末，也要求对实际的存货资金占用与预先确定的资金定额情况进行考核分析。如果实际占用资金额超出定额，应进一步分析其原因，并对责任部门追究相应的责任。

核定存货资金定额的方法通常有周转期计算法、因素分析法和比例分析法等。

1. 周转期计算法

周转期计算法又称定额日数计算法，是根据各种存货平均每天的周转额和其资金周转日数来确定资金定额的一种方法。存货资金定额的大小取决于两个基本因素：一是资金完成一次循环所需要的日数，即资金定额周转日数；二是每日平均周转额，即每日平均资金占用额。存货资金定额的计算公式如下：

存货资金定额=每日平均周转额×资金定额周转日数

周转期计算法是核定存货资金定额的基本方法。对于商品流通企业来说，每日平均的周转额可以用每日平均的销售成本来反映，而资金定额周转日数是指从商品购进一直到商品售出过程中所要经历的定额天数。

对于制造企业来说，存货资金定额的确定又可以进一步划分为储备资金定额、生产资金定额和产成品资金定额三个方面，其定额的确定介绍如下。

（1）储备资金定额的核定

储备资金是指企业从用货币资金购买各种材料物资开始，直到把它们投入生产为止的整个过程中所占用的资金。储备资金包含的材料物资品种很多，其中最主要的就是原材料资金占用，这里主要介绍的就是原材料资金定额的核定。一般来讲，材料资金应按照不同规格分别核定，而对于数量少、品种多的原材料，则可按照类别加以核定。

原材料资金占用额=计划期原材料计划每日耗用量×原材料计划价格×原材料资金周转日数

式中，原材料资金周转日数是指从企业支付原材料价款起，直到将原材料投入生产为止这一过程中资金占用的日数，它包括在途日数、验收日数、应计供应间隔日数、整理准备日数和保险日数，即：

原材料资金周转日数=在途日数+验收日数+应计供应间隔日数+整理准备日数+保险日数

在途日数主要是指原材料在途运输日数；验收日数是指原材料运到企业后进行计量点收、拆包开箱、检查化验到入库为止这一过程中资金占用的日数；应计供应间隔日数是指供应间隔日数乘以供应间隔系数，即应计供应间隔日数=供应间隔日数×供应间隔系数，其中供应间隔日数是指前后两次供应原材料的间隔日数，而在通常情况下，供应间隔系数一般为 50%~70%；整理准备日数是指原材料投入生产以前进行技术处理和生产准备所占用资金的日数；保险日数是指为了防止特殊原因致使原材料供应偶然中断而建立的保险储备所占用资金的日数。保险日数的长短，应根据供应单位执行合同的情况、原材料货源的充分程度、是否有可替代原材料、交通运输是否有延误的可能性等因素予以确定。

（2）生产资金定额的核定

生产资金（在制品资金）是指从原材料投入生产开始，直到产品制成入库为止的整个过程中所占用的资金。在制品资金定额也应该按照不同的半成品种类分别核定。

在制品资金定额取决于 4 个因素：计划期某种产品每日平均产量、单位产品计划生产成本、在制品成本系数和产品的生产周期。计算公式为：

在制品资金定额=产品每日平均产量×单位产品计划产成本×在制品成本系数×产品生产周期

在该计算公式中，在制品成本系数是指在制品在生产过程中的平均生产费用占完工产品成本的比例。对于不同的生产过程，在制品成本系数的确定和计算方法是不一样的，其大小主要取决于生产过程中费用的投入方式。在费用均衡投入的生产过程中，在制品成本系数的取值可以为 40%~80%。

（3）产成品资金定额的核定

产成品资金是指产品制成入库，直到销售并取得货款或结算货款为止的整个过程中所占用的资金。产成品资金定额的大小取决于三个因素：计划期产成品每日平均产量、产成品单位计划生产成本及产成品资金定额日数，计算公式为：

产成品资金占用额=产成品每日平均产量×产成品单位计划生产成本×产成品资金定额日数

式中，产成品资金定额日数是指从产成品制成入库开始，直到销售并取得货款或结算货款为止所占用资金的日数，包括产成品储存日数、发运日数和结算日数。

2. 因素分析法

因素分析法是以存货项目上一年度的实际平均占用额为基础，根据计划年度的生产任务情况及加速资金周转的要求，进行一定的分析调整，来计算存货或流动资金定额的一种方法，其计算公式如下：

资金数额=（上年资金实际平均占用额−不合理占用额）×
（1±计划年度营业额增减百分比）×（1−加速资金周转百分比）

这种方法适用于物资品种繁多、用量较少、资金占用较少的原材料和辅助材料等项目的物资资金定额的计算，也可以用来估算整个企业存货资金定额的数量。

3. 比例分析法

比例分析法是根据存货资金需要量和相关指标因素之间的比例关系，按比例来测算资金数额的方法。它主要用于辅助材料和修理用备件等资金数额的确定，同样也可以用来估算全部存货资金或全部流动资金需要量。以销售收入存货资金率为例，资金定额的计算公式如下：

存货资金数额=计划年度商品销售收入计划额×计划销售收入存货资金率

$$计划销售收入存货资金率 = \frac{上年存货资金平均余额-不合理占用额}{上年实际销售收入总额} \times (1-计划年度资金周转加速率) \times 100\%$$

6.4.2 货主企业存货周转率评估

1. 存货周转率分析

存货的流动性将直接影响企业的流动比率，也是货主企业物流管理水平的体现。存货的流动性一般可以用存货的周转速度指标来反映，即存货周转率或存货周转天数。存货周转率是衡量和评估货主企业购入存货、投入生产、销售收回等各物流环节管理状况的综合性指标。不管是制造企业还是流通企业，存货周转率可以用销售成本除以平均存货而得到的比率来表示，或叫存货周转次数。用时间表示的存货周转率就是存货周转天数。计算公式为：

案例：节约库存是降低物流成本的核心

$$存货周转率 = \frac{销售成本}{平均存货} \times 100\%$$

$$存货周转天数 = \frac{360}{存货周转率} = \frac{360}{销售成本/平均存货} = \frac{平均存货 \times 360}{销售成本}$$

一般来讲,存货周转速度越快,存货的占用水平越低,流动性越强,存货转换为现金或应收账款的速度就越快。通过有效的物流管理,可以提高存货周转率,提高企业的变现能力,而存货周转速度越慢,变现能力越差。存货周转率是分析企业物流运营情况的一项重要指标。存货周转次数多,周转天数少,说明存货周转快,企业实现的利润会相应增加;否则,存货周转缓慢,往往会造成企业利润下降。如果存货周转速度缓慢,企业应加强物流管理水平,并采取必要的措施,加快存货的周转。

对于制造企业来说,存货的周转速度可以进一步细分为原材料周转天数、在制品周转天数和产成品周转天数指标,以更好地加强对每个存货环节的物流库存管理的考核与改善。具体计算为:

$$原材料周转天数 = \frac{原材料平均存货 \times 360}{全年原材料消耗总金额}$$

$$在制品周转天数 = \frac{在制品平均存货 \times 360}{全年总产值}$$

$$产成品周转天数 = \frac{产成品平均存货 \times 360}{全年销售成本}$$

存货周转分析的目的是从不同的角度和环节找出存货管理中的问题,使存货管理在保证生产经营连续性的同时,尽可能少占用经营资金,提高资金的使用效率,促进企业物流管理水平的提高。

2. 存货资金的相对节约和绝对节约

企业由于加速存货资金周转,可以在生产销售任务不变的情况下减少存货资金占用,并且从周转中腾出一部分流动资金,这种从周转中腾出存货资金的情况,称为存货资金的绝对节约,从周转中腾出的资金数额就是绝对节约额。

另外,企业加速存货资金周转,还能够以原有的存货资金占用数额来完成更多的生产和销售任务,做到多增产少增资,甚至增产不增资。在这种情况下,企业虽然没有从周转中腾出流动资金,但是减少了需要增加的存货资金投入。这种相对减少流动资金需要量的情况称为存货资金的相对节约,相对减少的流动资金需要数额就是相对节约额。

例如,某企业上年度商品销售收入为 14 400 万元,存货资金平均占用额为 1 800 万元,则该企业上年度的存货资金周转次数为 8 次,存货资金周转天数为 45 天。

假设计划年度的商品销售收入保持不变,而流动资金的周转次数从每年 8 次提高到每年 10 次,则该企业可绝对节约的存货资金数额可以计算为 1 800–14 400/10=360(万元)。

假设计划年度企业的商品销售收入提高到 18 000 万元,企业的流动资金占用额保持

1 800 万元不变,则企业存货资金的相对节约额可以计算为 18 000/8−1 800=450(万元)。

> ★ 注 意
>
> 1)对于制造企业物流部门来说,有的企业的供应物流是企业物流管理的重心,而有的企业更强调生产物流或者销售物流。如果更强调供应物流,则对于大宗原材料,可以用周转期计算法确定合理的库存资金占用定额;而对于大量的辅助材料,可以用因素分析法或比例分析法来确定库存资金定额。如果更强调生产物流或销售物流,则可以根据产品的各种分类分别采用周转期计算法来确定库存资金的合理占用量。
>
> 2)对于商贸企业,其与制造企业相比物流环节相对较少。可以根据产品门类或者其他标准分别采用周转期计算法或者其他两种方法来确定库存资金定额。
>
> 3)对于物流企业,应该考虑客户的货物在自己手中的周转天数情况,从而更好地加快客户的库存周转,降低客户的库存资金占用实际上就是提高了自身的物流响应速度,提高了客户服务水平。

6.4.3 货主企业物流成本的分析与评估

货主企业物流成本的分析与评估是以物流成本核算为基础的。由于财务会计制度的限制及过去对物流成本认识上的问题,我国企业对物流成本的核算还处在水平较低的阶段。关于货主企业物流成本的内容及核算问题,在本书第 2 章、第 3 章和第 4 章中有比较详细的论述,这里不再赘述。

在企业能够进行物流成本核算的基础上,可以利用物流成本性态分析、物流成本预算、物流责任成本管理等方法来进行有效的成本控制。这里仅从几个常用的指标来进行货主企业物流成本的分析评估。

在计算出物流成本之后,可以计算以下各种全面分析指标。用这些指标同上年度或前些年度比较来考察企业物流成本的实际状况,如果可能的话,还可与同行业其他企业比较,或者与其他行业比较。

(1)单位销售额物流成本率

该指标的计算公式为:

$$单位销售额物流成本率 = \frac{物流成本}{销售额} \times 100\%$$

这个比率越高,则其对价格的弹性越低。从本企业历年的数据中,大体可以了解其动向。另外,通过与同行业和行业外进行比较,可以进一步了解企业的物流服务成本水平。该比率受价格变动和交易条件变化的影响较大,因此作为考核指标还存在一定的缺陷。

(2)单位成本物流成本率

该指标的计算公式为:

$$单位成本物流成本率 = \frac{物流成本}{总成本} \times 100\%$$

这是考察物流成本占总成本比率的一个指标，一般作为企业内部的物流合理化目标或检查企业是否达到合理化目标的指标来使用。这个比率受原材料价格变动和工厂设备折旧的影响较大。

（3）单位营业费用物流成本率

该指标的计算公式为：

$$单位营业费用物流成本率 = \frac{物流成本}{销售费用 + 一般管理费用} \times 100\%$$

对于商品流通企业来说，物流成本一般都集中在销售费用和一般管理费用之中。而对于制造企业而言，企业的供应物流成本与销售物流成本也大都包含在销售费用与管理费用之中。因此，通过物流成本占营业费用（销售费用加上一般管理费用）的比率，可以判断企业物流成本的比例，而且这个比率不受制造成本变动的影响，得出的数值比较稳定，适合作为企业物流合理化指标。

（4）物流职能成本率

该指标的计算公式为：

$$物流职能成本率 = \frac{物流职能成本}{物流总成本} \times 100\%$$

该指标可以明确包装、运输费、保管费、装卸费、流通加工费、信息流通费、物流管理费等各项物流职能成本占总物流成本的比率。

（5）单位产品的物流成本

该指标的计算公式为：

$$单位产品的物流成本 = \frac{物流成本}{产品数值}$$

该指标是指单位产品的物流成本，它不受产品价格变化和交易条件变化的影响，因此，广泛应用于企业内部管理。通过历史数据的比较，可以比较准确地反映物流成本的实际变动情况和趋势。

6.4.4 货主企业独立核算物流部门的经济效益评估

目前，越来越多的货主企业把物流管理部门从企业的生产经营活动中独立出来，成立单独的物流分公司或子公司，实现独立的会计核算。这对加强企业物流管理、提高物流效率是一个行之有效的办法，同时也为物流部门的经济效益评估创造了条件。

在企业规模不断扩大和企业的全球化发展趋势下，企业物流部门的规模越来越大，职能也越来越完善。完整的物流网络对于企业来说也是一笔巨大的财富，越来越多的企业认识到，除可以为自己企业本身服务之外，这些物流设施还可以为社会提供物流服务，为企业创造更多的利润，以取得良好的效益。于是，货主企业就可以把原有的物流部门分离出来，成立单独的物流公司，并且企业和物流公司签订联营合作协议，首先要保证原企业的物流服务，同时可自行对外开放，经营谋利。货主企业物流部门的这种发展趋势与现代专业化大生产的要求是一致的。对于货主企业来说，把物流部门分离出来，可以减轻企业的负担，专心搞生产经营；同时，对于物流部门而言，分离出来之后，除为本企业服务之外，还能向社会提供物流服务，提高物流软件和硬件设施的利用效率，取得更好的经济效益，各方均可以实现专业化的生产经营，实现互利双赢。事实上，许多专业物流公司就是从制造企业的物流部门分离出来后，不断扩大经营规模而形成的。

> **§ 相关链接**
>
> 　　从国际上主要的第三方专业物流公司来看，从传统运输仓储业和邮政业发展起来的主要物流服务商包括美国联邦快递（Federal Express，FedEx）、美国联合包裹公司（United Parcel Service，UPS）、Exel 物流、荷兰天地集团、德讯（K&N）公司、AEI 环球捷运有限公司、汉莎货运航空公司等。从制造业和批发零售业发展起来的物流公司主要有日本 7-11 连锁便利店集团、美国沃尔玛公司等。

　　独立核算的物流部门或物流分公司、子公司，在进行经济效益评估时的方法与前面物流企业的经济效益评估类似。其前提是：货主企业物流部门与母公司之间发生物流服务业务时，应制定一个内部服务价格或者内部货物转移价格，该价格可以视为独立核算的物流部门的收入，扣除发生的相关成本费用，即物流部门的利润。在此基础上，再开展物流部门各项经济效益指标的评估。

本章小结

❶ 物流财务绩效评估是将企业整个物流过程划分为各种不同形式的责任中心，对每个责任中心明确其责权及其财务绩效计量和评估方式，建立起一种以责任中心为主体，责、权、利相统一的机制，通过信息的积累、加工、反馈而形成的物流系统内部的一种严密控制系统。

❷ 物流责任中心按照责任内容的不同可以分为物流成本（费用）中心、物流利润中心和物流投资中心。不同的责任中心，其物流绩效考核的内容也不同。

❸ 物流企业作为一个利润中心，其考核可以通过一系列财务指标来实现。财务指标的计算是基于企业的财务会计报表进行的。另外，除财务指标外，还需要利用一些非财务指标对物流企业的综合绩效进行评估。平衡计分卡法是目前一种比较流行的企业综合绩效评估体系。

❹ 对于货主企业的物流部门来说，对其物流绩效的评估主要可以通过存货资金定额的确定与考核、存货周转指标、物流成本的核算与考核来进行。

提示与思考

1. 责任中心的管理对于企业来说很重要。最常见的两类责任中心是成本中心和利润中心。在划分成本中心和利润中心时,最重要的是要考虑责任部门(或责任部门的负责人)能控制哪些因素。只有能控制的因素,才能作为考核的对象。切记不要把不可控的因素(不可控成本或者不可控内部转移收入)计入考核的内容,这会影响责任部门的积极性,转移责任部门在管理中的重心及注意力。

2. 从与物流发达的美国和日本等国的比较结果看,我国企业在库存成本上的节约空间比在运输成本上的节约空间要大得多。而很多企业恰恰把更多的注意力集中在了运输成本的节约上,忽视了库存成本的节约。

3. 库存额的节约是降低库存成本的最有效手段。不管是制造企业还是商贸企业,要更多地关注库存占用资金的数量。

4. 存货周转率是衡量企业库存管理水平高低的最重要指标。与国内外的同行业标杆企业、自身历史数据进行比较,可以看出自身的库存周转水平。

5. 对企业的库存,应制定合理的存货资金定额。周转期计算法是对大宗商品进行资金定额确定的最有效方法。

复习思考题

1. 简述物流绩效评估的基本步骤。
2. 物流责任中心有哪些种类?如何对其绩效进行考核?
3. 物流企业的财务评估指标有哪些方面?分别包含哪些指标?
4. 什么是平衡计分卡法?如何利用平衡计分卡法确定物流企业的绩效评估指标体系?
5. 货主企业的存货资金定额如何确定?
6. 如何考核企业的存货周转率?

第 7 章

物流成本的日常控制

物流成本降低永无止境。

本章学习目标

- 了解物流成本日常控制应遵循的原则及各原则的具体含义；
- 了解物流成本日常控制的对象及如何针对各个对象进行物流成本控制；
- 知道如何进行运输、仓储、包装、配送等成本的控制；
- 知道如何进行事前、事中、事后的物流成本控制。

引导案例

及时制（Just-In-Time，JIT）观念在日本的各个经济部门都非常普及。每个产业部门的客户甚至小零售店主，当其订货时，都认为对方理应在次日一早送到。对 JIT 送货的需求提高了交货服务质量，受其影响，交货次数变得更加频繁，而每次交货数量相对减少，为此，很多公司都在实行频繁而小批量的送货服务。许多公司日益倾向于削减库存，以免既占地又费钱。公司愿意通过有效的管理手段，并实施 JIT 进货方式，以频繁少量的进货降低保管费用。JIT 大范围采用的直接结果就是送货卡车满载相当不易，货车载重利用率下降。

频繁而小批量送货的趋势现已从运输业蔓延到仓储业的经营中，产品按客户订单进行储存、拣选，按预定的目的分拣，这增加了作业难度。过去，当客户需要一定数量的存货时，习惯于成箱购买，而 JIT 进货通常是散件订购，这导致作业更为复杂，须额外增加劳动力在仓库拣选零散的订货。

制造商往市场投放更多种类产品的趋势使仓储状况更复杂。在日本，小批量多品种的生产方式已经取代了大量生产，所以，产品品种数量增加很快，这也是制造商为扩大销量与市场份额而采取的应变措施。不过，这就使得不仅制造商而且连批发商与零售商都不得不增加储存多品种商品的空间，仓储作业相应变得烦琐。

日本企业在巨大的压力下不得不采用现代化的信息系统来实现物流活动的管理与控

制。它们根据实践的需要,将物流系统与分销渠道统一规划,不断提高企业的物流管理水平。

近来,分销渠道的复杂性减缓了物流方面的发展。一个产品的典型分销渠道一般从制造商起,经过批发商,最后到零售商。因为批发商在分销中的双重角色,造成分销过程的复杂程度增加。一个批发商可以把货卖给零售商,也可以卖给其他次级批发商。

若想建立先进的物流系统,除将现有分销渠道合理化外,别无选择。零售业在各国都是首先建立先进物流系统的行业之一,零售业中的物流先锋在日本,日本 7-11 是有着日本最先进物流系统的连锁便利店集团。它们利用新物流技术,保证店内各种商品的供应顺畅。便利店依靠的是小批量的频繁进货,只有利用先进的物流系统才有可能发展连锁便利店。7-11 便利店非常小,场地面积平均仅 100 平方米,但就是这样的门店提供的日常生活用品有 3 000 多种。便利店供应的商品品种广泛,通常没有储存场所,为提高商品销量,售卖场地原则上应尽量大。这样,所有商品必须能通过配送中心得到及时补充。如果一个消费者光顾商店时不能买到本应有的商品,商店就会失去一次销售机会,并使便利店的形象受损。所有的零售企业都认为这是必须首先避免的事情。

JIT 体系不完全与交货时间有关,它也包含以最快的方式通过信息网络从各个门店收到订货信息的技术,以及按照每张订单最有效率地收集商品的技术。这有赖于一个非常先进的物流系统的支持。为每个门店有效率地供应商品是配送环节的重要职责。

为了保证有效率地供应商品,日本 7-11 在整合及重组分销渠道上进行了改革,通过和批发商、制造商签署销售协议,能够开发有效率的分销渠道并与所有门店连接。通过这种协议,日本 7-11 无须承受任何沉重的投资负担就能为其门店建立一个有效率的分销系统。由此,配合先进的物流系统,7-11 使各种各样的商品库存适当,保管良好,并有效率地配送到所有的连锁门店。

从给便利店送货的卡车数量下降上可以体现出物流系统的先进程度。例如,十几年前,每天为便利店送货的卡车达 70 辆,现在有 12 辆左右。显然,这缘于新的配送中心有效率的作业管理。

7.1 物流成本日常控制的内容和程序

在本书中,把物流成本的管理与控制分成了两个系统,一个是物流成本管理系统,主要是指在进行物流成本核算的基础上,运用专业的预测、计划、核算、分析和考核等经济管理方法来进行物流成本的管理,具体包括物流成本预算、物流成本性态分析、物流责任成本管理、物流成本效益分析等。本书的第 3~6 章介绍的正是物流成本管理系统的相关内容。

物流成本管理与控制的另一个系统是物流成本的日常控制系统。物流成本的日常控制系统就是指在物流运营过程中,通过物流技术的改善和物流管理水平的提高来降低和控制物流成本。物流管理是一项技术性很强的管理工作,要降低物流成本,必须从物流技术上下功夫。具体地说,物流成本控制的技术措施主要包括提高物流服务的机械化、集装箱化和托盘化；改善物流途径，缩短运输距离；扩大运输批量，减少运输次数，提高共同运输的程度；维护合理库存，管好库存物资，减少物资毁损等。物流成本控制是物流成本管理的中心环节。

7.1.1 物流成本日常控制的内容

除通过预算管理、本量利分析、责任中心管理等成本控制技术进行物流成本管理之外，在日常的物流运营过程中，也需要通过各种物流管理技术和方法，来提高物流效率，达到物流成本降低的目的。在实际工作中，物流成本的日常控制可以按照不同的对象进行。一般来说，物流成本的日常控制对象可以分为以下几种主要形式。

1）以物流成本的形成过程作为控制对象，即从物流系统（或企业）投资建立、产品设计（包括包装设计）、材料物资采购和存储、产品制成入库和销售，一直到售后服务，凡是发生物流成本费用的各个环节，都要通过各种物流技术和物流管理方法，实施有效的成本控制。

2）以包装、运输、储存、装卸、配送等物流功能作为控制对象，也就是通过对构成物流活动的各项功能进行技术改善和有效管理，从而降低其所消耗的物流成本费用。

除以上两种成本控制对象划分形式之外，物流系统还可以按照各责任中心（运输车队、装卸班组、仓库等）、各成本发生项目（人工费、水电气费、折旧费、利息费、委托物流费等）等进行日常的成本控制，而这些成本日常控制的方式往往是建立在前面所述的物流成本管理系统的各种方法基础上的，需要与物流成本的经济管理技术有效结合起来运用。

7.1.2 物流成本的全过程控制理念

物流成本控制应贯穿企业生产经营的全过程。物流技术的改善、物流管理方法的改变及物流信息系统的运用等，都是为了提高物流服务水平和降低物流成本。因此，在物流技术的应用和物流管理过程中，实施全过程、全员参与的物流成本管理是有必要的。例如，在物流技术装备的改善决策中，要注意分析装备改善前的物流服务质量水平和物流服务成本水平，以及其实施改善后的水平是怎么样的，从而得到正确的物流决策。在日常的物流运作过程中，也要注意每项物流作业的物流服务成本水平，通过物流成本分析，不断对作业进行改善。

物流成本控制按控制的时间来划分，可分为物流成本事前控制、物流成本事中控制和物流成本事后控制3个环节。

1．物流成本事前控制

物流成本事前控制是指在进行物流技术或物流管理改善前，预测各种决策方案执行后的物流成本情况，对影响物流成本的经济活动进行事前的规划、审核，确定目标物流成本。它是物流成本的前馈控制。

2．物流成本事中控制

物流成本事中控制是在物流成本形成过程中，随时对实际发生的物流成本与目标物流成本进行对比，及时发现差异并采取相应措施予以纠正，以保证物流成本目标的实现。它是物流成本的过程控制。

物流成本事中控制应在物流成本目标归口分级管理的基础上进行,严格按照物流成本目标对一切生产经营耗费进行随时随地的检查审核,把可能产生损失、浪费的苗头消灭在萌芽状态,并且把各种成本偏差的信息及时地反馈给有关的责任单位,以利于及时采取纠正措施。

3. 物流成本事后控制

物流成本事后控制是在物流成本形成之后,对实际物流成本的核算、分析和考核。它是物流成本的后馈控制,也是对各项物流决策正确性和合理性做出事后评价的重要环节。

物流成本事后控制通过对决策执行前和决策执行后发生的实际物流成本进行比较,也可以和预计的物流成本或其他标准进行比较,确定物流成本的节约或浪费水平,并进行深入的分析,考虑决策的正确性,查明物流成本节约或超支的主客观原因,确定其责任归属,对物流成本责任单位进行相应的考核和奖惩。通过物流成本分析,为日后的物流成本控制提出积极改进意见和措施,进一步修订物流成本控制标准,改进各项物流成本控制制度,以达到降低物流成本的目的。

7.1.3 物流成本日常控制的基本程序

一般来说,针对某项活动或者某个环节的物流成本控制应包括以下几项基本程序。

1. 制定成本标准

物流成本标准是物流成本控制的准绳,是对各项物流成本开支和资源耗费所规定的数量限度,是检查、衡量、评估实际物流服务成本水平的依据。物流成本标准应包括物流成本计划中规定的各项指标,这些指标通常都比较综合,不能满足具体控制的要求,这就必须制定一系列具体的标准。确定这些标准可以采用计划指标分解法、预算法、定额法等。在采用这些方法确定物流成本标准时,一定要进行充分的调查研究和科学计算,同时还要正确处理物流成本指标与其他技术经济指标的关系(如和质量、生产效率等的关系),从完成企业的总体目标出发,经过综合平衡,防止片面性,必要时还应进行多种方案的择优选用。

2. 监督物流成本的形成

这就是根据控制标准,对物流成本形成的各个项目,经常地进行检查、评比和监督。不仅要检查指标本身的执行情况,而且还要检查和监督影响指标的各项条件,如物流设施设备、工具、工人技术水平、工作环境等,所以物流成本日常控制要与企业整体作业控制等结合起来进行。

物流相关费用的日常控制不仅要有专人负责和监督,而且要使费用发生的执行者实行自我控制,还应当在责任制中加以规定。只有这样,才能调动全体员工的积极性,使成本的日常控制有群众基础。

3. 及时揭示并纠正不利偏差

揭示物流成本差异也就是核算确定实际物流成本偏离标准的差异,分析差异的成因,明确责任的归属。针对物流成本差异发生的原因,分析情况的轻重缓急,提出改进措施,加以贯彻执行。对于重大差异项目的纠正，一般采用下列步骤。

1）提出降低物流成本的课题。从各种物流成本超支的原因中提出降低物流成本的课题。这些课题首先应当是那些成本降低潜力大、各方关心、可能实行的项目。提出课题的要求，包括课题的目的、内容、理由、根据和预期达到的经济效益。

2）讨论和决策。课题选定以后，应发动有关部门和人员进行广泛研究和讨论。对重大课题，可能要提出多种解决方案，然后进行各种方案的对比分析，从中选出最优方案。

3）确定方案实施的方法、步骤及负责执行的部门和人员。

4）贯彻执行确定的方案。在执行过程中要及时加以监督检查。方案实施以后，还要检查其经济效益，衡量是否达到了预期的目标。

要点解析：物流作业与物流管理人员的成本降低意识

4. 评价和激励

评价物流成本目标的执行结果，根据物流成本绩效实施奖惩。

7.2 以物流功能为对象的物流成本控制

7.2.1 运输成本的控制

运输是物流系统中的核心功能。运输成本控制的目的是使总运输成本最低，但又不影响运输的可靠性、安全性和快捷性要求。运输成本的组成内容主要包括人工费、燃油费、运输杂费、运输保险费、外包运输费等。据日本有关部门的统计，企业为进行运输活动而支付的费用占物流成本总额的53%以上。影响运费的因素很多，主要有商品运输量、运输工具、运输里程、装卸技术改进程度和运输费率等。因此，运输成本控制要根据不同的情况采取不同的措施。

§ 相关链接

以公司自营汽车运输成本为例，分析运输成本的计算对象和计算单位。如果公司运输车型多，根据管理需要，可以将其按不同燃料和不同类型分类，作为成本计算对象。如果车型少，可以直接一并计算。汽车运输成本的计算单位是实际运输货物的吨数与运距的乘积，常常用"吨公里"表示。为了计量方便，运输成本的计算单位也可以用"万吨公里"表示。

1. 减少运输环节，节约成本

运输是物流过程中的一个主要环节，围绕着运输活动，还要进行装卸、搬运、包装等工作，多一道环节，须多花费劳动，增加不少成本。因此，在组织运输时，对有条件直运的，应尽可能采用直运，减少中间环节，使物资不进入中转仓库，越过不必要的环节，由产地直接运到销地或用户，减少二次运输。同时，更要消除相向运输、迂回运输等不合理现象，以便减少运输里程，节约大量的运费开支。

对于一些特定的制造企业，如日化业、医药业、电子业等，其产品产量大，品种比较固定，包装比较规范，这些企业的产品销售物流是很重要的，物流的合理组织将会给企业节约大量的成本。目前，许多制造企业对原有的仓储场地进行改造之后，建设了大型的多功能物流中心，通过物流中心的组织，对原有的销售渠道和销售网络进行重新整合，实现了销售物流的合理化。

制造企业的传统分销渠道一般都是长而复杂的，一般来说，产品只有经过一级批发商和二级批发商才能到零售商手中。在这种情况下，制造商有时很难确切地掌握其产品处于分销过程中的数量，因为批发商在经销产品时彼此是独立的，所以又长又复杂的分销渠道实际上阻碍了制造商对产品最终销售情况的有效跟踪。这种信息上的滞后性又反过来使制造商不能及时根据消费者喜好的变化调整生产，这样，制造商就会面临产品生产过剩的风险。所以，对于制造商来说，为了获得分销过程中的即时信息，尽可能缩短分销渠道是非常重要的。通过建立大型物流中心，可以把原来的复杂分销渠道简化，一方面，可以及时有效地跟踪产品销售信息；另一方面，也促进了销售物流的更加合理化。

图 7-1 反映了大型制造企业或分销企业物流网络发展的一种趋势。

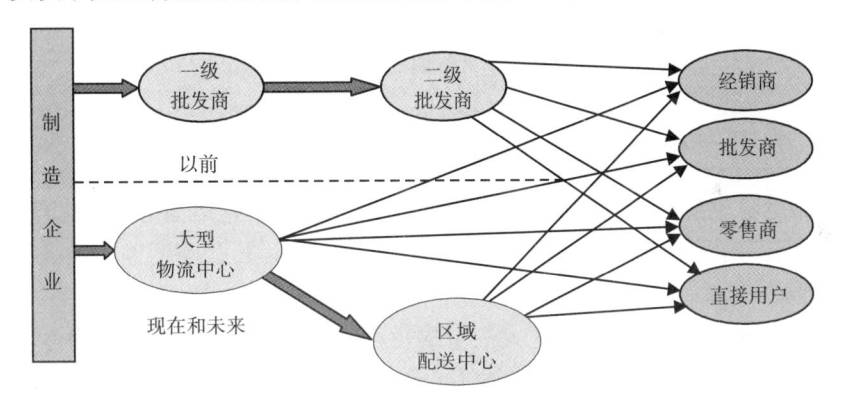

图 7-1　制造企业销售物流网络的发展

应用案例

日本的花王公司是一家生产香皂、洗发水、卫生用品等日用必需品的制造商，被认为是物流系统最优秀的制造企业之一。花王按照"次日交货"的策略向批发商和零售商供应产品。假如，一个零售商订购不到一箱的产品，无论它在日本的哪个地方，花王都会在第二天将货送到。花王建立了几个大型物流中心，取代以前那些小而分散的配送中心，以保证优良的服务水平。由于供应范围广，物流中心的规模必然很大，只有实现自动化作业才能提高效率，作业人员也尽量缩减到最少。由于代表当今先进水平的信息系统运用于供应作业中，从零售终端过来的订单可立即传输给物流中心。关于订购的所有产品的信息都能直接转给工厂，生产计划做到了合理化。

花王通过设立销售代理公司来代替批发商，使分销渠道合理化。以前，一个传统批发商经销的产品不止花王一家，而销售代理公司专门经销花王的产品。花王原先在每个商业地区都单独设立这样的销售代理,但以后逐渐被调整为一个综合销售体系。现在,全日本有20个花王的销售代理,零售商购买的花王产品的70%出自那里。花王通过信息系统与它们联网,及时了解当前的销售状况。这种实时信息使生产变得富有效率。

2. 合理选择运输方式和运输工具

对于不同货物的形状、价格、运输批量、交货日期、到达地点等,都有与之相对应的适当运输工具。运输工具的经济性与迅速性、安全性、便利性之间存在相互制约的关系。因此,在目前多种运输工具并存的情况下,在控制运输成本时,必须注意根据不同货物的特点及对物流时效的要求,对运输工具所具有的特征进行综合评估,以便做出合理选择运输工具的策略。一般来说,空运比较贵,公路运输次之,铁路运输便宜,水运最廉价。因此,在保证物流时效、不使商品损失的情况下,应尽可能地选择廉价的运输工具。表 7-1 为选择运输方式的一般原则。

表7-1 选择运输方式的一般原则

货物属性	空 运	水 运	铁 路	公 路
时限	短	没有时限要求	长	中
价值	高价值	低价值	均可	均可
体积/重量	轻货	均可	均可	均可
运距	600公里以上	长距离	200公里以上	中短程

1)公路运输主要承担近距离、小批量的短途运输。公路运输的主要优点是灵活性强,可以实现"门到门"的运输,而无须运转或反复装卸搬运。公路运输的经济半径,一般在200公里以内。

2)铁路运输主要承担长距离、大数量的货运,是在干线运输中起主力运输作用的运输形式。铁路运输的优点是速度快,运输不大受自然条件限制,载运量大,运输成本较低。铁路运输的主要缺点是灵活性差,只能在固定线路上实现运输,需要以其他运输手段配合和衔接。铁路运输经济里程一般在200公里以上。

3)水运运输主要承担大批量、长距离的运输,是在干线运输中起主力作用的运输形式。水运运输的主要优点是成本低,能进行低成本、大批量、远距离的运输。水运运输的缺点是运输速度慢,受港口、水位、季节、气候影响较大。

4)空运运输的单位成本很高,因此,主要适合运载的货物有两类:一类是价值高、运费承担能力很强的货物,如高档贵重产品等;另一类是紧急需要的物品。空运运输的主要优点是速度快,不受地形的限制。在火车、汽车都达不到的地区也可利用空运运输,因而空运运输有重要意义。

运输方式的选择不仅要考虑运输成本的因素,还要涉及客户服务要求、货物种类,以及与库存成本之间的关系等。图 7-2 反映了影响运输方式选择的主要因素。

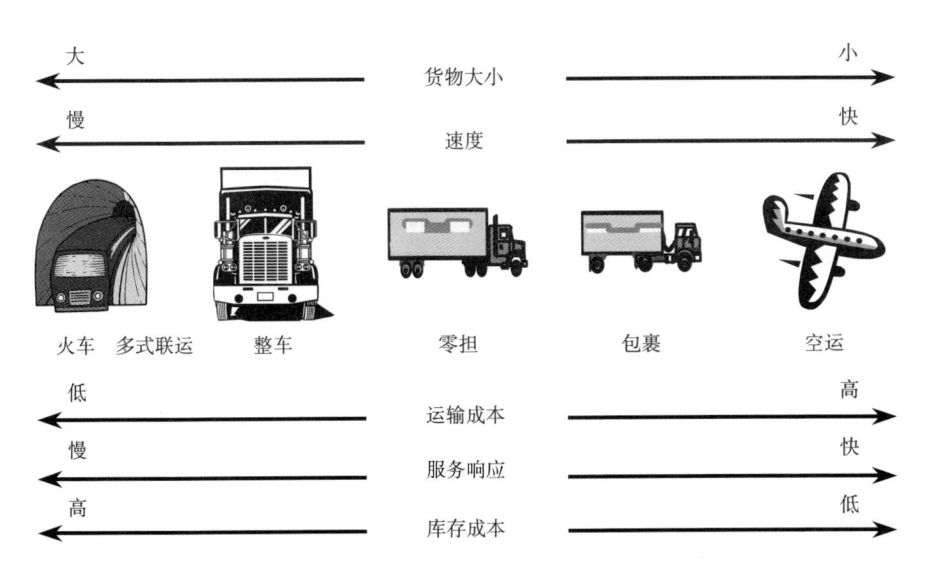

图 7-2　影响运输方式选择的主要因素

> **相关链接**
>
> 目前，我国各种运输方式的技术速度分别为：铁路 80~160 公里/小时，海运 10~25 海里/小时，河运 8~20 公里/小时，公路 80~120 公里/小时，航空 900~1 000 公里/小时。从经济性的角度看，一般认为，距离在 300 公里以内主要选择公路运输，300~500 公里主要选择铁路运输，500 公里以上则尽可能选择水路运输。

3．合理选择运输组织模式

企业可以选择自营运输，也可以选择外包运输业务。而对于不同的产品，由于客户需求特点的不同，以及货物价值量大小的不同，在仓储和运输模式的选择上也会有很大的不同。表 7-2 和表 7-3 反映了在不同条件下运输的组织模式的选择。

表 7-2　自营或外包运输业务的选择

客　　户	短 距 离	中 距 离	长 距 离
高密度	自有车队巡回运输	转运巡回运输	转运巡回运输
中密度	第三方巡回运输	零担承运人	零担或包裹承运人
低密度	第三方巡回运输或零担承运人	零担或包裹承运人	零担或包裹承运人

表 7-3　不同类型产品的运输和库存组织模式选择

产品类型	高 价 值	低 价 值
需求大	分散周转库存，集中安全库存，采用便宜的运输方式补充周转库存，采用快速运输方式补充安全库存	分散所有库存，采用便宜运输方式补充库存
需求小	集中所有库存，采用快速运输方式履行客户订单	只集中安全库存，采用便宜运输方式补充周转库存

4．通过合理装载，降低运输成本

在单位运输费用一定时，通过改善装载方式，提高装载水平，充分利用运输车辆的容积和额定载重量，可以使单位运输成本降低，最终减少总运输成本。合理的装载方式包括以下几种。

（1）拼装整车运输

整车运输和零担运输运价相差较大，进行拼装整车运输可以减少部分运输费用。拼装整车运输的做法有：

- 零担货物拼整车直达运输。
- 零担货物拼整车接力直达运输。
- 整车分卸。
- 整装零担。

（2）轻重配载

将重量大、体积小的货物与重量小、体积大的货物组装，可充分利用运输工具的装载空间和载重定额，提高运输工具使用效率。

（3）解体运输

对体积大、笨重、不易装卸、易损坏的货物，可拆卸装车，分别包装。这样既缩小占据的空间，又易于装卸和搬运，可以提高运输效率。例如，自行车之类的商品以零件的形式进行运输，到了消费地再进行组装和销售。再如，品牌台式电脑的销售物流，也可以采用解体运输方式。

（4）多样堆码

根据运输工具的货位情况、所载货物的特点，采取不同的堆码方式，如多层装载等，以便提高运输工具的装载量。

（5）利用组合运输，减少空载

运输中经常存在回程空载现象，这样，运输同一批货物到同一地点，就多花了一倍的费用。在运输工具回程前，通过各种方式安排好回程的货物，尽可能地利用回程车辆进行运输，以减少运输成本。

应用案例

日本花王公司通过商品组合运输系统解决了货车返程途中的空载问题。开始时，花王公司主要与其原材料供应商进行组合运输，即花王公司将商品从工厂或总公司运抵销售公司后，与当地供应商联系，将生产所需的原材料装车运回工厂。后来，商品运输组合的对象范围逐渐扩大，其他企业都可以利用花王公司的车辆运载货物。例如，静冈花王每天早上 8 点钟卸完货物后，就装载清水公司的拉面或者机电产品零部件，运送到清水公司位于东京的客户批发店。现在，参与花王组合运输的企业达到 100 多家，花王工厂与销售公司之间近 80%的货物都进行了组合运输。

5. 运用现代技术降低运输成本

各种新技术在物流实践中得到推广使用，也可以使运输成本得到降低。

（1）托盘化运输

全程以托盘作为单元货载进行运输，可以缩短运输中转时间、加快中转速度，同时可以提高实际操作的可靠性和机械化程度。

（2）集装箱化运输

集装箱作为现代运输的重要载体，既是一种包装容器，又是一种有效的运输工具。通过集装箱运输可以提高装载效率、减轻劳动强度，起到强化外包装的作用，节约大量商品包装费用和检验费用，并防止货损货差。

（3）特殊运输工具和运输技术

新运输技术和运输工具的运用，解决了许多运输难题。例如，专用散装罐车使粉状、液态状运输损耗大、安全性差的问题得到解决；集装箱高速直达车船加快了运输速度。

阅读材料：广东某物流企业装卸搬运成本分析

> **应用案例**
>
> 日本花王公司为了实现工厂仓库和销售公司仓库自动机械化的连接，开发出了特殊车辆。这种特殊车辆是能装载14.5吨货物的重型货车，能装载20个Ⅱ型平托盘，并用轻型铝在货车货台上配置了起重装置。后来，花王公司又开发了能装载19吨货物、4个平托盘的新型货车、特殊架装车和集装箱运输车。特殊运输工具的开发对花王公司运输系统的成功运作发挥了重要作用。

> **相关链接**
>
> 为使一贯制的托盘化运输取得成功，需要发货单位、物流业者和托盘租赁者共同努力，公正地分配有关投资费用和收益。从这个角度看，托盘租赁业是解决一贯制托盘化运输的一个关键所在。

6. 运用线性规划、非线性规划技术制订最优运输计划，实现运输优化

在物流过程中，运输组织问题是很重要的。例如，某产品现由某几个企业生产，又要供应某几个客户，怎样才能使企业生产的产品运到客户所在地时达到总运费最小的目标？在企业到消费地的单位运费和运输距离，以及各企业的生产能力和消费量都已确定的情况下，可用线性规划技术来解决运输的组织问题；如果企业的生产量发生变化，生产费用函数是非线性的，就应使用非线性规划来解决。属于线性规划类型的运输问题，常用的方法有单纯形法和表上作业法。

7. 搞好自有运输工具的维修、保管和管理工作，严格控制各项费用支出

要加强运输途中的物品保管工作，减少运输途中损耗。

7.2.2 仓储成本的控制

在物流活动中，仓储的任务是对供应和需求之间在时间上的差异进行调整。对于使用自备仓库的仓储活动，其相关的仓储成本主要是仓库维护费、出入库和库存的操作费、仓库折旧费、存货占用资金的利息等；如果租用营业仓库，则仓储成本主要是仓库使用费和存货占用资金的利息。仓储成本控制的目标就是要实现货物的合理库存，不断提高保管质量，加快货物周转，发挥物流系统的整体功能。储存成本管理的一个重要方面，是要研究保管的货物种类和数量是否适当。高价商品长期留在仓库中，就会积压资金。若是银行贷款，还要负担利息支出。而过分地减少储存量，虽对减少利息负担有利，但对客户的订货来说又有脱销的危险，这也会失去盈利的机会。由此可见，保管成本控制也是物流成本控制的一项重要内容。一般来说，仓储保管成本控制应抓好如下工作。

1. 优化仓库布局，减少库存点

目前，许多企业通过建立大规模的物流中心，把过去零星的库存集中起来进行管理，对一定范围内的用户进行直接配送，这是优化仓储布局的一个重要表现。需要注意的是，仓库的减少和库存的集中，有可能增加运输成本，因此，要从运输成本、仓储成本和配送成本的总和角度来考虑仓库的布局问题，使总物流成本达到最低。

> **应用案例**
>
> 耐克非常注重其物流系统的建设，密切跟踪国际先进的物流技术的发展，及时对其系统进行升级。耐克的物流系统在20世纪90年代初期就已经非常先进，近年来更得到了长足的发展，可以说其物流系统就是一个国际领先的、高效的货物配送系统。
>
> 耐克在全球布局物流网络，在美国有三个配送中心，其中有两个在孟菲斯。在田纳西州孟菲斯市的耐克配送中心，启用于1983年，是当地最大的自有配送中心。作为扩张的一部分，耐克建立了三层货架的仓库，并安装了新的自动补货系统，使得耐克能够保证在收到用户订单后48小时内发出货物。耐克在亚太地区生产出的产品，通过海运经西海岸送达美国本土，再利用火车经其铁路专用线运到孟菲斯，最后运抵耐克的配送中心。所有的帽子、衬衫等产品都从孟菲斯发送到美国各地，每天要发送35万~50万单位的衣物。
>
> 除在美国外，耐克在欧洲也加强了物流系统建设。耐克在欧洲原有20多个仓库，分别位于20多个国家。这些仓库之间是相互独立的，使得耐克的客户服务无法做得非常细致。另外，各国家的仓库只为本国的销售备货，也使其供货灵活性大打折扣。经过成本分析，耐克决定关闭其所有的仓库，只在比利时Meerhout建造一个配送中心，负责整个欧洲和中东的配送供给。该中心于1994年开始运营，后来随着耐克在欧洲市场的迅速扩大，流量很快就超出了配送中心的供应能力，耐克决定扩建其配送中心。耐克与德勒公司共同制订了欧洲配送中心建设、设计和实施的运营计划。其配送中心有着一流的物流设施、物流软件及RF数据通信，从而使其能将产品迅速地运往欧洲各地。

2. 自有仓库与租用仓库的战略选择

企业需要仓库存货，可以自建也可以租用仓库。在这两者中怎样选择，才能使制定的仓库战略既经济又合理呢？可以从以下几个方面考虑仓库战略的选择。

（1）仓库的满仓率

一般来说，仓库全年满仓的可能性很小，有75%~85%的时间不满仓。而仓库往往按照满仓的要求来设计，于是未满仓的部分就浪费了。因此，自营仓库只要能够满足最大需求量的75%左右即可，在仓库使用高峰期，租用仓库更经济。

（2）作业灵活性

作业灵活性是指仓库调整仓储策略和作业程序以满足产品和客户需求的能力。自营仓库往往对所有客户都采用同一仓储政策和作业程序，灵活性差。所以当仓库作业灵活性要求高时，应选择租用仓库。

（3）地点灵活性

地点灵活性包括：在需要更多仓库时，能使用到所需仓库；在淡季时，可以不必负担额外的仓储费用；改变仓库位置时，基本不发生转换成本。租赁、合同仓库具有更大的地点灵活性，不需要企业投入大量的资金，在需要时支付租金即可。

（4）规模经济效应

高流量的仓库更能够利用先进技术来降低材料搬运和储存成本，发挥规模经济效应。租赁、合同仓库一般拥有更大规模，具有这方面的优势。

（5）特殊仓储技术

有些产品（如药品、化学品）仓储时，需要专业存储人员或专门设备。这时，自营仓库可能是唯一可行的选择方案。当然，现在也有一些专业物流公司为客户提供专门的行业性物流服务。

（6）其他因素

选择仓库战略时还要考虑其他一些因素，如拥有自营仓库可能产生的增值收益；仓库空间在未来某个时间可能转为他用，改为生产设施等；仓库还可以作为销售部门、自营车队、运输部门和采购部门的服务基地等。

一般而言，企业既自建仓库又适当租赁仓库是一种不错的选择，这样既满足了各方面需求，又能节约成本。

3. 采用现代化库存计划技术来控制合理库存量

采用物料需求计划（MRP）、制造资源计划（MRPⅡ）、及时制（JIT）生产和供应系统等，可以合理地确定原材料、在制品、半成品和产成品等每个物流环节的最佳库存量，在现代物流理念下指导物流系统的运行，使存货水平最低、浪费最少、空间占用最小。

4. 运用存储论确定经济合理的库存量，实现货物存储优化

货物从生产到到达客户之间需要经过几个阶段，几乎在每个阶段都需要存储。究竟在每个阶段库存量保持多少为合理呢？为了保证供给，隔多长时间补充库存？一次进货多少才能达到费用最省的目的？这些都是确定库存量的问题，也都可以在存储论中找到解决的方法。其中应用较广泛的方法是经济订购批量模型，即EQQ模型及其模型的扩展。

> **应用案例**
>
> 联合加工公司在美国南部和西部的农场收购并加工各种水果和蔬菜。由于气候等因素的影响，美国东部和中西部地区会在当地生长期到来之前对该公司加工的某些产品有很强的需求。因此，公司须在北部地区收获季节来临之前就收购这些农产品，并在销售旺季到来之前形成供应能力。以前，公司将农产品用卡车运往销售地之前，先在产地进行存储，后来改用运输时间较长的铁路运输，在很多情况下，公司可在作物收获以后立即装运，而产品抵达市场时需求旺季刚好开始。铁路运输的过程起到了仓储的作用，使仓储成本和运输成本都大大降低。

5. 库存管理中采用 ABC 分类管理法

利用 ABC 分类管理，可以做好库存物品种类的重点管理和库存安排，提高保管效率。ABC 分类管理法符合"抓住关键少数""突出重点"的原则，是库存成本控制中一种比较经济合理的常用方法。对于品种少但占用资金额高的 A 类货物，应作为重点控制对象，严格逐项控制，而 B 类货物作为一般控制对象，根据不同情况采取不同的措施，对于 C 类货物，则不作为控制的主要对象，一般只需要采取一些简单的控制方法即可。

（1）A 类货物的常用管理策略
- 每件产品皆编号。
- 尽可能慎重正确地预测需求量。
- 少量采购，尽可能在不影响需求下减少库存量。
- 请出货单位合作，使出库量平准化，以降低需求变动，减少安全库存量。
- 与供应商协调，尽可能缩短前置时间。
- 采用定期订货的方式，对其存货做定期检查。
- 严格执行盘点，每天或每周盘点一次，以提高库存精确度。
- 对交货期限须加强控制，在制品及发货亦须从严控制。
- 货品放置在易于出入库的位置。
- 实施货品包装外形标准化，增加出入库单位。
- 采购经高层主管核准。

（2）B 类货物的常用管理策略
- 采用定量订货方式，但对前置时间较长或需求量有季节性变动趋势的货品宜采用定期订货方式。
- 每两三周盘点一次。
- 中量采购。
- 采购经中级主管核准。

（3）C 类货物的常用管理策略
- 采用复仓制或定量订货方式以求节省手续。
- 大量采购，以利于在价格上获得优待。

- 简化库存管理手段，减少或废止此类管理人员，并尽量废除料账、出库单及订购单等单据，以最简单的方式管理。
- 安全库存量须较大，以免发生存货短缺事件。
- 可交由现场保管使用。
- 每月盘点一次即可。
- 采购仅经基层主管核准。

A、B、C 三类货物库存管理方法的比较如表 7-4 所示。

表7-4　A、B、C 三类货物库存管理方法的比较

管理项目	A 类货物	B 类货物	C 类货物
定额的综合管理	按品种甚至按照规格	按大类品种	按该区总金额
消耗定额	技术计算法	现场查定法	经验估算法
周转库存定额	按库存量不同条件下的数学模型计算	按库存量不同条件下的数学模型计算	经验统计法
检查	经常检查	一般检查	按季度或年度检查
统计	详细统计	一般统计	按总金额统计
控制	严格控制	一般控制	按金额总量控制
安全库存量	较低	较大	允许较高

6．加强仓库内部管理，降低日常开支

在保证货物质量安全的情况下，更好地堆放和储藏物品，以节约保管费用；提高仓库与仓储设备的利用率，掌握好储存额的增减变化情况，充分发挥仓库使用效能；提高保管人员对通风、倒垛、晾晒工作的效率，减少临时工工资的支出；在物品保管中所需保养、擦油、防虫药剂、托保、代保及仓库小修等费用支出，均须纳入计划，节约使用；做好仓库盘点工作，尽可能地减少货物损失等。

阅读材料：永川人人乐超市物流仓储成本研究

> **§ 相关链接**
>
> 为了维护存储货物的品质，减少损坏变质，设计仓库时要考虑温度、湿度、光线等自然因素对货物的影响，灰尘、公害、虫害等问题，临近货物之间的相互影响，货物重量影响和卡片放置情况，有效存储期及其保证，防水、防火、防盗措施及设备，除锈措施及对酸、碱、盐的防护，货物搬运是否方便、照明设备是否合理等。

7.2.3　配送成本的控制

为了提高对客户的服务水平，越来越多的企业建立了配送中心，进行配送作业，但是配送作业的实施往往会带来成本的居高不下，从而使企业的竞争力降低。因此，对配送成本的控制就显得非常重要。对配送成本的控制从配送中心选址、配送中心内部的布局开始，一直到配送运营过程。配送中心的选址实际上也就是仓库的选址，它涉及配送的范围和配

送路线等，对配送成本的影响很大。对配送成本的日常控制方法还包括以下几个方面。

1. 配送中心的合理选址

配送中心的选址首先要考虑诸多非量化的因素，除此之外，还要利用配送成本最低的原理，进行定量的分析。配送中心的选址方法有方案比较法、分等加权评分法、坐标分析法、线性规划模型法等。仓库选址的基本思想是在满足整体布局及其他要求的基础上达到配送费用最小。用公式表示为：

$$\min C(x,y) = \sum_{i=1}^{n} W_i \cdot \sqrt{(x_i-x)^2 + (y_i-y)^2}$$

式中　　C——配送总成本；
　　　　(x, y)——配送中心的坐标位置值；
　　　　(x_i, y_i)——各个配送客户的坐标位置，$i=1, 2, \cdots, n$；
　　　　W_i——各客户在一定时期内的材料需要量。

2. 优化配送作业，降低配送成本

优化配送作业的主要手段有混合配送、差异化配送、共同配送等。混合配送作业是指部分配送作业由企业自身完成，另一部分外包给第三方，这种混合配送作业可以合理安排配送任务，使配送成本达到最小。差异化配送是指按产品的特点、销售水平，来设置不同的配送作业，即不同的库存、不同的配送方式和不同的储存地点。例如，对 A、B、C 三类物资采用不同的配送作业。共同配送是一种战略运作层次上的共享，它是几个企业联合，集小量为大量，共同利用同一配送设施的配送方式。

阅读材料：浅谈申通物流成本控制

3. 运用系统分析技术，选择配送线路，实现货物配送优化

配送线路是指各送货车辆向各个客户送货时所要经过的路线，它合理与否，对配送速度、车辆的利用效率和配送费用都有直接影响。

合理配载以后，应选择适当的配送路线，按顺序把货物送到用户手中。其目标是要在保证生产供应的前提下，实现运输的距离最短，运输的费用最省。合理配载和运输路线的选择并不是相互孤立的。在进行配载时，不但要考虑货物的品种、数量、重量、体积等因素，还要充分考虑运输路线的因素。

配送路线的选择可以采用 0-1 规划法和节约法。节约法是将车辆的配载和运输路线的选择结合在一起进行考虑的一种方法。

4. 通过自动化技术，提高配送作业效率

配送作业包括入库、保管装卸、备货、分拣、配载、发货等作业环节。入货和发货效率的提高可以通过条形码技术和便携式终端性能的提高来实现；在保管和装卸作业中，也可以通过自动化技术来降低人工成本，并实行作业的标准化；备货作业的自动化是比较难的，备货自动化中最常用的是数码备货，这是一种不使用人力而是借助于信息系统有效地

进行作业活动的方法，具体地说，就是在信息系统接受客户订货的基础上，向分拣员发出数码指令，从而按照指定的数量和种类正确迅速地备货。

5. 建立通畅的配送信息系统

在配送作业中，需要处理很大的数据量。配送中心内部成本降低的主要手段是借助通畅的信息系统，导入自动化仪器，力图做到配送中心作业的机械化和自动化，节约人力资源成本，简化订发货作业，制订最佳的配载计划和配送路线，最终降低配送成本。

阅读材料：关于药品物流配送成本的研究

7.2.4 包装成本的控制

一般来说，包装可以认为是生产环节的终点，又是销售物流的起点。企业生产的产品只有在销售给用户时才具有使用价值，为了确保使用价值不受影响并吸引用户购买，需要对产品进行包装和对外观进行必要的装潢，但是不能华而不实造成浪费。

一般来说，包装成本控制应采取如下几项措施：

- 所有包装物品购入时，主管部门必须登账掌握，根据领用凭证发料，并严格控制使用数量，以免造成损失、浪费。
- 各使用部门应按需要时间提出使用数量计划，交主管部门据以加工、购置，如逾期没计划或数字庞大造成浪费或供应不及时，均应追究责任。
- 要加强包装用品规格质量的验收和管理，注意搞好包装用品的回收利用。
- 在保证商品在运输、装卸、保管、销售过程中质量、数量不受损失的前提下，适当采用一些包装代用品，选择质好价廉的包装材料，节约费用开支。
- 要加速包装物的周转，延长使用年限和使用次数，消除浪费现象。
- 根据产品的特点、运输的远近，研究包装物的要求，改善包装方法。
- 了解用户情况，改进不必要的装潢，力求包装简单化、朴素化。

7.3 以物流成本形成过程为对象的物流成本控制

7.3.1 投资阶段的物流成本控制

投资阶段的物流成本控制主要是指企业在厂址选择、设备购置、物流系统布局规划等过程中对物流成本进行的控制，其内容如下。

1. 合理选择厂址

厂址选择合理与否，在很大程度上决定了以后物流成本的高低。例如，把廉价的土地使用费和人工费作为选择厂址的第一要素时，可能在远离原料地和消费地的地点建厂，这对物流成本的高低会造成很大的影响。除运输距离长以外，还需要在消费地点设置大型仓库，而且运输工具的选择也受到了限制。如果在消费地附近有同行业的企业存在，在物流成本上就很难与之竞争，即使将人工费和土地使用费的因素考虑在内，也很难断定是否有利。所以工厂选址时应该重视物流这一因素，事先要做好可行性研究，谋求物流成本的降低。

2. 合理设计物流系统布局

物流系统布局的设计对于物流成本的影响是非常大的，特别是对于全国性甚至全球性的物流网络设计而言，如何选择物流中心和配送中心的位置、运输和配送系统的规划、物流运营流程的设计等，对于整个系统投入运营后的成本耗费有着决定性的影响。在物流系统布局规划时，应通过各种可行性论证，比较选择多种方案，确定最佳的物流系统结构和业务流程。图 7-3 是大型制造或分销企业物流系统规划的基本结构模式。

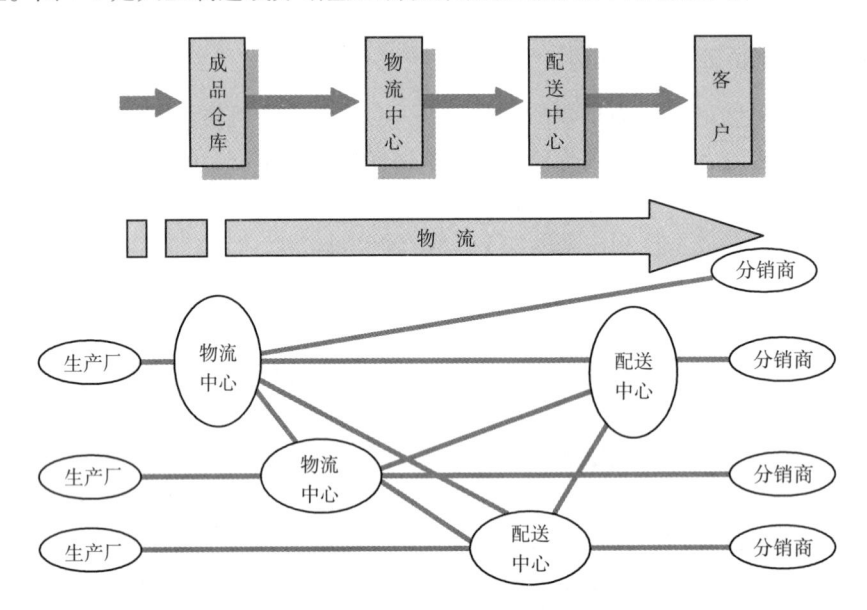

图 7-3　大型制造或分销企业物流系统规划的基本结构模式

3. 优化物流设备投资

优化物流设备投资是为了提高物流工作效率和降低物流成本，企业往往需要购置一些物流设备，采用一些机械化、自动化的措施。但在进行设备投资时，一定要注意投资的经济性，要研究机械化、自动化的经济临界点。对于一定的物流设备投资来说，其业务量所要求的条件必须适当。一般来说，业务量增加时，采用机械化和自动化有利，依靠人工作业则成本提高。相反，如果超过限度搞自动化，那么将不可避免地增大资金成本，同样是不可取的。表 7-5 是某配送中心设施设备配置规划案例，该配送中心物流设备投资估算总计为 1 763.84 万元。

表 7-5　某配送中心设施设备配置规划案例

序号	设备名称	规格型号	数量	单价（万元）	小计（万元）
1. 自动仓库（AS/RS）					770.456
1.1	堆垛机	H=22m，Q=500kg	4 台	（略）	（略）

续表

序 号	设备名称	规格型号	数 量	单价（万元）	小计（万元）
1.2	货架	组合式货架	7 392 货位		
1.3	出入库输送系统				
	辊子输送机	L=1 350~2 750	31 台		
	链式输送机	L=1 400~3 000	14 台		
	链式升降台	L=1 485	18 台		
	称重装置	成品	1 套		
	尺寸检测系统		1 套		
	输送机控制系统		1 套		
1.4	托盘	塑木托盘	7 392 个		
2. 托盘货架区					138.696
	货架	组合式货架	2 112 货位		
	前移式电动叉车	6m/t	3 台		
	升降式拣选车	2m/t	3 台		
	托盘	塑木托盘	2 112 个		
3. 流动货架储存区					96.968
	货架	组合式货架	1 008 货位		
	料箱	600×400×300	4 032 个		
	人力拣选车		5 辆		
4. 搁板货架储存分拣区					698.32
	货架	组合式货架	12 960+11 880 货位		
	料箱	600×400×150	11 880 个		
	升降式拣选车	2m/t	3 辆		
	人力拣选车		10 辆		
5. 冷藏库					29.4
	制冷系统				
	电控系统				
	库体部分				
	其他				
6. 其他配套设备					30
	普通叉车	2m/t	2 辆		
	托盘搬运车		6 辆		
总　　计					1 763.84

7.3.2 产品设计阶段的物流成本控制

物流过程中发生的成本大小与物流系统中所服务产品的形状、大小和重量等密切相关，而且不仅局限于某一种产品的形态，同时还与这些产品的组合、包装形式、重量及大小有关。因此，实施物流成本控制有必要从设计阶段抓起，特别是对于制造企业来说，产品设计对物流成本的重要性尤为明显。具体地说，设计阶段的物流成本控制主要包括如下几方面的内容。

1．产品形态的多样化

耐用消费品，特别是家用电器制品，在产品的形态设计上可以考虑多样化。例如，将电炉和电风扇设计成折叠形式，就易于保管和搬运；将机床设计为带有把柄，就能为搬运和保管过程中的装卸作业提供方便。

2．产品体积的小型化

体积的大小从很大程度上决定了物流成本的高低。例如，要把一个体积大的产品装到卡车车厢里，如果这个产品的底面积占整个车厢底面积的51%，一辆卡车只能装一件，其余49%的底面积若不装其他东西，就只能空着。如果要以同样方法运两件这种产品，就需要两辆卡车，花双倍的费用。如果设计时考虑这一点，按照占卡车车厢底的50%的大小制造该产品，则一辆卡车可运两件，运输费用就可以得到有效节约。再如，洗涤剂浓缩化可降低1/3的物流成本；餐饮行业所用的调料和作料，如果由液体改制成粉末状态，也可以使配送效率成倍增长等。

3．产品批量的合理化

当把数个产品集合成一个批量保管或发货时，就要考虑物流过程中比较优化的容器容量。例如，一个箱子装多少件产品？箱子设计成多大？每个托盘上堆码多少个箱子？

4．产品包装的标准化

产品的形状是多种多样、大小不一的，大多数都在工厂进行包装。包装时通常需要结合产品的尺寸等选择包装材料。也就是说，根据产品的大小、形状，分割包装材料并进行捆包，这样做才不会浪费。但是多种多样的包装形态在卡车装载和仓库保管时，容易浪费空间。从降低物流成本的角度看，这种做法不一定是最合理的。根据物流管理的系统化观点，应该是包装尺寸规格化，形状统一化，有时即使需要增加包装材料用量，或者另外需要填充物，但总的物流成本可能降低。

从上述情况可知，产品设计阶段决定着物流的效率、物流成本的高低。这就要求在设计阶段必须扎实地掌握和分析本企业由上（零部件、原材料的供应商）到下（产品销售对象、最终需要者）的整个流程，弄清产品设计对整个物流过程各个环节所需成本的影响，从整体最优的原则出发，搞好产品设计，实施物流成本的事前控制。

7.3.3 供应阶段的成本控制

供应与销售阶段是物流成本发生的直接阶段，这也是物流成本控制的重要环节。供应阶段的物流成本控制，主要包括以下内容。

1. 优选供应商

企业进货和采购的对象很多，每个供应商的供货价格、服务水平、供货地点、运输距离等都会有所区别，其物流成本也就会受到影响。企业应该在多个供应商中考虑供货质量、服务水平和供货价格的基础上，充分考虑其供货方式、运输距离等对企业物流成本的综合影响，从多个供货对象中选取综合成本较低的供货厂家，以有效地降低企业的物流成本。

2. 运用现代化的采购管理方式

JIT 采购和供应是一种有效降低物流成本的物流管理方式，它可以减少供应库存量，降低库存成本，而库存成本是供应物流成本的一个重要组成部分。另外，MRP 采购、供应链采购、招标采购、全球采购等采购管理方式的运用，也可以有效地加强采购供应管理工作。对于集团企业或连锁经营企业来说，集中采购也是一种有效的采购管理模式。这些现代化采购管理方式的运用，对于降低供应物流成本是十分重要的。

> **应用案例**
>
> 随着供应链管理的理念和 ERP 技术在企业中的推广应用，企业物流管理的水平不断提高，通过与原材料供应商的计算机联网，把供应商也作为整个供应链管理的一个组成部分，快速及时地进行信息沟通，使企业的 JIT 生产模式与信息网络一体化。网络和信息技术的普遍应用使得 JIT 管理方式更加成熟，同时企业的物流管理水平也得到了大规模的提升。
>
> 例如，德国大众汽车公司在存货管理上采用 ABC 管理法。它把需要采购的零配件按使用的频率分为高、中、低 3 个部分，把所需要采购的零配件按所含价值量高低也分为高、中、低 3 个部分，使用频率高并且价值含量也高的零配件属于 A 类存货，需要进行重点管理，在供应上采用及时供应方式。一般来讲，对于某种需要及时供应的零配件，在提前 12 个月的时候，供方就可以通过联网的计算机得到需方的需求量信息，而这个需求量的准确性相对较差，误差约为 ±30%；在提前 3 个月的时候，供方又可以从计算机上再次得到较为准确的需求量，误差约为 ±10%；在提前 1 个月的时候，供方可以得到更准确的需求量信息，误差只有 ±1%；到供货前的 1 个星期，供方就可以获得准确的需求量。供应商在供货前几天开始生产，成品直接运输到大众汽车公司的生产线上。
>
> 由此可见，通过计算机信息网络和 JIT 技术，供应商不仅为它的用户及时供应所需零配件，而且供应商也得到相应的信息。对于需求方的制造厂商而言，这种 JIT 供应模式的应用，大大地降低了企业的原材料和零配件库存，反过来看，对于供应方制造企业而言，这种及时的信息传递及 JIT 技术也可以使企业更好地安排生产，并且降低产成品的库存量。据有关方面统计和分析，通过有效的及时供应，德国生产企业库存下降了 4%，运输成本降低了 15%。

3. 控制采购批量和再订货点

每次采购批量的大小，对订货成本与库存成本有着重要的影响，采购批量大，则采购次数减少，总的订货成本就可以降低，但会引起库存成本的增加，反之亦然。因此，企业在采购管理中，对订货批量的控制是很重要的。企业可以通过相关数据分析，估算其主要采购物资的最佳经济订货批量和再订货点，从而使得订货成本与库存成本之和最小。

4. 供应物流作业的效率化

企业进货采购对象及品种很多，接货设施和业务处理要讲求效率。例如，同一企业不同分厂须采购多种不同物料时，可以分别购买、各自进货，也可由总厂根据各分厂进货要求，由总厂统一负责进货和仓储，在各分厂需要用料时，总厂仓储部门按照固定的路线，把货物集中配送到各分厂。这种有组织的采购、库存管理和配送管理，可使企业物流批量化，减少了事务性工作，提高了配送车辆和各分厂进货工作效率。

5. 采购途耗的最省化

供应采购过程中往往会发生一些途中损耗，运输途耗也是构成企业供应物流成本的一个组成部分。运输中应采取严格的预防保护措施来尽量减少途耗，避免损失、浪费，降低物流成本。

6. 供销物流交叉化

销售和供应物流经常发生交叉，这样可以采取共同装货、集中发送的方式，把外销商品的运输与从外地采购的物流结合起来，利用回程车辆运输的方法，提高货物运输车辆的使用效率。同时，这样还有利于解决交通混乱现象，促使发货进货业务集中化、简单化，促进搬运工具、物流设施和物流业务的效率化。

阅读材料：中小连锁超市物流成本控制与优化策略分析

7.3.4 生产物流过程的成本控制

生产物流成本也是物流成本的一个重要组成部分。生产物流的组织与企业生产的产品类型、生产业务流程及生产组织方式等密切相关，因此，生产物流成本的控制是与企业的生产管理方式不可分割的。在生产过程中有效控制物流成本的方法主要包括以下几种。

1. 生产车间和生产工艺流程的合理布局

生产车间和生产工艺流程的合理布局，对生产物流会产生重要影响。通过合理布局，可以减少物料和半成品迂回运输，提高生产效率和生产过程中的物流运转效率，降低生产物流成本。

2. 合理安排生产进度，减少半成品和在制品库存

生产进度的安排合理与否，会直接或间接地影响生产物流成本。例如，生产安排不均衡，产品成套性不好，生产进度不一，必然导致库存半成品、成品的增加，从而引起物流成本的升高。生产过程中的物流成本控制，其主要措施是"看板管理方式"。这种管理方式的基本思想是力求压缩生产过程中的库存，减少浪费。

3. 实施物料领用控制，节约物料使用

物料成本是企业产品成本的主要组成部分。控制物料消耗，节约物料使用，直接关系到企业的生产经营成果和经济效益。通过物料领用的控制，可以有效地降低企业的物料消耗成本。物料的领用控制可以通过"限额领料单"（或称定额领料单或限额发料单）来进行，它是一种对指定的材料在规定的限额内多次使用的领发料凭证。使用限额领料单，必须为每种产品、每项工程确定一个物料消耗数量的合理界限，即物料消耗量标准，以此作为控制的依据。

7.3.5 销售阶段的物流成本控制

销售物流活动作为企业市场销售战略的重要组成部分，不仅要考虑物流效率、物流成本，还要考虑企业销售政策和服务水平。在保证客户服务质量的前提下，通过有效的措施，推行销售物流的合理化，以降低销售阶段的物流成本，主要包括以下措施。

1. 商流与物流相分离

在许多商品分销企业和特约经销商的产品销售流通过程中，大部分采取商流和物流管理合一的方式，即销售公司各分公司、经营部、办事处既负责产品的促销、客户订货、产品价格管理、市场推广、客户关系管理等与商品交易有关的商流业务，又负责仓储、存货管理、物品装卸、搬运、货物配送等与实物库存、移动有关的物流业务，这在企业产品和商品品种单一、经营渠道单一和信息化水平不高的条件下是有一定道理的。然而，随着公司商品品种多样化、销售渠道多元化趋势的发展和信息系统建设的逐步完善，这种管理模式将越来越不适应社会专业化大分工和市场竞争发展的需要。由于商物合一，仓库随销售业务层层设立，也导致公司物流成本居高不下、库存管理混乱、存货积压严重，同时销售费用和物流成本不易区分，也不利于各部门专业化水平的提高。

现在，商流与物流分离的做法已经被越来越多的企业所采纳。其具体做法是订货活动与配送活动相分离，由销售系统负责订单的签订，而由物流系统负责货物的运输和配送。运输和配送的具体作业，可以由自备车完成，也可以通过委托运输的方式来实现，这样可以提高运输效率，节省运输费用。此外，还可以把销售设施与物流设施分离开来，如把同一企业所属的各销售网点的库存实行集中统一管理，在最理想的物流地点设立仓库，集中发货，以压缩流通库存，解决交叉运输，减少中转环节。这种商物分流的做法，把企业的商品交易从最大的物流活动中分离出来，有利于销售部门集中精力搞销售。而物流部门也可以实现专业化的物流管理，甚至面向社会提供物流服务，以提高物流的整体效率。

事实上，许多专业物流公司就是从制造企业的物流部门分离出来后，不断扩大经营规模而形成的。

2. 加强订单管理，与物流相协调

订单的重要特征表现在订单的大小、订单交货时间等要素上。订单的大小和交货时间要求往往会有很大的区别，在有的企业中，很多小订单往往会在数量上占了订单总数的大部分，它们对物流和整个物流系统的影响有时也会很大。因此，有的企业为了提高物流效

率，降低物流成本，在订单量上必须充分考虑商品的需求特征和其他经营管理要素的需要。

3. 销售物流的大量化

通过延长备货时间，以增加运输量，提高运输效率，减少运输总成本。例如，许多企业把产品销售送货从"当日配送"改为"次日配送"或"周日指定配送"，就属于这一类。这样可以更好地掌握配送货物量，大幅度提高配货装载效率。为了鼓励运输大量化，日本采取一种增大一次物流批量折扣收费的办法，实行"大量（集装）发货减少收费制"，因实行物流合理化而节约的成本由双方分享。现在，这种以延长备货时间来加大运输或配送量的做法，已经被许多企业所采用。需要指出的是，这种做法必须在能够满足客户对送货时间要求的前提下进行。

4. 增强销售物流的计划性

以销售计划为基础，通过一定的渠道把一定量的货物送达指定地点。如某些季节性消费的产品，可能出现运输车辆过剩与不足，或装载效率下降等现象。为了调整这种波动性，可事先同买主商定时间和数量，制订运输和配送计划，使生产厂按计划供货。在日本啤酒行业，这种方法被称为"定期、定量直接配送系统"的计划化物流。

5. 实行差别化管理

这是指根据商品流转快慢和销售对象规模的大小，把保管场所和配送方法区别开来。对周转快的商品分散保管，反之集中保管，以压缩流通库存，有效利用仓库空间；对供货量大的实行直接送货，供货量小而分散的实行营业所供货或集中配送。差别化方针必须既要节约物流成本，又要提高服务水平。

6. 物流的共同化

物流的共同化是实施物流成本控制的最有效措施。超出单一企业物流合理化界限的物流，是最有前途的物流发展方向。一方面，通过本企业组合而形成的垂直方向的共同化，实现本集团企业内的物流一元化、效率化，如实行同类商品共同保管、共同配送；另一方面，通过与其他企业之间的联系而形成的水平方向的共同化，解决了两个以上产地和销售地点距离很近而又交叉运输的企业在加强合作以提高装载效率、压缩物流设备投资、解决长途车辆空载和设施共同利用等方面的问题。

阅读材料：外贸企业控制物流成本的路径研究

本章小结

❶在日常的物流运营过程中，需要通过各种物流管理技术和方法来提高物流效率，达到物流成本降低的目的。物流成本的日常控制是全过程、全方位和全员性的控制活动。

❷物流成本的日常控制可以按物流成本的形成过程对控制对象进行分析。从物流系统（或企业）投资建立、产品设计（包括包装设计）、供应物流、生产物流、销售物流等角度，

通过各种物流技术和物流管理方法的应用，考虑各个环节的物流成本控制办法，实施有效的成本控制。

❸物流成本的日常控制也可以按包装、运输、储存、装卸、配送等物流功能作为控制对象进行分析。从运输、仓储、配送、流通加工、搬运等物流功能的角度，利用各种物流技术和物流管理方法，考虑各项作业的优化，从而降低其所消耗的物流成本费用。

❹除按以上两种成本控制对象进行分析外，还可以从物流系统内部的各责任中心（运输车队、装卸班组、仓库等）、各成本发生项目（人工费、水电气费、折旧费、利息费、委托物流费等）等角度进行分析，开展日常的物流成本控制工作。

❺物流成本的日常控制方式往往是建立在物流成本管理系统的各种方法基础上的，需要与物流成本的经济管理技术有效结合起来运用。

提示与思考

1．物流管理人员和物流作业人员的日常物流优化活动和物流成本管理活动，要和财会人员紧密配合，以实现二维物流成本管理体系，真正达到物流成本的管理效果。

2．物流管理人员和作业人员对物流成本的管理和控制工作，是每时每刻都贯穿在各项物流作业活动之中的。实际上，物流作业的管理，如仓储管理、运输管理、配送管理等活动，其目标之一就是要降低物流成本（还记得另一个目标吗？提高物流服务水平）。因此，如果要从各个物流作业的角度来理解物流成本管理，那可以参考很多其他管理物流作业管理的文献和书籍，而本书更强调作业管理与财会人员物流成本管理的结合。

复习思考题

1．物流成本的日常控制要遵循哪些原则？
2．控制运输成本的方法主要有哪些？
3．控制仓储成本的方法主要有哪些？
4．控制配送成本的方法主要有哪些？
5．产品设计阶段应遵循哪些原则来降低物流成本？
6．供应物流成本的控制策略主要有哪些？
7．销售物流成本的控制策略主要有哪些？
8．如何理解物流成本控制的全程控制观念？

第8章

行业物流成本管理与控制案例

本章学习目标

- 了解制造业物流成本核算对象设置及统计核算的基本思路；
- 了解集团公司集中采购的物流方式对物流成本管理的影响；
- 了解区域商贸物流的物流成本构成及管理思路；
- 了解农产品供应链中物流成本的构成情况。

引导案例

几年前，有两个数字让宝洁的高层寝食难安。一个是库存数据，在宝洁的分销体系中，有价值38亿美元的库存；另一个是脱销量，在零售店或折扣店中最重要的2 000种商品中，任何时刻都有11%的商品脱销。宝洁的产品在其中占有相当的比例。令人不解的是，系统中的大量库存并未降低脱销量，事实上，货架上脱销的商品常常堆积在仓库中，虽然尽了很大努力，但公司尝试过各种对策都无法永久地解决这一矛盾。几年前，宝洁的经理人花3天时间拜访了好几个公司，接触研究人员和咨询顾问，寻求供应链管理中最近的创新。其中一个公司是BiosGroup，这是一家利用新科技解决复杂商业问题的咨询及软件开发公司。传统的供应链管理方法无法降低库存，而BiosGroup帮助宝洁做到了这一点。通过模拟供应链，建立顾客导向、按需生产的供应策略，宝洁将库存减少了50%。

库存是货主企业物流环节的重要组成部分。某些公司（如苹果和戴尔）现今其库存的运作时间甚至只有6~8天（相应的周转次数分别为61次和46次）。存货周转的加快使得库存得到大幅削减。削减库存带来的经济效益也是十分明显的：在美国制造业中每年的平均库存成本占存货价值的30%~35%。例如，如果一个公司的存货价值是2 000万美元，则每年其库存成本将超过600万美元。这些成本由过时、保险、机会成本等原因引起。如果库存量可减少到1 000万美元，直接在账面上该公司可以节约300多万美元。也就是说，减少库存而节约的成本可看作利润的增加。

8.1 制造企业供应物流成本的统计核算

8.1.1 企业物流情况

AB 钢铁公司是一家大型钢铁企业。钢铁行业是规模型产业，行业性质决定了物流周转量必定十分巨大。如何做好物流的组织管理工作，已经成为钢铁企业研究的中心课题之一。该企业的物流按流程基本上可划分为供应物流、生产物流、销售物流和回收物流四大流程。在本案例中，要运用统计方式来核算该企业的供应物流成本。

案例导读

1. 供应物流现状

供应物流包括大宗原燃料物流、材料物流和备品备件物流三大部分，由四个专业部门负责管理。其中大宗原燃料物流又分为国内和国外两部分，分别由原料处和国贸公司负责。

原燃料主要指铁矿粉、炼焦煤、合金、耐火材料等，还包括球团矿、烧结矿等炼铁熟料，以及冶金焦、生铁、钢坯等中间产品。国贸公司负责进口矿粉、矿石等原燃料，与供货商结算有 FOB 价和 CIF 价两种方式。原料处负责国内大宗原燃料的采购任务，与供应商的结算包括两种基本方式：一是到厂价结算，二是离厂价结算（厂即供应商）。运输方式分为铁路运输和公路运输。在铁路运输方式下，到厂价的交货点是指 AB 公司所在城市的火车站，供应商承担交货之前的全部物流费用；在汽车运输方式下，则以相应料场或仓库为交货点。在离厂价结算的方式下，无论是公路运输，还是铁路运输，AB 公司都要承担物资离开供应商货场后的运输费、装卸费等物流成本。图 8-1 反映了 AB 公司供应物流基本流程。

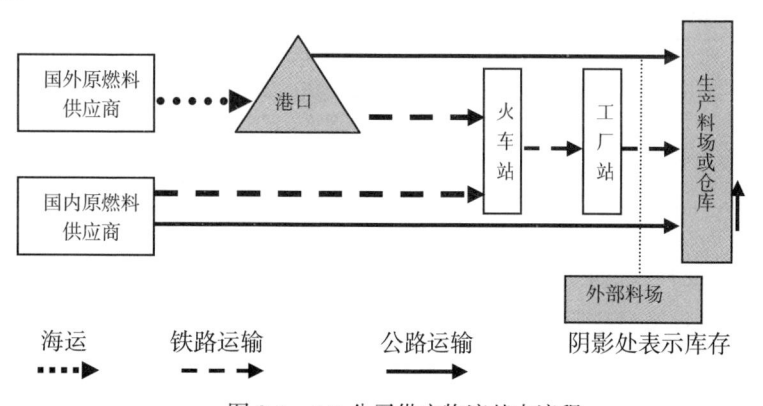

图 8-1 AB 公司供应物流基本流程

原燃料的仓储管理由原料处、生产部和多个二级分厂分别负责管理。具体分工是：合金、耐火材料等仓库由原料处管理，生铁库由生产部管理，其他大宗原燃料则由各分厂按专业分工分别管理，如炼焦煤的仓储管理由焦化厂负责，进口粗粉的仓储由原料厂负责，进口精粉由球团厂负责，外购球团矿由炼铁厂负责，等等。如果厂区料场、仓库无法容纳，或物流组织有需要，外购原燃料也会安排在外部料场临时存放，待生产需要时再倒运进入生产料场。

材料处负责生产管理消耗材料的采购工作，主要包括木材、金属、水泥、油类等近40个大类。材料供应商相对固定，优质优价结算，结算方式基本上均为到厂价。外购材料汽车运输方式居多，铁路运输较少。生产材料按类别存储，全部采用一级库存管理，共设有17个一级仓库，负责材料的保管、供应工作。材料物流的特点是种类繁多，达9 000余种；各类材料差异大，管理难度高。

装备部负责备件的采购工作。备件是用于生产过程中的固定资产设备因维修或事故需更换的零部件，或者在设备检修中，为了缩短检修时间，用于恢复设备精度和功能而预先准备供检修更换的零部件，包括日常维修备件、大中修备件、技改备件、基建备件等。备件采购基本上是汽车运输方式。装备部设有备件总库、中板库、小型库等仓储设施，负责外购备件的仓储和供应业务。

2．生产物流现状

生产物流是与企业的生产工艺流程紧密联系的。AB公司生产物流是以各个生产单位为节点的网络结构。生产物流初始可分为3条线：第一条线是粗矿粉经原料厂配料后，皮带传送至烧结机加工为烧结矿；第二条线是精矿粉入球团竖炉焙烧为球团矿；第三条线是炼焦煤经焦炉焙烧后，生成冶金焦，然后三种中间产品送至炼铁厂。烧结矿、球团矿作为入炉原料，炼焦煤作为入炉燃料，冶炼生成铁水，此前这些工序称为铁前系统。铁水出炉后，以液态运输至炼钢处冶炼。其间的运输方式包括铁路运输和汽车运输，铁路运输包装方式除铁水罐以外，还有大容量的鱼雷罐方式。铁水经转炉冶炼后铸成钢坯，钢坯尽可能以铁路或汽运方式运送至轧钢厂，分别轧制成板材、型材、中型材等。但因生产调度或轧钢生产能力等不能实现运送的部分，送至钢坯库管理，待生产需要时，再输送到轧钢厂。在轧钢环节，钢坯轧制成钢材后，进入相应的成品仓库。

除以上生产物流的主流程之外，实际作业过程中还发生许多相关的辅助物流活动，如生产辅料流、生产物资的倒运、生产单位之间的逆物流等。

3．销售物流现状

中厚板材和型材是AB公司的主要产品，国内主要销售区域为京津地区、山东地区、江浙地区、安徽省等；出口市场集中在东南亚、日本、韩国和北美地区。AB公司在国内市场的产品销售主要实行经销商批发制，直接销售给用户的比例很小。批发商中介的流通模式的特点是渠道中各环节分别从事着各自的物流经营活动，物流活动被割裂为厂商物流、批发商物流和零售商物流3个阶段，彼此互不联系，物流信息分段传递，整个流通体系的商流与物流的运作一致。虽然公司在无锡、南京、西安等地分设了直销公司，但各直销公司的营销方式仍是批发商中介的模式，并没有直供最终用户。AB公司销售物流的特点是：

1）流通过程的中介多、结构复杂，对正确把握商品销售的库存情况和在途运输情况有不利影响。

2）物流信息传递的渠道层次多，信息速度和准确性降低。

3）流通的环节多、路线长，造成物流速度慢，物流系统的效率低下，物流服务的质量不高。

4）本厂内的产成品库容量小，不具备中心储备的功能，因而无法发挥总体的调整机能，并易对生产系统构成威胁。

5）各区域仓库随销售批发点设置，布局分散、数量多、大小不一，因而造成总的流通库存占用高、成本大。仓库分散导致库存资源利用率低、周转慢，影响了物流效率的提高。

4. 回收物流

钢铁企业的回收物流是指水渣、钢渣、氧化铁皮、切边等生产余料和废水、煤气、蒸汽等的回收及循环利用。生产余料经过筛检，一部分可以重新回到生产流程，作为辅助原料；另一部分则外销，作为其他生产工艺的原材料。如水渣可以作为原料再次投到炼铁环节，也可外销用作生产水泥的原料。工业生产的副产品煤气经过净化工序，再回到生产流程作为加热炉、燃气发电等的燃料，同样是副产品的蒸汽则用于取暖、制冷系统，也可用来发电。AB公司的"四闭路"，即钢渣和含铁尘泥闭路利用、煤气闭路利用、工业用水闭路利用、余热蒸汽闭路利用，是发展循环经济的亮点，也是回收物流的集中体现。正是这种循环利用的生产模式，使回收物流实质上已融入生产物流中，成为生产物流的一部分。

8.1.2 企业物流成本的核算现状及存在问题

按照《企业会计制度》和《企业会计准则》的要求，物流成本不单独进行核算。现行的会计核算体系，使在采购、生产和销售等环节发生的物流成本都"湮没"在多个相关的会计科目中，如材料采购、生产成本、制造费用、管理费用、销售费用等。具体情况如下所述。

1. 物流成本核算现状

（1）国内采购物流环节

1）采用到厂价结算的方式下，到厂前的运输费、装卸费等物流成本均由供应商承担，购买方没有相关的原始单据，结算凭证不反映相关物流成本的信息。

2）采用离厂价结算的方式下，采购业务发生的物流成本由采购方承担，在企业会计核算中，运杂费支出被记入材料采购科目，最终计入原材料成本。因此，相关的原始单据和结算凭证可以反映出采购物流成本相关的信息。

3）公路运输方式下，采购物资在抵达料场或仓库之前，除运费以外，一般不再发生其他物流费用。铁路运输与公路运输则有所不同，铁路局机车牵引货车至火车站后，改由火车站机车牵引到工厂站，由厂区排空或排重的车辆同样由火车站机车从工厂站牵引回到路局线。火车站收取因取送车作业而发生的取送车费，取送车费由运输部承担，记入制造费用科目。工厂站到料厂或仓库则由运输部的机车牵引，运输部按照内部结算价格向相关单位收取运输费，二级生产单位发生的运输费用记入"制造费用——运输费"科目，原料处记入"管理费用——运输费"科目，生产部记入"制造费用——运输费"科目。在这项作业中，因为采用内部运输价格结算，所以在运输部会计报表上会体现内部利润或亏损。铁路局车辆进入厂区后，因卸装车不及时或其他原因，停留时间超过铁路局规定标准，就会因超时而发生停车延时费,该项费用由总公司成本科集中支付,记入"制造费用——运输费"科目。

4)由于供应能力滞后于生产环节的迅速扩张或冬季备料的需要,致使厂区内料场无法满足需要,而在厂区附近租用外部料场,发生的相关物流成本由生产部承担,记入"制造费用——运输费"科目。

5)原燃料在料场或仓库发生的卸车费用及内部整理倒运费用,生产单位记入"制造费用——运输费"科目,原料处仓库记入"管理费用——运输费"科目。

6)因仓储管理而发生的人工费、材料费、维修费等,生产单位记入"制造费用"或"生产成本"科目,原料处记入"管理费用"科目。仓储过程中原燃料发生的亏吨损失,作为生产消耗直接记入"生产成本"科目。

材料采购和备件采购的会计处理与原燃料采购基本相同,这里不再赘述。

(2)国外采购物流环节

相关物流成本主要包括船运费、保险费、港口费、报关费、报验费、商检费等及港口至工厂之间的运费。报验费和商检费先通过"预提费用"科目核算,再摊销记入"物资采购"科目。港口至工厂之间的运费核算与国内原燃料采购基本相同。船运费、保险费、港口费等的会计核算按船归集相关的费用,记入"物资采购——××船"科目。

(3)生产与销售物流环节

物流成本主要是厂内物料倒运而发生的运输费、装卸费,物料存储发生的存储费用、管理费用等,这些耗费都被作为生产费用分别记入"生产成本"或"制造费用"科目进行归集。在销售物流环节,与物流相关的成本费用主要包括装吊车费、运费、仓储费、代理费等,反映在"销售费用"科目中。

2. 物流成本核算中存在的问题

1)物流成本信息反映迟延。所谓迟延是指物流成本信息不能在物流作业发生的期间及时反馈到财务部门。例如,委托某运输单位承担 2018 年由外部料场到生产现场的矿粉倒运业务,倒运作业从 1 月开始发生,但是运输费用在年底才一票结清。因此,业务部门的相关信息不能及时反映到财务部门。

2)物流成本信息分散。由于组织机构设置和职能分工的原因,一条物流成本信息被分割成几个部分,成本信息不集中,难以把握物流成本的全貌。也就是说,目前会计系统反映的是符合分口管理需要的职能成本,而不是符合物流管理需要的任务成本。任务成本也就是一项物流活动所发生的相关费用。以原燃料的采购为例,原料处采购炼焦煤 5 000 吨,运输方式为火车运输。供货地至火车站之间发生的运输费、装卸费等物流成本记入原料处结算财务的"材料采购"科目中;从火车站到焦化厂炼焦煤料场发生的运输费用及取送车费用记入运输部的"生产成本"科目中;运抵炼焦煤料场后,发生的卸车费、仓储费等记入焦化厂"制造费用"科目中,仓储损失直接作为生产消耗,记入"生产成本"科目中。上述流程解析显示,炼焦煤的采购物流成本信息分散在 3 个部门、3 个一级科目中,成本信息散乱。

3)物流成本信息反映粗线条。在现行会计体系下,"制造费用"和"管理费用"科目下一般都会设置"运输费"作为二级科目。按照科目设置,"运输费"应该核算的是分厂与基本生产车间应负担的厂内运输部门与厂外运输单位所提供运输劳务的费用。在实际业务中,"运输费"核算的内容极其广泛,包括了运输费、装卸费、人工费、租赁费等,凡是与运输作业相关的费用全部记入,各项职能的物流成本混在一起,不利于物流成本的分析。

4)高比例的到厂价结算方式,掩盖了供应物流成本的真实性。AB 公司原燃料采购的 30%、材料采购的 80%、备件采购的 70%均采用到厂价结算的方式。到厂价结算虽然简化了结算手续,但是给人一种假象,即到厂前的物流费用是由供应商承担的。实际上,到厂前的运输、存储、装卸等物流费用已包含在了结算价格中,与货物价值结合在了一起,最终的承担者仍是采购方。从物流成本管理的角度看,到厂价结算方式使供应物流成本的一部分失去控制,成为彻底的"黑暗大陆"。

8.1.3 企业供应物流成本核算体系设计

1. 设计思想

AB 钢铁公司供应物流成本的核算设计以物流成本的相关理论为指导,适应物流管理的需要为目的,从管理会计的角度,采用统计的方法,以 AB 公司供应物流为模板,按照采购业务的作业流程分步确定费用,按采购类别(职能部门)归集物流成本。

核算体系以会计信息系统资料为主,物流相关业务部门的台账、报表等生产经营数据资料为辅,借助统计的方法展开。从目前的企业财务管理看,把物流成本核算纳入会计核算体系中,还有诸多困难,而统计作为一种灵活的方法,能够满足当前物流管理的迫切需求。通过统计方式的物流成本核算,有助于加深我们对企业物流成本的认识,为将来推行会计方式的物流成本核算或会计与统计结合的物流成本核算方式,甚至其他更好的核算方式做探索性的准备工作。

从订货业务开始,直到采购物资入库储存,是供应物流的全过程。它包括了订货、运输、仓储、装卸等作业过程,每个过程都有与之对应的物流费用发生,也就是供应物流的成本项目。AB 公司的物资采购工作实行归口管理,包括原料处、材料处、装备部和国贸公司。各口分管的供应物流在形态、类别、作业等方面各有自身特点,因此供应物流成本费用的发生额,以这 4 个部门为中心进行归集。

2. 国内原燃料供应物流成本的核算

国内大宗原燃料的采购由原料处负责,采购结算方式分为到厂价和离厂价两种。从供应物流成本核算的角度看,两种结算方式的区别是,到厂价结算方式下,到厂前的物流费用包含在货价当中,其他环节发生的物流成本费用与离厂价相同,所以把这部分费用单列一项核算。下面以采用离厂价格结算的原燃料采购为对象,分析采购过程中的物流成本的核算。

(1)订货采购费

这是采购部门为了完成采购任务,取得订货合同而发生的相关费用。具体包括采购人员工资及福利费用,因采购业务而耗用的办公用品,发生的邮电费、通信费、印刷费等,以及采购人员为完成采购业务而发生的差旅费。在会计信息系统中,由于原燃料采购而发生的费用都记入"管理费用"科目。如应付采购人员工资费用，借记"管理费用——原料处——工资"，贷记"应付工资"；因采购业务而发生的印刷费，借记"管理费用——原料处——办公费"，贷记"待摊费用"。但是原料处作为一个管理职能部门，并非所有的人员都参与采购业务，除按采购种类分设的燃料部、炉料部等采购科室外，还要设立管理部、审检部、办公室等部门满足业务管理的需要，因此"管理费用——原料处——工资"科目的发生额不能直接作为订货采购费用核算，而应把采购人员与其他管理人员的工资费用加以区分后记入。办公费用的计算与工资费用相同。"差旅费"科目核算的基本上是采购人员发生的往返路费、住宿费等订货费用，因此可以直接记入。

通过对"管理费用"科目的分析，可以计算取得订货采购费用的发生额，但是工资费用和办公费需要划分为订货采购费用和非订货采购费用两部分。工资费用的发生额与采购人员相关，所以工资费用可以按采购员工清单直接从"应付工资"和"应付福利费"中分离出来，也可以按采购人员数量与平均工资费率的乘积来确认。办公费与业务量相关，但实际工作中很难取得相关数据，因此办公费可用经验比例确认或以已确认的订货采购费（工资费用和差旅费之和）占管理费用总额的比例确认。

（2）运输费

运输费即签订了供货合同之后，运输商将物资由供应商料场或仓库运输到工厂发生的费用。公路运输方式下，运输费用结算相对简单，承运商会向AB公司开具运输业统一发票，收取运费。采购结算部门按票面金额扣除7%的可抵扣增值税税金后，记入"材料采购——××单位——××原燃料"科目。在铁路运输方式下结算相对复杂。运输费大体可分为两大部分，一部分是铁路货票费用，另一部分是其他杂费项目。其中铁路货票是由铁路部门开具的运输发票，其收费项目主要包括运费、铁建基金、印花税、取送车费、保价费、分流费、电化费、中转作业费、电子衡检费等。其他杂费项目则是由相关的铁路服务部门收取的计量费、铁路联防费、装车费、服务费等。按照税法的要求，铁路货票中运费和铁建基金二者合计的7%可作为增值税进项税额抵扣。火车运输方式下发生的运杂费用做了相应的扣除后，余额记入"材料采购——××单位——××原燃料"科目。铁路服务部门收取的计量费、装卸费等杂费，属于铁路运费的辅助组成，应作为运输费的一部分，从企业角度核算物流成本，无须将其细分。因此，原燃料采购结算时，发生的运输费是单独列示的，而且可以具体到某一种原燃料发生了多少运输费，因此运输费可以直接从会计资料中，通过明细科目汇总的方式获取。

（3）取送车费和停车延时费

这两项费用仅在铁路运输方式下发生。取送车费由火车站收取，费用承担对象是运输部。取送车费的收取标准是每车6元/公里，火车站到AB公司工厂站2.5公里，往返5公里，那么外购原燃料进厂一辆车卸车后排空，发生的30元的取送车费就应由供应物流环节承担。如果卸车后再装车发货即排重，那么就应由销售物流承担50%的费用。从作业成本角度看，该项作业的成本动因是取送车的数量，成本动因分配率30元/车或15元/车，只要确定了进厂原燃料的车数及相应的排空数，也就能够确定其应承担的取送车费用。停车延时费是因占用铁路局车辆超时，而向铁路部门交纳的资源占用费。停车延时费按超过规定停时数及相应的车辆数计算。计算某种原燃料应承担的取送车费和停车延时费时，可按平均费率计算。在该项目统计过程中需要用到的原燃料进厂车数及对应的排空数和排重数由计量系统提供，而超时车数由生产部运输管理部门台账提供。

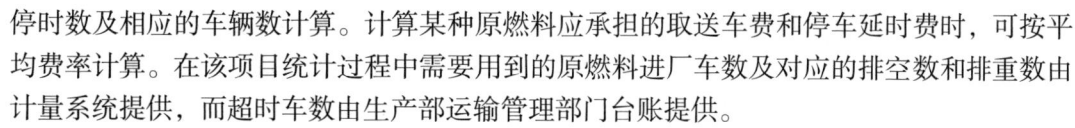

（4）进厂火车运费

运输部机车承担自工厂站到料场或仓库的运输任务，按照内部结算价格向相关的受益单位收取运费，即进厂火车运费。在会计核算系统中，运输部是一个内部的利润中心，它按照内部结算价格收取运费，按实际耗费归集生产费用，形成内部利润。从物流成本核算的角度看，运输部应视为一个运输车间，仅是一个成本费用中心，发生的费用均应计入物流成本。运输部按月根据各单位发生的运输量收取运费，计算公式为：

$$运输费 = 货运量 \times 里程数 \times 运价$$

其中，里程数是核定的平均数，运价是财务部门制定的内部价格，只有货运量是个变量。因此，只要确定了货运量，运费也就确定了，而货运量也就是各种原燃料的采购量。但是按照该公式计算的运费还不能直接计入物流成本，因为它还包含运输部的内部利润，因此需把运费还原为实际的生产费用。计算公式为：

$$进厂火车运费 = 运输费 \times (1 - 运输部利润率)$$

（5）计量费和检验费

采购物资运抵后，卸车前要经计量处计量，出具相关的计量数据，并由质检中心进行抽样检验，出具检验结果。发生的相关计量费用和检验费用向相关的受益单位收取。计量费按吨收取，检验费按检验批次收取。由于计量处和质检中心既负责采购物资的计量和检验，同时承担生产和销售各环节的计量检验工作，发生的费用一并混同，无法分清发生在采购环节的计量和检验费用，所以考虑按平均计量费率和平均检验费率的方式计算。公式为：

$$某种原燃料计量费 = 平均计量费率 \times 该种原燃料采购量$$

$$某种原燃料检验费 = 平均检验费率 \times 该种原燃料检验批次数$$

其中，计量数量和检验批次数由质检中心检验台账提供。

（6）在途损耗成本

AB公司原燃料的采购结算均以公司核定数量为准。外购原燃料结算过程中包括实收量和结算量，实收量是计量部门计量的实际重量，结算量是实际支付采购款项的数量，也是入库的数量。

在实际工作中，每类采购物资的每笔结算业务都不尽相同，逐笔统计工作量非常大。可以考虑根据历史数据建立各类原燃料在途损耗率估算模型，在估算基础上，组织有关专业人员修正差异，建立原燃料的在途损耗标准数据。计算某种原燃料在途损耗成本，可直接套用相关的标准损耗率。

（7）卸车费

采购物资经计量检验后，符合AB公司质量检验标准，供需双方对计量检验数据没有异议的，才被准许卸车。卸车作业可以分为自卸和外委两种情况，自卸即卸货岗位员工利用企业自有卸车设备进行卸货，外委则是指由原燃料管理部门委托外部单位采用人工或机械作业方式进行的卸货作业。无论是自卸还是外委，因卸车发生的费用均由相应的原燃料管理部门承担。外委费用比较明确，即实际支付给受托单位的款项（无论是以劳务费还是以租赁费的形式）；自卸费用因为属于内部费用，与其他生产消耗共同计入各项费用，确定起来有些难度。自卸费用从支付形态上包括工资费用、设备折旧费、设备维护费等，其中设备维护费具体包括备品备件费用、机电及仪表费用、日常维修费用等。

工资费用可以按照岗位员工清单直接从"应付工资"和"应付福利费"中分离出来，也可以按卸车岗位人数乘以平均的工资费用率计算。设备折旧费按卸车设备原值乘以10%的综合折旧率确定。考虑到维护费用与固定资产原值存在一定的相关关系，因此维护费用的确认可按卸车设备原值占固定资产原值的比例来分摊卸车设备应承担的维护费用。

在实际生产过程中，卸车设备可能同时还承担着装车作业的任务。在无异常变动的情况下，同一个料场进出物流量是相同的，因此卸车费用可按50%计算。

（8）仓储费

原燃料存储过程中发生的成本费用，按支付形态包括料场或仓库管理人员的人工费、仓储设备及建筑物折旧费、仓储设备及建筑物维护费等。人工费、折旧费和维护费的统计核算方法与卸车费类似。

（9）倒运费用

外购原燃料到货后，可能不直接进入厂内生产料场或仓库卸货，而是在租用的外部料场或仓库卸货。出现临时租用情况的主要原因，一是厂内生产料场或仓库容积有限，而原燃料通常情况下是集中进货的，容易造成瞬时满仓的情况，为了避免造成物流阻塞，必须及时疏导；二是为了冬季备料的需要，提前大批量进货；三是钢铁生产工艺前后规模不均衡，炼铁炼钢工序产能迅速扩大，原燃料需求量剧增，而前部的原燃料供给能力没有随之扩充，造成前窄后宽的现象，成为生产组织的瓶颈。

外部料场或仓库的出租方承担物料的储存、装卸和向厂内倒运的一体化服务，一般均采用包干价，按倒运量结算，不再单独区分储存费、装卸费和运输费。倒运费=倒运量×包干价格。

（10）存储物资的损失

钢铁企业原燃料存储过程中，可能发生两类损失：一是量的损失，原因是大宗原燃料多露天堆放，容易受风吹、雨淋等环境因素的影响，造成存货的数量减少；二是质的损失，有些原燃料在储运过程中发生质量损失，如烧结矿、冶金焦等原燃料由于装卸、堆垛操作不规范或移动次数过多，容易造成筛分指数上升，质量下降。

无论是量的损失，还是质的损失，会计系统都未予以明确反映。大宗原燃料的性质决定了不可能将库存物资再次过磅，库存量只能靠估算，发生的质损也不可能精确计量。所以，可采用专家估计法，通过确定存储物资的质量损失率计算相关的费用。存储物资损失等于平均库存量乘以质量损失率。

（11）物料占用成本

物料占用成本反映了因存货占用资金而发生的机会成本。在核算物流成本时把资金的机会成本包括在其中，目的是把降低物流成本和加速资金周转速度从根本利益上统一起来。物料占用成本=物料平均占用资金×企业的平均投资报酬率。

（12）他方垫付的物流成本

这是指在到厂价结算方式下，货物由供应商至工厂发生的物流费用，主要是运输费用。虽然这部分运输费用没有直接反映出来，但实际上包含在了货物价款中，最终的承担者是AB公司，所以应把这部分费用列入供应物流成本核算。他方垫付的物流成本主要与供应商的发货地相关，按照火车运输和汽车运输方式不同，单位运价不同，乘以相应的供应数量即可确定运输费用。

通过对国内原燃料采购的物流过程及相关物流费用的分析，根据数据资料的可得性，确定了12项供应物流成本项目，基本上涵盖了原燃料供应物流环节的物流成本。国内原燃料供应物流成本总额等于以上12项成本项目之和。

需要补充说明的是，在上面的核算中，以及下一步要讨论的进口原燃料的供应物流成本核算，可以特别分析每种原燃料供应物流成本的计算。这样，一方面，可以强化对单项原燃料供应物流成本的控制；另一方面，在钢铁产品成本计算表中，生产消耗原燃料项目是逐项列示的，根据生产消耗原燃料的数量，就可以计算出吨产品发生的供应物流成本，进一步与生产物流成本结合，计算吨铁物流成本、吨钢物流成本和吨材物流成本，从而能够促进物流成本核算的深化。

3. 进口原燃料供应物流成本的核算

进口原燃料按FOB价结算，发生的物流成本项目主要包括船运费、保险费、报关费、报验费、商检费、港口作业费和港口至工厂及其后发生的物流费用。港口至工厂及其后发生的物流费用核算与国内原燃料供应物流成本的核算基本相同，不再予以分析。下面仅分析船运费、保险费、报关费、报验费、商检费、港口作业费的核算。

（1）船运费、保险费及报关费

在进口原燃料的会计实务处理中，船运费、保险费及报关费均按船结算。因此，船运费、保险费及报关费这些物流成本信息是能够直接从会计资料中获取的，而且能够具体到原燃料的品种。通过明细科目汇总，可以得到进口原燃料的物流成本发生额。

（2）报验费及商检费

在会计实务中，这两项费用是通过"预提费用"核算的。因为金额相对较小，所以可按平均费率计算：

$$平均费率=（报验费+商检费）\div 进口原燃料总量$$

每种原燃料应该分担的报验费和商检费按进口量乘以平均费率计算。

（3）港口作业费

根据AB公司与各相关港口的协议，货船到达港口后，发生的装卸、堆存和仓储等作业费用，以吨矿包干价的形式支付给港务局。

通过对FOB价结算方式下进口原燃料供应物流作业环节及发生的相关物流成本的分析，确定了上述物流成本项目的核算方法。在CIF价结算方式下，船运费、保险费包含在货物价值当中，相当于国内采购厂价结算方式下他方垫付的物流成本，所以计算进口原燃料供应物流成本时，他方垫付的物流成本项可用来核算 CIF 价结算方式下，估算的船运费和保险费，不再单列。

4. 材料供应物流成本的核算

材料采购业务流程与原燃料采购基本相同，同样要经过订货采购、运输、装卸、仓储等作业，并发生与之相关的成本费用。因此材料供应物流成本的核算可在原燃料供应物流成本核算体系的基础上，考虑材料供应物流自身的特点予以设计。

1）在进行材料采购的物流成本核算时，可仅按物流成本项目归集发生的物流成本，无须按种类核算。原因有两点：一是材料采购品种、规格繁杂，所采购的品种有近万种，很难具体实施；二是在计算产品生产成本中的材料消耗时，并不分类列示，而是把消耗材料总金额直接记入"制造费用——辅助材料"科目。

2）购进材料的装卸、仓储管理都由材料处负责，并按材料类别在厂区设有多个供应站，分类管理。因此在计算装卸费和仓储费用时，装卸设备和仓储设施的维护费用不存在与生产设施分摊的问题，可根据实际发生额直接列入。

3）材料采购过程中发生在途损失的可能性较小，可不予核算。

4）材料处的多个供应站点，有较大的库容，足以存储生产消耗材料。同时，材料供应可以持续供货，不会出现集中、大批量进货的情况，所以无须租用外部仓库，也就不会发生倒运费用。

5）材料入库前，由仓库管理人员核对数量、检查质量，不会发生专门的计量费和检验费。

6）材料多数是室内存储，一般不会发生数量损失，但是各种原因导致的材料超过使用有效期、变质等情况，以及不适应生产要求而被废弃等，都可归集为报废损失。报废损失一般采用集中处理的方式，可直接从会计资料中获取。

其他物流成本项目的核算可参考原燃料供应物流成本核算体系的计算方法。

5. 备件供应物流成本的核算

备件供应物流与材料供应物流在业务流程上基本相同，核算方法上同样可以在原燃料供应物流成本核算体系的基础上，结合备件供应物流的特点加以修改应用。

1）入库备件由相关管理人员当场检验，无须发生专门的计量费及检验费。

2）备件供应过程中，大部分都要加以包装，基本不会发生在途损耗成本，因此无须核算；因备件仓库库容较大，而且可以持续供货，所以不会发生因租用外部仓库而产生倒运费。

3）备件的装卸和仓储全部由装备部负责，在计算卸车费用和仓储费用中的维护费时，可按实际发生数直接计入。

4）备件管理因库存时间过长，会造成两个方面影响：一是占用资金，二是元器件因过期、不再适应生产需要等原因，成为废品，发生报废损失。备件报废与材料报废一样，在会计上集中处理，所以可直接从会计资料中获得。

5）备件供应物流成本核算相对简单，成本项目包括订货采购费、运输费、卸车费、仓储费、报废损失和备件占用成本等。

6. 供应物流成本的汇总核算

为了对供应物流成本进行全面反映，设计了供应物流成本汇总表（见表 8-1）。通过汇总表，可以得到多项供应物流成本信息。

表 8-1　AB 钢铁公司供应物流成本汇总

成本项目	采购类别				
	国内原燃料采购	进口原燃料采购	材料采购	备件采购	合计
订货采购费					
海运费					
保险费					
……					
运输费					
取送车费					
停车延时费					
进厂火车运费					
……					
报废损失					
物料占用成本					
合计					

1）通过汇总核算求得供应物流成本总额。

2）表 8-1 中横向按照采购类别汇总物流成本，反映了国内原燃料、进口原燃料、材料和备件供应物流成本的总额。4 个采购类别的采购业务分别对应着 4 个职能部门，所以汇总表也同时反映了原料处、国贸公司、材料处和装备部 4 个职能部门职能范围内的物流成本发生额。

3）表 8-1 中纵向按照物流成本项目汇总物流成本，反映了供应物流环节发生的运输费、仓储费、物料占用成本等诸项物流成本总额。

4）对汇总表信息进一步加工整理，可以求得各采购类别占供应物流成本总额的比例、单项物流成本占供应物流成本总额的比例，从而能够反映供应物流成本的结构信息，为物流成本分析、物流成本的重点控制提供数据支持，加强物流成本管理。

在本案例中，讨论了 AB 钢铁公司供应物流成本的统计核算方法。从实务的角度出发，统计核算方式应根据数据资料的可得性和统计核算的灵活性确定核算方法。会计资料能够提供的物流成本信息，可以直接导入；会计资料未予反映或"剥离"困难的，在尽可能保证物流成本准确性的前提下，确定其他能够替代的合理估算方法。

8.2 集团公司物流管理模式及物流成本核算

阅读材料:谈攀钢物流成本核算体系的建立

公司物流管理模式不同或者改变管理模式时,其物流成本核算时设置的科目也会随之发生变化。这里就结合某集团公司的实际情况对这个问题展开分析。该集团公司原来采用分散的物流管理模式,二级公司都各自独立开展物流的运营,造成整个公司的物流被条块分割,效率相对低下。随着公司对供应链与物流一体化管理要求的提高,企业对物流部门进行了重组,其物流成本核算的科目设置也发生了变化。这里就对实施物流一体化管理前后的物流成本核算科目设置进行对比分析。

8.2.1 集团公司物流管理现状分析

1. 汽车行业的典型物流流程

本案例涉及的集团公司为一个大型汽车制造集团。汽车行业的供应链管理是集运输、仓储、保管、搬运、包装、产品流通及物流信息于一体的综合性管理,是沟通原材料供应商、生产商、批发商、零件商、物流公司及最终用户的桥梁,更是实现商品从生产到消费各个流通环节的有机结合。对汽车制造企业来说,其物流过程包括生产计划制订、采购订单下放及跟踪、物料清单维护、供应商的管理、运输管理、进出口、货物的接收、仓储管理、发料及在制品的管理和生产线的物料管理、整车的发运等,主要由汽车产品原材料、零部件、辅助材料等的采购物流及汽车产品的制造物流与分销物流等物流活动组成。图 8-2 描述了汽车行业的供应链基本流程。

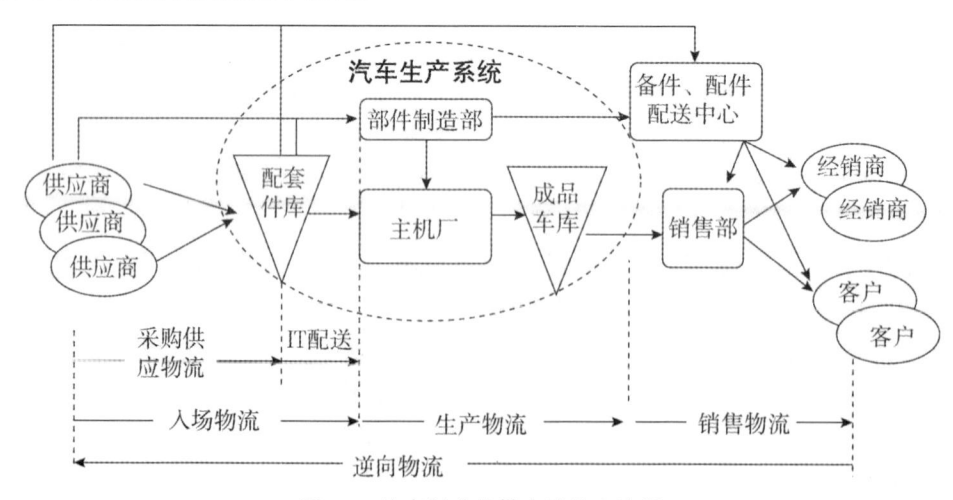

图 8-2 汽车行业的供应链基本流程

2. 公司组织结构

本案例中的汽车制造集团拥有 4 个部件制造部(部件制造二级公司),3 个整车主机厂,对应有 3 个销售公司（销售部）。另外，对于备件和配件，专门有一家备配件公司负责经营。其组织结构如图 8-3 所示。

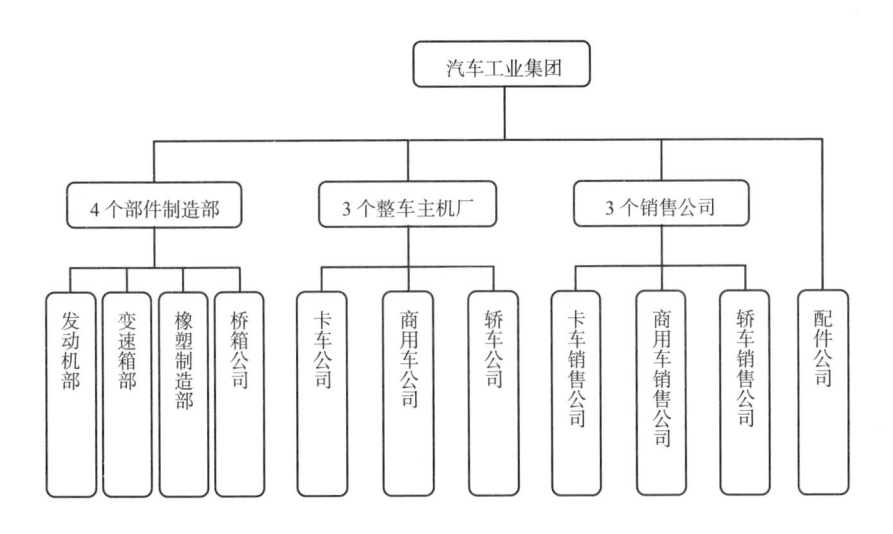

图 8-3　企业工业集团业务部门组织结构

从图 8-3 中可以看出，3 个整车主机厂负责整车生产；4 个二级公司分别生产各种车型的零部件，如发动机、变速箱、桥箱、内饰件等部件；3 个销售公司更准确地说应该为销售体系，每个销售体系都有自己的经销商、4S 店和服务站，分别对应 3 个整车主机厂，负责卡车、商用车和轿车的销售和服务；除此之外，该集团还设置了配件公司，负责零配件的销售。

3. 公司的物流组织与管理现状

该汽车集团的物流主要采用外包模式。与汽车行业其他企业一样，该集团的物流主要分为生产系统主导的物流和销售系统主导的物流两个部分。其中，外供件采购供应物流、外供件上线配送和互供件上线配送（指部件制造厂生产的部件供应整车厂）为生产系统主导的物流；整车销售物流、备件物流和配件销售物流为销售系统主导的物流（这里备件指保修期内需要更换的零部件，而配件是指过保修期后维修用的零部件）。

该集团目前还没有专门的物流管理部门，主要由采购部门进行物流外包管理，只有卡车公司设置了物流管理部，集团对于物流的重视程度还不是很高，物流运作水平比较低。为了能更清楚地认识该集团目前的物流模式，这里对外供件采购供应物流、外供件上线配送、互供件上线配送、整车销售物流、备件物流和配件销售物流分别进行分析。

（1）外供件采购供应物流

外供件是指由集团外部供应商提供的原材料和零部件。虽然该集团拥有 4 个部件制造部为其主机厂提供零部件，但整车物料种类超过 27 000 种，比较常用的物料有 2 000~3 000 种，平均一个车型有 1 700 种配件，因此，该集团还有很大一部分零部件是外供件，部分外供件由国内生产厂家提供，另一部分则从国外采购。采购供应物流是整个供应链的第一阶段，对供应链有着非常重要的作用，外供件采购供应流程如图 8-4 所示。

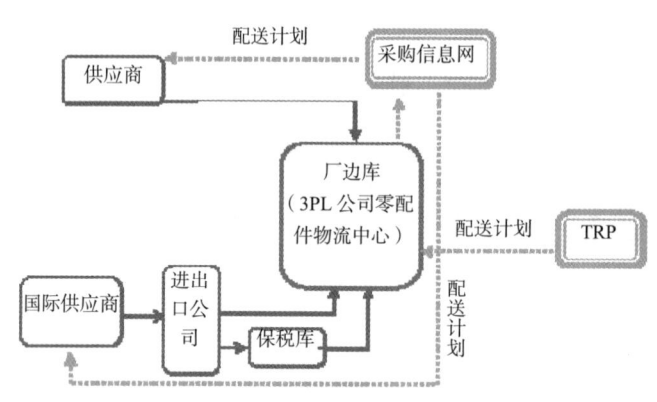

图 8-4　汽车集团外供件采购供应流程

现代物流都离不开信息系统的支持，从图 8-4 中也可以看出，该集团公司通过自己建设的 TRP 系统和采购信息网对整个采购供应物流进行信息的传递与管理。首先，TRP 系统将配送计划传递给第三方物流公司。对于国内供应件，第三方物流公司通过采购信息网将配送计划传递给各个供应商，供应商将物料送到厂边库，由第三方物流公司管理；对于国外供应件，第三方物流公司通过采购信息网将配送计划传递给国际供应商，供应商将物料送到进出口公司，一部分直接送到厂边库，另一部分先送到保税库，再送到厂边库。通过将物料从供应商送到该集团厂边库完成采购供应物流。库存的管理采用供应商管理库存方式，在配送到生产厂之前，库存所有权属于供应商，也就是说，该集团几乎实现了原材料的零库存，这也是汽车制造企业普遍采用的一种零配件库存管理方式。

需要指出的是，4 个部件制造二级公司及 3 个整车主机厂都有各自的采购与物流部门，因此每个单位的外供件采购供应物流及上线配送物流都是独立运作的。从集团公司层面上看，集团只负责选择和指定第一家供应商，如果第一家供应商能力不足，各二级公司可以对第二家及其以后的供应商进行自主选择，并根据实际情况给予供应商合适的物料价格和物料份额（一种物料可能对应多个供应商），但各二级公司在选择供应商后需要上报集团，集团将该供应商名称加入供应商名录中。这样，使得集团下的多个二级公司即使在面对同一个供应商时，仍然被当作完全毫无关联的独立公司对待，需求大的供应商索要的价格相对便宜，需求小的则相反。目前，集团外供件的集中采购才刚刚起步，仅对各二级公司通用的一些零部件和大宗物资进行了集中采购，但种类较少。集团还没有统一的采购平台，对于供应商和采购的管理还处于较低水平，缺乏供应商评价和考核体系，无法从众多的供应商中挑选合适的长期合作伙伴。

（2）外供件上线配送

外供件进入各生产公司的厂边库，由第三方物流公司保管，一般情况下，这个时候物料的所有权还属于供应商。接下来，就进入上线配送阶段。在这个阶段里，主机厂和部件制造部存在一定的差异，各个部件制造部的上线配送多由一家第三方物流公司完成。主机厂装配线很长，拥有多个预投区，因此需要由多家第三方物流公司提供上线配送服务，如图 8-5 所示。

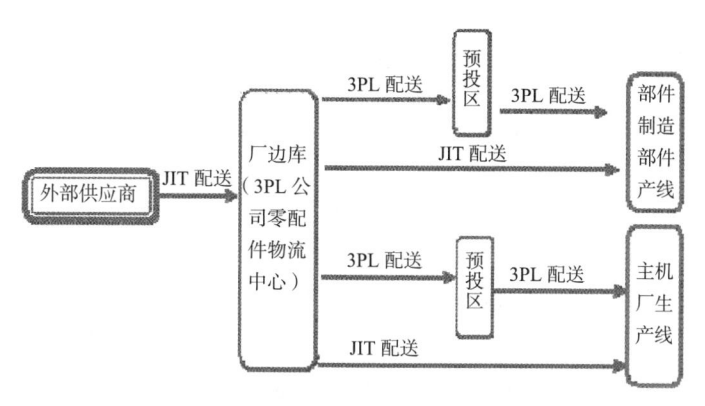

第 8 章　行业物流成本管理与控制案例

图 8-5　汽车集团外供件上线配送流程

生产制造部门每个月末会接到集团下达的下月计划，并根据自己的实际情况在每周末会生成下周计划，每天还会有次日计划，最后提前两小时向厂边库（物流中心）要货，第三方物流在接到订单后组织配送。一部分物料直接送上生产线，另一部分物料需要暂存在线旁库中，等待上线。上线配送必须根据生产节拍进行，才能完美地实现 JIT。但就该集团目前的现状，由于第三方物流公司水平有限，还不能完全做到 JIT 上线配送。

外供件的上线配送几乎都外包给了第三方物流公司，只有电瓶类的特种物资受保管条件的限制由供应商直接上线配送。原则上第三方物流公司由主机厂来选择。外供件的费用实际由出厂价和运费组成，出厂价与供应商有关，运费则与第三方物流公司有关，由供应商与第三方物流公司结算。供应商的报价虽然没有明确提出运费由汽车集团承担，但在实际运作中已经算入物料费用中，因此，对于外供件运费的控制也是减少物料成本的途径之一。该集团在未来的外供件入厂物流中希望实现价费分离，即把出厂价和第三方物流运费分开计算。目前，该集团对物料的外包还没有统一的计费方法。对于物流服务商的考核，该集团只是以价格为目标，没有形成完善的考核体系，从多个方面对物流服务商进行综合评价，如上线配送的及时率、响应时间、服务质量等。

（3）互供件上线配送

该集团拥有 4 个部件制造部，分别为主机厂提供零部件，称为互供件的上线配送。各部件制造部按照集团计划部下达的生产任务组织生产，零部件下线后存放在成品库，最后由第三方物流公司根据指令送到各主机厂。各部件制造部都有自己独立的第三方物流服务商及各自的物流管理体系（见图 8-6）。

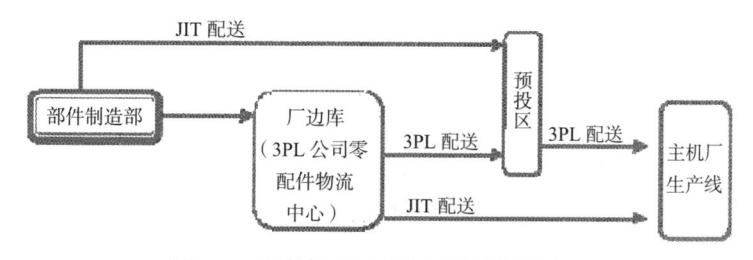

图 8-6　汽车集团互供件上线配送流程

193

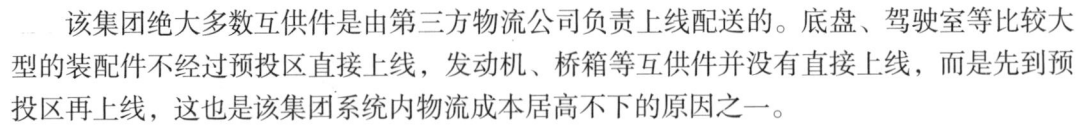

该集团绝大多数互供件是由第三方物流公司负责上线配送的。底盘、驾驶室等比较大型的装配件不经过预投区直接上线，发动机、桥箱等互供件并没有直接上线，而是先到预投区再上线，这也是该集团系统内物流成本居高不下的原因之一。

（4）整车销售物流

客户订购车辆以后，整车生产公司安排生产，销售公司运转中心能够通过信息系统了解销售计划、车辆去向及下线时间，由物流部开具运转指令单。当车辆下线时，暂存在整车生产公司的露天仓库，运转中心随即通知车队前往整车生产公司库房检查车辆并进行车辆的交接，再根据指令单将整车送到各地指定的服务站，然后进行扫码、盖章、车辆检查交接，由物流公司将指令单带回销售公司。目前，该集团整车运输外包给7~8家小型的物流公司，需要人员时由这些不成体系的物流公司组织车队，人员素质低下、管理散漫是普遍的现象，存在大量的安全隐患。

（5）备件物流

这里的备件物流主要指备件的销售物流，这些备件一部分来自上游供应商，另一部分由集团内部二级公司生产提供。备件在集团销售部交接后，第三方物流公司将货物发送到全国各地中心库，然后再由各个分公司的中心库发送到各服务站。

目前，备件物流由各个销售分公司负责。销售分公司在每省设立一个中心库，各个中心库有备件基数，即安全库存。车主车辆需要维修时到各服务站进行登记，各个分公司进行审核并综合区域内所有的服务站的备件需求，根据备件使用计划、耗材消耗情况制订消耗计划，销售公司按每月的消耗计划对各个中心库进行调拨补货，安排专门的物流公司将备件运输到各个中心库。同时，各个中心库可以制订与消耗计划相互独立的临时计划，销售公司根据临时计划随时对各个中心库进行补货。

目前，备件的运输采用的是外包形式，3个销售公司各自都有一家物流公司负责备件从主机厂到各地中心库的运输，以及一些旧件回收物流运输。

（6）配件销售物流

该集团以前由销售公司顺带完成配件的销售，后来专门成立了一个配件公司，负责配件市场销售与物流。随着市场需求的不断增加，配件公司业务快速发展，2005年成立初期年销售量只有1 600万元，到2009年达到了7亿多元。配件公司主要负责集团内所有销售车辆出三包期后的车辆修理，拥有配件网点500多家，网点全面铺开，实现了配件销售网络体系。配件公司80%的配件销往该集团各地销售公司的服务站，另有20%提供给社会。

总体来说，该汽车集团的主机厂和部件制造部分别有自己的物流管理体系，在整体上形成了多套平行的供应链。这种局面使得物流没有形成规模，资源得不到共享，造成重复浪费的现象。例如，各二级公司都拥有自己的第三方物流公司，并且进行分散管理。这些第三方物流公司大多为中小型企业，自身缺乏科学的物流技术支撑，无论是在资金上还是在设施设备配置上都没有优势，但其为了降低物流成本，只能采用传统的物流技术，以人工的方式进行物流操作。这就使得物流管理水平很低。各二级子公司对物流的考核仅仅在时间和财务上做分析，不能严格掌控第三方物流对物料的处理过程。

8.2.2 基于物流分散管理现状的物流成本核算方案

在分散物流管理的现状下,该集团为了开展一体化供应链管理的运作,逐渐开始重视物流管理,从而设置了一套物流成本的核算体系。此前企业能够统计出来的只是支付给外部运输和仓库企业的委托物流费用,而自营的物流成本部分无法显示,即所谓"冰山一角"。集团公司希望通过物流成本核算体系的设计,全面了解集团内部物流成本发生的情况,从而为开展一体化供应链管理创造条件。

1. 会计科目设置的基本原则

该集团公司在会计核算科目设置时,考虑了以下几个基本原则:

1)在科目设置中,不包括生产物流成本,会计核算中把生产物流成本都计入产品的生产成本,不单独考虑生产物流成本的核算问题,也不对生产成本进行单独的核算与分析。

2)一级科目按照物流流程设置供应物流成本、销售物流成本、回收物流成本等科目。

3)明细科目的设置尽量按照物流的相关作业(或者部门、责任中心)来设置,以更有利于物流作业管理或物流责任中心管理的展开。

2. 3个整车厂物流成本核算科目设置

3个整车厂物流成本核算科目设置如表8-2所示。

表8-2 3个整车厂物流成本核算科目设置

一级科目	明细科目	费用项目	备注
采购供应物流成本	采购供应管理费用	工资、福利费、办公费、差旅交通费、折旧及修理费、材料消耗、低值易耗品摊销、劳动保护费、工会经费、职工教育经费、劳动保险费等	核算整车厂采购供应部门发生的成本
	预投物流成本	外包预投物流费用、预投区人员工资和福利费、折旧与修理费、材料消耗、其他	核算预投区发生的成本
销售物流成本	仓储费	成品储存区人员工资和福利费、固定资产折旧费、水电费、物料消耗等	核算成品储存环节发生的物流成本

其中,由于外供件管理采用供应商管理库存方式,整车厂并没有原材料库存及库存管理,因此在采购供应物流环节,只有采购供应管理费用及预投区物流成本两个明细科目。预投区是原材料上线配送前在生产厂区的一个缓冲区,大部分情况下由生产厂负责管理。另外,整车生产完成后,就交付给销售公司负责销售过程,因此,整车厂的销售物流成本只有少量的整车存储费用。

考虑隐性物流成本,整车厂还须统计两个部分:一是供应物流成本中包含在外供件价款中的供应物流成本,其估算方法是单车外供件估计货值×2.8%×产量,其中2.8%是估计的外供件价款中包含的供应物流成本比率;二是销售物流成本中包含的库存占用资金的利息,估算方法是平均库存量×资金成本率,其中资金成本率可以用贷款利率表示。

3. 3个销售公司物流成本核算科目设置

3个销售公司物流成本核算科目设置如表8-3所示。

表 8-3　3 个销售公司物流成本核算科目设置

一级科目	明细科目	费用项目	备　注
备件供应物流成本	供应管理费用	工资、福利费、办公费、差旅交通费、折旧及修理费、材料消耗、低值易耗品摊销、劳动保护费、工会经费、职工教育经费、劳动保险费等	核算销售公司在备件供应部门发生的成本（不含备件自身的成本）
	备件仓储费	外包仓储费用、备件储存区人员工资和福利费、固定资产折旧费、水电费、物料消耗等	核算备件储存环节发生的物流成本
备件配送物流成本	外包备件配送费用		向外地发货时外包的费用
	自营备件配送费用	包括人员工资、办公费用、固定资产折旧费等	向外地发货时自营的费用
备件回收物流成本		回收过程中发生的运输费用	
整车销售物流成本	销售物流管理费用	销售公司中物流管理人员的工资及相关的费用	是企业营业费用中的一部分
	外包整车运输费用		
	自营整车运输费用		

销售公司的业务有两部分：一部分是整车的销售及其物流组织，另一部分是备件供应和配送物流组织。因此设置一个整车销售物流成本一级科目，同时设置备件供应物流成本、备件配送物流成本（指备件发货到各省市中心库的成本）及备件回收物流成本 3 个跟备件物流相关的一级科目。

考虑销售公司的隐性物流成本，也包括供应物流与销售物流两个部分：一是备件供应物流成本中的备件库存资金利息，其估算方法为平均库存×资金成本率；二是整车销售物流成本中整车库存资金利息，其估算方法为在途整车平均库存量×资金成本率。

4．4 个部件制造部物流成本核算的科目设置

4 个部件制造部物流成本核算科目设置如表 8-4 所示。

表 8-4　4 个部件制造部物流成本核算科目设置

一级科目	明细科目	费用项目	备　注
采购供应物流成本	采购供应管理费用	工资、福利费、办公费、差旅交通费、折旧及修理费、材料消耗、低值易耗品摊销、劳动保护费、工会经费、职工教育经费、劳动保险费等	核算销售公司在备件采购供应部门发生的成本（不含材料自身的采购成本）
	材料仓储费用	外包仓储费用、人员工资和福利费、固定资产折旧费、水电费、物料消耗等	核算材料入库、储备环节发生的物流费用

续表

一级科目	明细科目	费用项目	备注
销售物流成本	产品包装费用	包装材料费、托盘器具费、包装机械折旧费、人员工资和福利费、水电费等	
	成品仓储费用	外包仓储费用、人员工资和福利费、固定资产折旧费、水电费、物料消耗等	核算产品储存和出库环节发生的费用
	外包配送费用		向集团内配送发货时外包的费用
	自营配送费用	包括人员工资、办公费用、固定资产折旧费等	向集团内配送发货时自营的费用
回收物流成本			回收过程中发生的运输费用

部件制造部的物流成本核算及科目按照采购供应物流成本、销售物流成本和回收物流成本设置。其中，销售物流成本中单独设置了产品包装费用一个明细项目，以对产品包装及发送时的托盘器具成本进行核算与管理。

关于部件制造部的隐性物流成本，在采购供应物流成本中包括两个部分：一是包含在外供件价款中的供应物流成本，其估算方法为外供件估计货值×费率；二是材料库存资金利息，其估算方法为平均库存量×资金成本率。在销售物流成本中的隐性物流成本为成品库存资金利息占用，其估算方法为平均库存×资金成本率。

5．配件公司物流成本核算科目设置

配件公司物流成本核算科目设置如表 8-5 所示。

表 8-5　配件公司物流成本核算科目设置

一级科目	明细科目	费用项目	备注
供应物流成本	供应管理费用	工资、福利费、办公费、差旅交通费、折旧及修理费、材料消耗、低值易耗品摊销、劳动保护费、工会经费、职工教育经费、劳动保险费等	本项核算销售公司在备件采购供应部门发生的成本（不含材料自身的采购成本）
	配件仓储费用	外包仓储费用、人员工资和福利费、固定资产折旧费、水电费、物料消耗等	核算材料入库、储备环节发生的物流费用
销售物流成本	配件包装费用	包装材料费、托盘器具费、包装机械折旧费、人员工资和福利费、水电费等	
	外包配件配送费用		向集团内配送发货时外包的费用

续表

一级科目	明细科目	费用项目	备注
销售物流成本	自营配件配送费用	包括人员工资、办公费用、固定资产折旧费等	向集团内配送发货时自营的费用
	外包配件运输费用		向外地 4S 店发货外包运输费用
	自营配件运输费用		向外地 4S 店发货自营运输费用
回收物流成本		回收过程中发生的运输费用	

配件公司负责 3 类产品销售服务三包期结束后的维修配件销售与物流组织。其配件的采购工作比较简单，实际上配件都是由主机厂统一采购的，因此，其配件来自主机厂和部件制造部。其核算科目也按照供应物流成本、销售物流成本和回收物流成本 3 个一级科目来设置。

配件公司的隐性物流成本包括供应物流成本中的材料库存资金利息，其估算方法为平均库存量×资金成本率。

6．物流成本核算方法的选择

由于该集团公司现行会计核算信息系统的限制，也考虑到会计人员对物流及物流成本的了解有限，因此，在会计方式与统计方式两类物流成本核算方式中，该公司选择采用统计方式的物流成本核算。在实施中，集团公司财务部从每个二级单位（包括 4 个部件制造部、3 个主机厂、3 个销售公司和配件公司）抽调 1~2 名会计人员，聘请物流成本专家对他们进行为期两天的物流及物流成本核算相关知识培训，由他们负责每个二级厂的物流成本统计核算工作。通过培训，物流成本的统计核算得到比较顺利的执行。

8.2.3 一体化物流管理模式及其物流成本核算

1．一体化物流整合的基本思路

由于该集团物流管理的条块分割，导致整个物流效率低下，现有的物流管理体系已经不能适应其自身的发展，因而该集团准备在集团层面进行全面整合，以使集团拥有一体化的物流管理体系。

按照设计，准备在集团公司层面形成采购供应管理部、生产部、销售公司三大独立的业务板块，分别承担整个集团的采购供应协调与物流管理、生产组织协调及市场的运作与管理职责。设立一个独立的物流中心，全面负责各个二级厂的采购供应物流运作；同时，各二级公司原有的物流相关部门职能削弱，只承担日常的供需计划执行，从而在整个集团内形成一个垂直一体化的、现代化的、高效化的供应链物流管理体系。

一体化物流运作整合的基本思路是：通过采购供应管理部和物流中心，把多个二级厂的物流系统整合，集中实现采购供应物流的一体化管理；通过销售公司整合原有 3 个销售公司的销售物流系统；配件公司保留，并把原来销售公司中备件物流的职能整合进来，生产部负责生产组织和生产计划、生产物流的组织工作。

（1）在供应物流方面

在集团层面设立采购供应管理部，其主要职能包括物料基础数据管理、供应商管理、物资采购招标管理、物流服务商招标管理、物流绩效考核、采购平台的运营与集团大宗物资、通用件的集中采购、供应链物流信息平台的管理、编码与工位器具、包装的标准化管理等。

在集团层面设置一个物流中心，该物流中心负责整个集团外供件、互供件的采购供应物流（入库、仓储、上线配送等）。

各二级生产公司相应地设立采购物流部，主要负责原材料与零配件的采购（商流），以及日常的生产供需计划执行。

（2）关于销售物流

在集团层面成立销售公司，销售公司完全整合现有的三大整车销售体系，全权负责整车销售与发运职能，而备件物流建议并入配件公司的管理范围之内。

（3）配件公司

配件公司按照原来的方式运作，只是把备件的物流也整合进来，因此配件公司负责备配件的销售与物流运作业务。

另外，集团层面的生产部负责组织协调各个部件厂及主机厂的生产环节，关于生产物流成本的核算也不多加考虑。

2．基于一体化物流管理模式的物流成本核算科目设置

基于这样的物流管理整合思路，提出了一体化管理模式下集团公司物流成本核算体系（见表8-6）。

表8-6 集团公司层面物流成本核算科目设置

一级科目	明细科目	费用项目	备注
采购供应管理费		工资、福利费、办公费、差旅交通费、折旧及修理费、材料消耗、低值易耗品摊销、劳动保护费、工会经费、职工教育经费、劳动保险费等	核算集团采购供应管理部（仅指该部门）发生的成本
物流中心运营费	物流中心外包运营费	支付给外包运营商的费用	如果物流中心的运营外包的话，就设置这两个明细科目
	物流中心自营费用	固定资产折旧费、自营人员工资薪酬及其他自营支出费用	
	进货运输费	包括入库巡回取货费用或运输费用、人员工资、车辆折旧费及外包运输费等	如果物流中心自营，可以选择设置这些明细科目。在主物流中心之外可能要设置几个分物流中心，这时就设置相应的明细科目单
	装卸入库费	入库设备折旧费、装卸入库人员工资、物料消耗等	
	仓储费	仓库折旧费、仓储人员工资、水电费、物料消耗等	

续表

一级科目	明细科目	费用项目	备注
物流中心运营费	生产配送费	配送车辆折旧费、人员工资、配送外包成本等	独核算分物流中心的成本
	物流中心管理费用	物流中心管理人员工资和福利费、办公费用、差旅费用、折旧费用等	
	互供件物流费	互供件入库、仓储、配送的人工、水电、折旧等费用	
	A物流分中心运营费	物流分中心A的各项费用	
	B物流分中心运营费	物流分中心B的各项费用	
销售物流成本	销售物流管理费用	销售公司中物流管理人员的工资及相关的费用	是销售费用中的一部分
	零配件出库运输费	运输到各地区域物流中心的长途运输费、车辆折旧费、人员工资或外包费用等	核算零配件向各地运输的费用
	卡车销售物流费用	卡车公司整车销售运费及相关费用	
	商用车销售物流费	商用车整车销售运费及相关费用	
	轿车销售物流费用	轿车公司整车销售运费及相关费用	

对于二级生产厂，包括4个部件制造部和3个整车生产厂，都会有相应的采购和物流管理部门，但它们只负责日常的采购与供需计划，并不直接参与物流作业，从而每个二级厂发生的物流成本仅限于采购与物流管理人员的日常支出，因此每个二级厂设置一个物流运营费一级科目即可。3个销售分公司的物流职能被集团公司总体上整合，因而也不具体负责物流业务，从而实现了商流与物流的分离，销售分公司只负责商流的实现，具体物流由集团层面的销售公司负责，也无须进行物流成本的核算。

配件公司的运行模式与原来相同，只是增加了备件物流的职能，因而在科目设置上可以增加一个备件物流成本一级科目，设置供应物流成本、仓储物流成本和配送物流成本3个明细科目。也可以不单独设置备件物流成本一级科目，而将备件物流的相关成本并入原来配件的供应物流成本、销售物流成本与回收物流成本中，这样，配件公司的物流成本核算科目保持原来的设置不变。

阅读材料：零售连锁企业的物流成本控制

8.3 区域性商贸物流的物流成本管理与控制

区域性商贸物流是现代物流运营的重要表现形式，这种物流形式主要由采购进货、仓储、销售配送3个基本环节组成，通过一个或几个大型配送中心，实现商贸物流的运转。区域性大型商业连锁超市、区域性医药流通企业、烟草商业企业、跨国或全国性大型企业的区域销售公司、一些大型 B2C 电子商务企业的区域物流中心，以及为上述企业提供物流服务的第三方物流企业，它们的物流组织过程都属于这一类区域性商贸物流的范围。这里以某区域性医药流通企业为例，阐述这类区域性商贸物流的物流成本管理与控制。

8.3.1 企业基本情况

A 医药流通企业成立于 2008 年 10 月，企业注册资本为人民币 800 万元整。企业经营注册地址设在某地级市民营经济开发实验区。企业占地面积 50 余亩，并按照现代物流企业的标准新修建了两栋适合大物流的仓库，面积 6 000 余平方米。企业所处的地理位置优越，交通相当便利。企业主要经营中药材、中药饮片、中成药、化学药制剂、抗生素制剂、化学药品、生物制品、保健食品和医疗机械，经营品种 6 000 余种。企业自成立以来，始终坚持"顾客为尊、市场为首；服务为本、人才为源"的经营理念，开创"服务客户、服务社会、服务行业"的一流服务体系，形成了一支讲团结、高素质、高效率的营销队伍。经全体员工的努力，现销售网点遍布该地级市，拥有终端客户 1 000 余家。

随着管理、经营团队的基本成熟及管理系统的完善和销售网点的成熟，其与全国几百家药品生产企业建立购销平台，品种近万个，再加上现代化的物流设施，以及以客户为中心的服务理念，A 医药流通企业正努力将企业建设成一个规范、高效的现代化医药流通及物流企业。

A 医药流通企业主要是进行医药产品的流转和销售的。在 A 医药的品牌下，建立下游连锁门店的销售渠道，同时，在市区城市中设立相应的直营连锁店。在公司组织结构中设立了门管中心、营销中心和各职能部门。其中门管中心负责公司连锁门店及相关客户的管理，营销中心则负责进行销售和物流配送相关活动。A 医药流通企业结合自身业务的情况，以职能型组织结构对企业进行了组织结构设计（见图 8-7）。

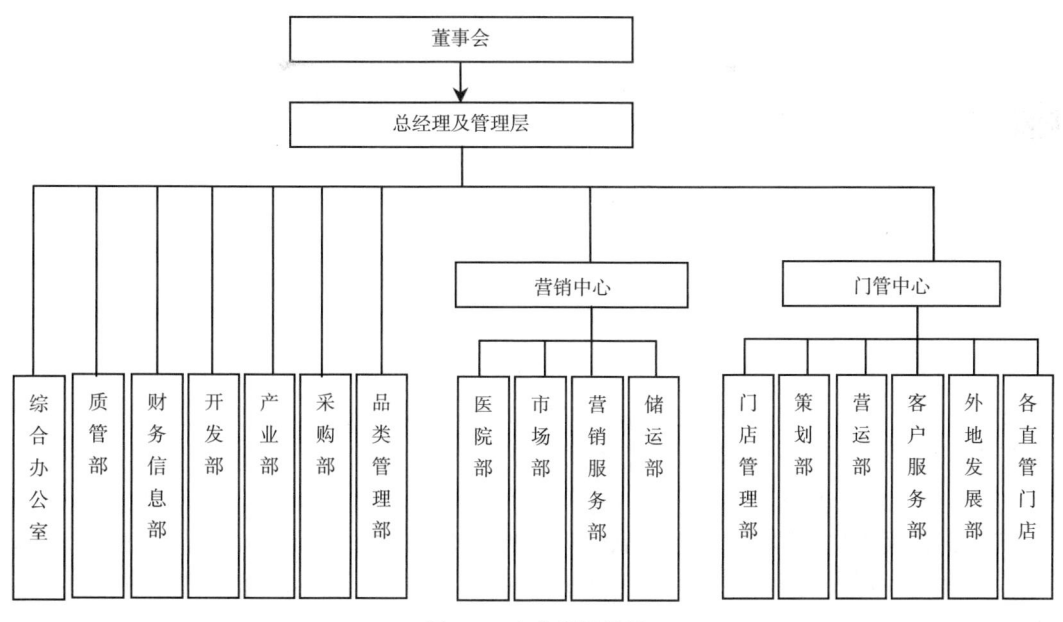

图 8-7　企业组织结构

在企业组织机构中，企业有 1 位总经理，3 位副总经理；综合办公室有 7 名员工，质管部有 6 名员工，财务信息部有 12 名员工，采购部有 8 名员工，营销中心市场部和医院部有 29 名员工，储运部有 28 名员工，其他部门如工会、人力资源部等共有 11 名员工，企业人员合计 103 名。

8.3.2　企业业务流程与物流成本核算

1．企业业务流程分析

A 医药流通企业主要经营医药商品，从上游供应商购进药品，通过公司自有物流系统进行运作，销售至下游经销商处。从企业各部门活动进行企业业务流程分析，可以得到 A 医药流通企业的业务流程分析如图 8-8 所示。

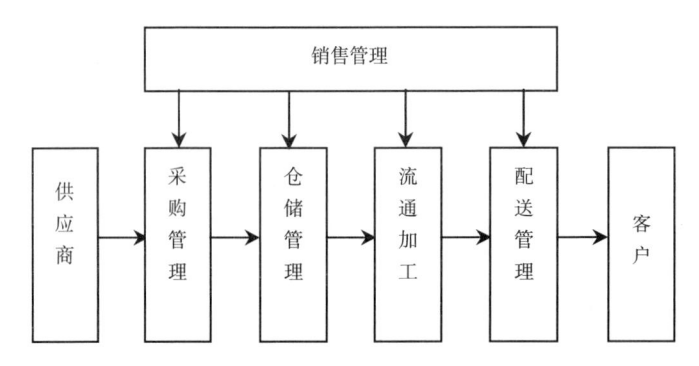

图 8-8　企业业务流程分析

上述业务流程包含了流通企业的采购进货、仓储和销售出货配送 3 个主要环节。在采购进货环节中，A 医药流通企业的采购部门根据其采购计划，向供应商进行采购，采购药品到库后，采购人员和质检人员进行验收，仓储保管员进行入库处理，财务信息部进行入库信息处理；在仓储管理环节中，医药商品主要在企业仓库进行仓储和日常维护，需要质检人员协同进行医药商品的维护和盘点，事后进行数据处理；在销售配送环节中，在销售人员获得客户订单后，仓储保管员进行订单的拣选、备货和装卸搬运，通过企业的车辆进行配送发货处理，事后进行出库信息处理。

2．物流成本的构成及核算

按照企业的物流业务流程，A 医药流通企业的物流成本可以分为采购作业成本、仓储作业成本、流通加工成本、装卸搬运成本和配送运输成本。

传统的会计制度在企业的成本核算中，不单独考虑物流成本。这里可以采用本书第 4 章介绍的作业成本法对该企业的采购作业成本、仓储作业成本、流通加工成本、装卸搬运成本和配送运输成本进行核算。

通过对 A 医药流通企业的业务分析，可以将该企业的日常运作活动分为 13 个基本作业单元，包括采购订货作业、到货药品验收、药品验收入库、订单拣货作业、核对理货作业、包装备货作业、装卸搬运作业、配送运输作业、库存盘点作业、信息维护作业、质检维护作业、销售洽谈和售后服务。在作业成本法的实施中，需要将企业营业费用、管理费用和财务费用归集到物流各作业环节中。采购作业成本从管理费用和财务费用中进行分配处理。其他物流相关成本从营业费用中进行分配处理。其中不考虑资金的机会成本，工人工资按时间分配到各环节之中，水电费、通信费按工作人员及企业标准进行所属部门分配，设备维护及折旧费按设施用途环节使用时间比例进行分配。通过将营业费用、管理费用和财务费用按明细科目进行物流作业成本费用分配之后，可以得到各项物流作业的成本。

8.3.3 企业物流成本分析

1. 物流成本的构成结构分析

运用上述作业成本法，可以得到该医药流通企业近 3 年的物流成本构成状况，如表 8-7 所示。

表 8-7 企业近 3 年的物流成本构成　　　　　　　　　　　　　　单位：元

成本费用支出	2018 年	2017 年	2016 年
采购作业环节	172 212.83	174 165.25	172 675.85
仓储作业环节	287 335.26	302 516.89	288 107.80
流通加工环节	269 023.08	279 023.36	269 746.39
装卸搬运环节	54 218.62	53 710.27	54 364.39
配送作业环节	309 774.40	401 772.15	310 607.27

根据表 8-7 近 3 年的物流成本构成可以看出各环节比重的排序。下面以企业 2017 年度的详细数据进行列表分析，如表 8-8 所示（其中物流成本比率为相关环节作业占物流成本总和的比率；营业费用比率为相关作业环节占营业费用的比率）。

表 8-8 企业作业环节成本比率分析　　　　　　　　　　　　　　单位：元

作业环节	2017 年成本	物流成本比率	营业费用比率
配送作业环节	401 772.15	33.17%	22.63%
仓储作业环节	302 516.89	24.98%	17.04%
流通加工环节	279 023.36	23.04%	17.71%
采购作业环节	174 165.25	14.38%	—
装卸搬运环节	53 710.27	4.43%	3.02%

表 8-8 中配送管理成本是物流成本中比重最高的单项活动。流通加工环节和装卸搬运环节可以合并至仓储作业环节中进行仓储管理分析。

2. 采购管理成本分析

（1）采购管理成本的构成分析

企业采购部门由 8 名员工组成，员工日常工作主要是通过企业管理信息系统进行采购管理。采购部门处理采购订单时的考虑因素主要有两类：一类是根据库存明细和企业制订的计划进行订单处理；

阅读材料：物联网背景下我国连锁企业物流成本管理研究

另一类是为特殊客户订单进行定制采购。

A 医药流通企业物流成本中的采购管理的成本涉及订货成本、维持成本和缺货成本。订货成本包括采购人员进行请购活动、采购询议价、采购验收和采购入库等相关活动产生的费用。例如，进行供应商调查、询价、比价、议价、谈判等活动所发生的通信费、办公用品费、人工费等；负责采购事项的采购人员参与货物验收所发生的人工费、差旅费、通信费、检验仪器、计量器具等所发生的费用；结算采购款项所发生的费用。维持成本包括存货资金成本、仓储保管费用、装卸搬运费用和存货折旧费等。例如，因存货占用了资金而使这笔资金丧失使用机会所产生的成本、货物存放在仓库发生的仓库租金、仓库内配套设施费用，以及因仓库日常管理、盘点等活动发生的人工费等；存货在维持保管过程中因发生质量变异、破损、报废等情形而发生的费用。缺货成本包括安全库存成本、延期交货及其损失、失销损失和失去客户的损失。例如，为防止需求或不确定性的供货提前期而在仓库中保持一定数量医药商品的库存所发生的费用；缺货而延期交货所发生的特殊订单处理费、额外的装卸搬运费、运输费及相应的人工费等；因缺货而增加购进费用或失去客户的损失。

对 A 医药流通企业 2017 年的费用进行分类，可以得到企业采购管理成本构成明细，如表 8-9 所示。

表 8-9 采购管理成本构成明细 单位：元

采购作业环节	订货成本	存货资金成本	仓储保管费用	验收搬运费用	采购作业相关工资	缺货成本
174 165.25	19 200.00	19 365.25	10 000.00	1 000.00	129 600.00	4 000.00

其中订货成本和相关工资主要从企业 2017 年的管理费用明细中进行分配，存货资金成本与缺货成本由财务部门根据相关数据计算，其他明细科目费用从企业营业费用中分配。

（2）采购管理对企业成本控制不当的影响

A 医药流通企业与全国几百家药品生产企业建立购销平台，进行医药商品的采购。采购管理直接涉及与上游医药生产企业的购货关系，需要进行具体采购事项的洽谈。上游供应商是企业物资的来源，而且采购价值直接决定企业未来的利润空间。采购价格与采购数量存在着重要的依托关系，采购数量又会对企业的仓储管理形成重大影响。企业在进行采购时需要进行采购价格的严格控制，同时还要注意采购数量对企业整体经营运作的影响。A 医药流通企业采购部门工作人员在处理日常采购工作时，多数采用经验法，并不能进行科学的规划。

A 医药流通企业采购管理在采购管理中可以借鉴经济批量订货模型，根据企业采购部门的历史数据、企业销售业绩及企业本年度的计划进行合理的规划。这样可以从采购管理这一环节对企业的成本进行改善，达到降低企业采购成本的作用。

3. 仓储管理成本分析

A 医药流通企业按照现代物流企业的标准新修建了两栋适合大物流的仓库，面积 6 000 余平方米。其中一栋用作办公、验收货物和中药房管理，另一栋则全部用作仓储管理。企业仓储部门设有经理、副经理、保管员、收货员、退货员和搬运工职位。其中经理和副经理各一名。保管员人数较多，在进行理货、备货时需要几个人一起合作，企业进行了分组，不同的小组负责不同区域订单的处理。

（1）企业仓储成本构成分析

A医药流通企业的仓储成本包括仓库管理中涉及的储存、流通加工、包装和装卸搬运活动产生的费用支出。如仓储维护成本、包装材料费用、流通加工材料费、装卸搬运设备损耗及人工费用等。仓储部门日常作业活动成本费用主要包括3类：材料损耗及设备维护折旧费和人工费用。其中A医药流通企业库存商品的资金占用成本在采购成本中进行分配。考虑到资金占用成本按其责任来划分，一部分是企业拥有库存医药商品不可避免的必然发生的成本，另一部分是由于采购管理不当而形成的企业物流成本增加。通过对A医药流通企业2017年的费用进行分配，得到仓储成本构成明细，如表8-10所示。

表8-10 仓储管理成本构成明细　　　　　　　　　　　　　　单位：元

	工　资	低值易耗品摊销	水电费	维修费	折旧费	维护费用	合　计
仓储基础活动	162 007.56	3 500.00	22 093.48	965.00	100.00	81 058.00	269 724.04
流通加工环节	216 004.32	35 600.00	2 2093.48	1 930.00	3 000.00	0.00	278 627.80
装卸搬运环节	36 000.28	3 500.00	11 046.75	965.00	2 000.00	0.00	53 512.03
仓储管理环节	414 012.16	42 600.00	55 233.71	3 860.00	5 100.00	81 058.00	601 863.87

表8-10中工资根据作业活动的员工人数进行分配；低值易耗品摊销主要为流通中进行的包装，因此，根据具体材料的使用比例，以流通加工为主，兼顾其他环节的使用进行分配；水电费根据各项作业在仓库中的时间比例进行分配，仓储基础活动与流通加工分别占40%，装卸搬运活动占20%；折旧费按照仓储作业活动中使用工具的时间比例进行分配；维修费包括仓储质检维护和信息维护两方面。仓储基础工作人员多，工资占仓储管理总成本的68.79%。因此，应该加强工作人员工作效率改进，使仓储成本中比率最重的成本项目发挥出最大的成本效益。

（2）仓储管理对企业成本控制不当的影响

仓储管理包括采购物资验收环节、仓储管理物资储备环节、仓储管理拣货理货环节和仓储管理日常维护环节。

1）在采购物资验收环节，企业采购管理人员根据订单凭证验收到库货物的名称、数量、编码及相关信息，核对无误之后确定验收，并将货物置于货物验收区，等待仓储部门保管人员进行入库处理。仓储保管人员从货物验收区再次进行货物名称、数量、编码及相关信息核对，核对无误之后用手推车将货物运送至另一栋仓库，进行仓储堆放和货物上架处理。在整个采购物资验收环节中，货物验收过程具有重复作业，可以适当根据货物的性质及重要程度进行验收流程的简化，提高药品入库的效率。

2）在仓储管理物资储备环节中，仓库布局中一楼除理货和待发货区域之外的空间，可布置为货架，进行零散药品摆放。二楼为木托盘布局形式进行货物成件堆放储备，在管理区位置配备了货物电梯。由于客户的订单均为多品种、少批量形式，仓管人员需要根据每日客户订单从货架处进行拣货理货和包装处理。在货架药品不足的情况下，再从货物堆放处取件拆解后放置于货架之上。

3）在理货拣货环节作业中，由于订单的品种较多，不同小组的仓储保管员负责不同区域范围内医药商品的选取。工作人员根据订单中医药商品的名称，估计其所在位置，然后进行拣货，用纸箱盛放，然后用手推车运送至理货区，再由相关工作人员进行订单的核对包装处理，装箱处理之后运送至订单所在地区的待发货区等待配送。在此环节中，由于客户订单的随机性，工作人员需要不停地穿梭于仓库走廊，来回进行货物选取。此外，进行订单药品拣货和包装时的订单核对存在重复作业。企业设定此环节是为了避免发货错误，提高发货准确率。但是也可以考虑更改此环节的作业以提高工作效率。因此，根据具体情况，考虑企业配送业务的频繁程度，企业可以选择侧重于效率还是准确率。

4）仓储管理部门在日常维护过程中，需要关注3个方面的问题：第一，药品数量是否与库存数量存在出入；第二，药品的生产日期是否到达设定的期限标准，需要进行处理；第三，药品是否出现损坏。在月末或者月初之际，工作人员会定期对仓库的药品进行数量盘点。此时，工作人员根据库存明细表，对不同药品进行实地盘存，核对该药品的数量及质量。在这一过程中，库存明细表根据药品首字拼音进行排列，仓库中药品先根据品类进行布置，再根据名称进行摆放，进行盘点时仓储保管员需要根据经验进行定位，并进行盘点。

A医药流通企业仓储管理环节中，可以对上述4项基本作业进行改进对策分析，对无效作业可以采取一定方法进行控制。此外，针对企业仓储系统可以进行整体的改进分析。

4. 配送管理成本分析

A医药流通企业拥有连锁门店60余家，网点遍及地级市八县一市三区的主要乡镇和农村，拥有1 000多家终端客户，并与数百家上游厂家建立了购销关系。目前已建成了市区较大规模的医药物流中心，为全市大药房各连锁门店与周边地区的县乡镇医院、卫生院和农村单体药店，提供药品物流配送服务。

（1）企业配送管理成本构成分析

配送管理的成本主要包括装卸搬运及配送的人工费用、车辆燃油修理及折旧费用和其他车辆营运费用等。对A医药流通企业2017年的费用进行分析，得到企业配送成本构成明细，如表8-11所示。

表8-11 配送管理成本构成明细　　　　　　　　　　　　　　单位：元

配送作业环节	工资	低值易耗品摊销	车管费	维修费	通信费	折旧费
401 772.15	36 000.00	3 000.00	252 720.11	965.00	1 200.00	107 887.04

表 8-11 中低值易耗品摊销、修理费和折旧费根据配送环节在总费用中占的比率进行分配；通信费根据配送员在日常业务中定额的分配进行计算；车管费包括燃油费 227 174.11，和过路过桥费 14 200.00 元等，是配送运输作业的主要成本项目，占总配送管理成本的 62.90%。在企业的配送管理环节中，需要在降低车管费方面进行控制。

（2）配送管理对企业成本控制不当的影响

配送管理活动从企业配送网点及企业配送管理作业两个方面进行分析。首先，A 医药流通企业的配送网点可以分为 3 类：直营店的配送、加盟连锁店的配送、乡镇医院卫生院和单体药店的配送。企业从上游生产商手中进货，按订单向终端零售商提供货物，所有物品在企业的两栋仓库中进行库存管理。从企业的直营店配送出发，企业是作为一个物流仓库存在的，为销售提供后勤活动；从企业的加盟连锁、卫生院和单体药店出发，企业是作为一个大型的药品配送中心存在的，为下游销售商提供配送服务。药品从上游供应商运输到企业仓库，企业根据订单信息对物流进行配送运作。其物流活动流程如图 8-9 所示。

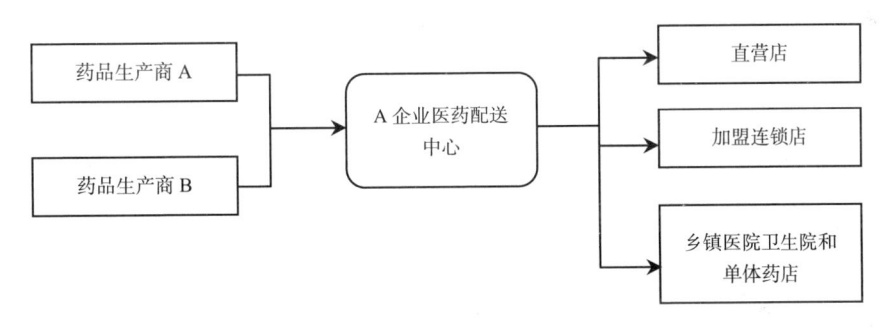

图 8-9　企业的物流活动流程

销售人员和前台工作人员根据客户需求开出单据，一式多联，由相关工作人员将其中三联交至仓库管理人员。仓库管理人员安排工作人员按订单进行拣货，然后再进行配装，放置在相应地区的待发货区域内。搬运工作人员按照车辆安排进行搬运和装货，装货完成后就进行配送。A 医药流通企业的配送运输工作管理是由配送管理人员根据经验将其配送网点按地区划分，实行初步固定的周计划，然后根据车辆和货物量及车辆的情况进行具体的配送安排和车辆调度。企业中与配送运输有关的人员有搬运工、配送员、配送管理员、仓库管理员；其配送车辆是企业自有车辆，包括皮卡车和中型货车。

药品配送属于多品种、少批量的配送，医药商品可以按其性能、状态及形状等指标的不同分为不同的类别。此外，同一种产品还存在许多不同生产厂家，因而药品的品种非常多，而零售商对药品的需求具有较高的不确定性，不同的零售商需要补充的药品品种较多、数量较少，这对企业组织配送作业带来了一定的难度。此外，企业现阶段的配送作业效率还相对较低。

根据对企业 2017 年配送管理成本构成分析，得出车管费占总配送管理成本的 62.90%。A 医药流通企业的配送管理可以从配送路径优化和车辆调度出发，在企业的经济合理区域内，分析终端零售

阅读材料：B2C 电商企业自营物流成本比较分析

的需求量，科学合理地安排企业车辆调度，寻求降低企业配送成本的方案，进而使企业的物流成本在配送环节得到改善。此外，还可以从企业作业流程的细节之处寻找改进成本控制的切入点。

8.4 基于供应链的农产品物流成本分析

农产品供应链是将农产品从生产到终端消费各环节所涉及的商流、物流、信息流进行整合，并将生产者、分销商、批发零售商等各方连接成一个具有整体功能的网络结构，其中，物流贯穿供应链始终。由于有效的供应链物流不仅可以建立合理的物流路径及节点，提高物流的运作效率，还可以通过各节点企业间的合作使信息量扩大，各主体都可以掌握供应链上不同环节的市场信息，因此，农产品供应链应该成为节约物流成本的重要发展领域。

8.4.1 农产品供应链分析

1. 自发供应链模式

随着经济的发展，农产品出现了批量成交的需求，农业生产的特殊性也要求形成专业化的合作组织为其服务，这使得农产品批发市场作为解决农业生产和流通矛盾的有效办法逐渐发展起来。

自发供应链模式是一种随机交易、分散经营，以批发市场为主要渠道的供应链模式，如图 8-10 所示。支撑此供应链运行的主要平台是产销地的批发市场。

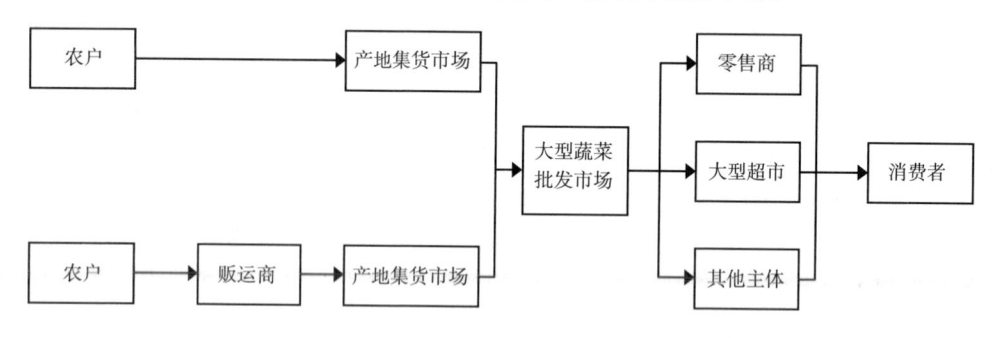

图 8-10 自发供应链模式

自发供应链的主体一般是种植规模很小的农户，农户通常将蔬菜交给专门的贩运商，再运往交易市场进行交易。蔬菜或其他农产品基本未经过加工及质量检验，被运往交易市场后，与采购商的交易主要由经纪人撮合进行。交易活动完成后，相关的运输商对农产品进行各种处理，如分拣、包装、装卸，有些需长途运输的农产品还需预冷、保鲜等操作，接着农产品被运往各地批发市场。在那里，农产品主要销售给零售终端，在这个过程中，分拣、包装和装卸是此环节的主要物流功能。自发供应链的特点包括：

1）主体组织化程度低。农户分散生产、自行采摘、自己承担初始物流功能，提供小规模的交易量。贩运商的规模也不大,他们的设施有限,主要从事运输、包装、暂时存储等。批发商主要是菜贩等小规模的交易主体,其需求存在很大的不确定性。

2)缺少有效的信息系统,信息分散。信息对供应链来说是至关重要的,失真的信息会严重影响供应链的效用。对于此供应链模式来说,产地的市场经纪人是一个信息中枢,这些人通过与采购商的联系确定采购的数量、品种等信息,但这些信息往往带有滞后性,其作用是有限的。

2. 对接供应链模式

对接供应链要求尽量缩短流通时间,减少不增值的流通环节,提高信息的确定性,实现在正确的时间、把正确的产品、以正确的数量、送到正确的地点的目标。市场需求什么,农民就生产什么,这样既可避免生产的盲目性,又稳定了农产品的供应。

两种模式的最大区别在于信息。对接供应链是由信息驱动的,物流在需求信息的指导下有目的、有计划地流动。它以销售终端数据和订单信息为引导,即销售终端将订单信息传递给上游供应商,上游供应商再根据订单信息组织采购及加工配送,配送中心以需求信息来预测,生成采购订单发送给终端生产者,生产者则按订单信息开展采摘。因此,这样的模式我们称为对接供应链模式,如图 8-11 所示。

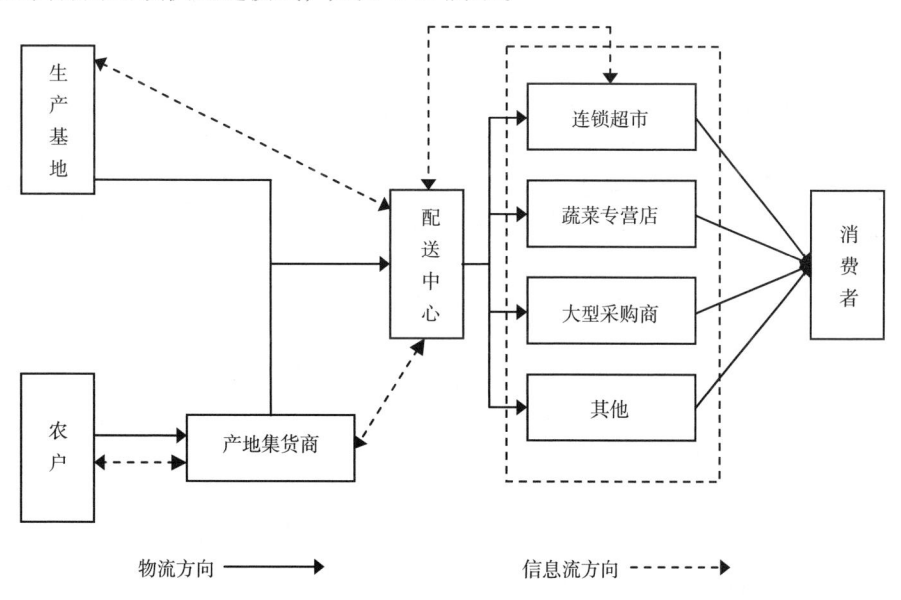

图 8-11 对接供应链模式

此模式的终端生产者除了农户,还有生产基地,其以公司的形式经营,按配送中心的要求组织生产。农户不单独进行交易,而是通过集货商作为中介来组织交易。集货商以配送中心的信息为标准,实施有针对性的采购,同时将配送中心的需求信息传递给农户,使农户有目的地生产。整条供应链的主要节点有终端销售主体、配送中心及终端生产者,各交易主体都在具备相应的规模及软硬件设施条件下进行合作。该模型以合作为基础,以配送中心的预测订单需求为传导,以信息为支撑,各主体配合,从而实现供应链的有效运转。

综上所述，对接供应链的特征主要有如下几点：

1）组织化程度较高，能达到规模经济效益。以生产基地的生产为主、集货商组织农户集中生产为辅，运输配送由专门的企业实施，对运输路线和运输结构进行优化配置，避免了农户个体运输导致的人力和物力损耗，降低了空载率。

2）协作较紧密，能极大地降低交易成本、缩短流通时间。

3）信息化程度高，可以实现信息对物流的有效指导。信息技术的支持使整条供应链有条不紊地运作，不但保证了到货的准确性、及时性，还减少了由于流通不畅带来的损失和浪费，避免了库存积压和供不应求。

通过以上分析我们可以看出，自发供应链由于规模小、分散性高、交易随机性大、组织化程度低等特点使其流通时间长，供应链成本和农产品的损耗居高不下，农户的利益无法得到保障，消费者的购买价格也很高。对接供应链则是生产基地、集货商、配送中心和大型超市通过信息交流合作建立的稳定、长远的伙伴关系，其高组织化程度不但缩短了农产品的流通时间，还极大地提高了农产品的流通效率。

阅读材料：探析生鲜农产品物流成本的构成与管理

8.4.2 基于供应链的农产品物流成本分析

农产品供应链成本的构成要素除了一般供应链成本构成要素，如存储成本、运输成本、管理成本等，同时由于生鲜农产品的生命周期短，随时间的延长损耗逐渐增大，所以在计算供应链成本时，还需将损耗成本及时间因素导致的交易成本考虑进去。根据生鲜农产品供应链的特点，以及各交易环节发生成本的情况，我们将生鲜农产品供应链的成本分为作业成本、损耗成本和交易成本，如图8-12所示。

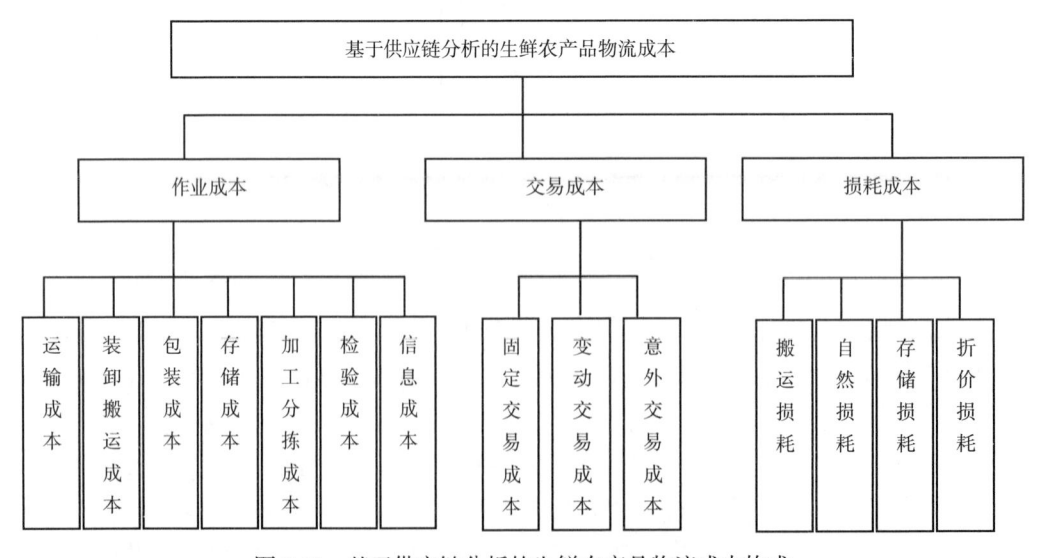

图8-12 基于供应链分析的生鲜农产品物流成本构成

1. 农产品物流作业成本分析

（1）运输成本

运输成本是产品在移动过程中发生的费用，一般包括车辆的损耗成本、员工的工资成本、油耗成本、过路费和固定成本。其中，车辆的维修成本=期限内的维修费用/运输次数；员工的工资成本=某类人员单位时间工资×人员数量×工作时间；油耗成本=单位油价×总耗油量=单位油价×单位油耗×路程；过路费=行驶里程×单位里程收费标准。

（2）存储成本

存储成本是构成物流成本的重要组成部分，也是物流成本管理的重点环节。存储成本的构成与商品存储的时间、商品的体积及存储过程中的管理成本有直接关系，将存储成本分为场地租用成本、设备折旧成本和保管成本。其中，场地租用成本=单位时间单位体积存储成本×存储时间×商品体积；设备折旧成本为设施购置成本在单位时间段的分摊；保管成本=人工成本+燃料与动力消耗成本+内部搬运成本。

（3）装卸搬运成本

装卸搬运活动包括装卸车、出入库及以上各活动的小距离运输，是物流必要的活动。在物流活动中，由于装卸搬运作业的反复进行，其频率要高于其他各作业活动，所以装卸搬运作业就成为影响物流速度的关键环节。装卸搬运成本在物流总成本中所占比例也较高。根据以上理解，并结合生鲜农产品装卸搬运的特点，将装卸搬运成本理解为搬运的人工成本、搬运器械折旧成本。其中，人工成本=装卸搬运人员单位时间工资×装卸搬运人员数×装卸搬运时间。装卸搬运的频率越高、工作人员越多，其装卸搬运成本就越高。

（4）包装成本

生鲜农产品在运输前，为便于运输，需对其进行粗略的包装，并在被运到销售终端时，还要进行精细的包装加工，这时发生的材料费用、人工成本和设备设施折旧成本，就是包装总成本。其中，包装材料成本，根据不同生鲜农产品的形状和质量不同，所产生的包装成本不同。人工成本=包装的工人数×包装工人单位时间工资×包装的时间。包装成本的大小，与包装的数量和质量及包装人员的效率有关。

（5）加工分拣成本

加工分拣成本是人工或机械在分拣产品过程中所发生的成本，包括直接成本与间接成本。直接成本包括人工成本、器械维修成本及设施折旧成本等；间接成本是配送分拣部门为管理和组织分拣而产生的各项管理费和业务费。也可以简化计算，将直接成本看作分拣成本，间接成本看作管理成本。其中，人工成本=分拣人员单位时间工资×分拣人工数×分拣的时间；维修成本=单位蔬菜分拣时间÷维修周期×一次维修费用。分拣成本的大小和分拣设备的有效工作期及分拣人员的效率有关。

（6）检验成本

检验成本是为保证生鲜农产品的品质，在流通过程中对其质量、新鲜度等进行检验而发生的成本，主要由人员成本、仪器折旧成本和药品成本组成。其中，人员成本=检验人员单位时间工资×检验人工数×工作时间。

（7）信息成本

信息成本是指与物流相关的信息处理活动所产生的成本，一般的物流信息成本主要包括三部分：一是库存管理信息费，即与库存残存、移动、分拣等相关的信息处理费用；二是订货信息费，即订货、接受订货、出货等信息费用；三是客户服务信息费，即客户出货查询、追踪等过程产生的信息费用。主要包括信息人员工资成本、订单处理成本和信息设备折旧成本。其中，人工成本=信息人员单位时间工资×信息人工数×工作时间；订单处理成本指信息传输的通信费、电力能源消耗费及网络费等。

除上述各物流作业成本外，伴随着物流活动的还有很多其他成本，如退货成本、意外情况处理成本等，这些都是物流成本的组成部分。

2. 农产品供应链交易成本分析

交易成本是在一定的社会关系中，人们通过自愿交往、彼此合作达成交易所支付的成本。在蔬菜供应链中，各交易主体为了达成合作，进行交易必然消耗一定的物化劳动和活劳动，这就导致了交易成本的发生。科斯将交易成本总结为：① 实际交易之前的交易成本，包括寻找供应商的成本费用、广告费和各种中介费；② 契约签订过程中的成本，包括商定契约条款的费用及中介费；③ 交易之后的交易成本，包括契约的监督费，由于契约不完备性所引起的纠纷成本。关于供应链交易成本的内容，在本书第10章有较为详细的阐述。

结合生鲜农产品交易的特性，生鲜农产品供应链交易成本不仅包括谈判成本、签约成本和信息成本等项目，还应包括生鲜农产品在等待交易时所发生的费用，如人工成本、场地成本。所以，可将交易成本定义为为寻找交易对象而等待时所消耗的成本，包括等待时所付的场地租金成本、人工成本、存储成本和在该段时间内生鲜农产品的损耗成本等，等待的时间越长，交易成本就越大。其中，场地租金=单位时间的场地费用×等待交易的时间；存储成本=产品在仓库存放的时间×单位时间的存储成本；人工成本=等待交易的时间×单位时间人员的工资×该类人员的数量，存储成本和人工成本都是随时间变动的成本，可以将其归类为变动成本；同时，在交易过程中也不可避免地会产生一些意外成本。意外成本是一个随机变量。总体上，从交易成本的组成来看，交易时间的延长导致了交易成本的增长。

3. 农产品供应链损耗成本分析

由于生鲜农产品在流通过程中的消耗大，且消耗量随时间的延长而逐渐增加，到达一定的时间还没有销售出去就会导致其价值全部丧失。损耗成本在生鲜农产品供应链成本中占据很大比例，表8-12反映了生鲜蔬菜采摘后到最终销售过程中的损失情况。

表8-12 生鲜蔬菜采摘后到最终销售过程中的损失情况

处理过程	损失原因	损失率
采收	产品未成熟或过熟，容器不当，采收方法不当造成的机械损伤，采摘后日晒时间过多，采摘后处理不及时或存放过久	4%~12%
售前处理（在田间或加工间）	严重缺陷或腐烂未分拣，机械损伤，不适当的通风和制冷，田间热未及时出去，卫生和存储条件差	5%~15%

续表

处理过程	损失原因	损失率
运输	不适当的包装，粗放装卸增加机械损伤，缺乏适当的温度、湿度和通风处理，不同种类蔬菜混装堆叠，运输延迟等	2%~8%
目的地处理	装卸粗放，在不适当的环境下暴露，产品延迟到达消费者手中，不适当的后熟和存放措施，卫生条件差	3%~10%
消费处理	消费时间延迟，不适当处理	1%~5%
总计损耗	对以上损耗进行累加	15%~50%

目前，一般都将损耗成本归类于折旧成本、设备维护成本等方面，但生鲜农产品供应链成本的特殊性在于损耗的是产品本身，而且随时间的推移损耗量呈指数函数增长。生鲜农产品蔬菜的损耗与装卸搬运次数有关，受存储温度、湿度等条件的影响也很大，但最主要的是受时间因素的影响，即生鲜农产品采摘后，时间越长其价值下降得就越多，如果在其生命周期内不能销售出去，那么该生鲜农产品的价值就会全部丧失。

阅读材料：生鲜农产品物流成本控制对策分析

本章小结

❶ 制造企业和流通企业的物流是两种典型的企业物流模式，第三方物流企业实际上也是为这两类企业提供物流服务的，因此，从物流成本的构成及管理来看，基本可以围绕着这些典型模式来进行分析。
❷ 企业物流成本的核算与管理中，物流成本项目的确定要根据企业业务流程及物流管理的需要来确定，并没有固定成本构成模式。

复习思考题

1．电子商务企业的典型物流模式有哪些？
2．采用集中采购会对集团公司的物流模式及物流成本管理带来什么样的影响？
3．农产品供应链中，物流成本的构成项目有哪些？

第 9 章

我国社会物流成本的统计分析

物流是企业的第三利润源泉。

本章学习目标

- 掌握社会物流成本统计核算的基本思路；
- 了解社会物流成本的统计核算方法；
- 掌握社会物流成本各国之间的比较分析方法；
- 了解我国物流产业发展的现状和重点需要改善的地方。

引导案例

与发达国家物流业相比，中国的物流成本要高得多。有关资料显示，美国物流成本仅占 GDP 的 9%左右，而中国的物流成本估计要占 GDP 的 20%。从库存看，中国企业产品的周转周期为 35~45 天，而国外一些企业的产品库存时间不超过 10 天。另外，中国运输过程中的空载率达到 37%以上，同时因包装问题造成的货物损失每年达到 150 亿元，货物运输损失每年高达 500 亿元。

如果我国的物流成本占 GDP 的比例能够下降到 15%，则每年将为全社会直接节约 2 400 亿元的物流成本，为企业和社会带来极为可观的经济效益。

我国社会物流成本与先进国家相比，到底存在什么问题？物流成本占 GDP 的比例究竟是多少？如何测算？与先进国家相比，到底有多大的差距？

9.1 我国社会物流成本研究的意义

近年来，我国的物流实践与科学研究进入快速发展时期，主要表现为：国内经济增长强劲，物流市场规模继续扩大；物流法规政策加速细化与完善，由理论探讨走向实际操作；国内物流巨头改革重组方兴未艾；国外物流公司加速抢占中国物流市场；国内物流高等教育快速发展等。进行社会物流成本的统计分析，建立完整详细的物流成本资料档案成为当务之急。

进行物流成本调查分析的意义主要有以下 3 方面。

1. 明确物流成本的概念

日本学者菊池康也提出物流成本管理有 5 个阶段：一是了解物流成本的实际状况，即对物流活动的重要性提高认识；二是物流成本核算；三是物流成本管理，即建立物流成本的标准成本管理和预算管理；四是物流收益评估，即评估物流对企业效益的贡献程度；五是物流盈亏分析，即对企业物流系统的变化或者改革做出模拟模型。菊池康也认为日本已经完成第二阶段，当前处于第三阶段。按照菊池康也的理论，我国当前还处在第一阶段和第二阶段，即物流成本认识和核算阶段。本章的目的就是为完成第二阶段的工作，建立物流成本核算要素，建立可比较物流成本数据并进行分析。

2. 发现降低物流成本的关键点

通过物流成本的统计核算，与他国相关数据资料进行比较，可以知不足；与自身的历史数据比较，可以知进步。标准成本和成本预算的建立都应在现有成本的基础上，发现可改进之处，以使经过改进后的可实现成本变成标准。

3. 对企业和社会物流成本的变动进行预测

将我国近 10 年来的物流成本归集计算出来，通过采用时间序列模型的研究方法，利用回归分析，可以建立一个物流成本变化的预测模型；然后，将已有的数据和资料在该模型上实施，验证此模型的可行性；最后在此基础上，对企业或社会物流成本的未来发展进行预测。

9.2 我国社会物流成本统计方法

根据国家发展和改革委员会、国家统计局及中国物流与采购联合会共同发布的《社会物流统计制度及核算表式（试行）》，社会物流成本是指一定时期内，国民经济各方面用于社会物流活动的各项费用支出，包括支付给运输、储存、装卸搬运、包装、流通加工、配送、信息处理等各个物流环节的费用；应承担的物品在物流期间发生的损耗；社会物流活动中因资金占用而应承担的利息支出；社会物流活动中发生的管理费用等。

与美国、日本等国的社会物流成本统计口径一致，我国的社会物流成本也划分为运输费用、保管费用、管理费用三大部分分别进行核算。

9.2.1 运输费用的统计核算

社会物流成本中的运输费用是指社会物流活动中，国民经济各方面由于物品运输而支付的全部费用，包括支付给物品承运方的运费（承运方的货运收入）；支付给装卸搬运保管代理等辅助服务提供方的费用（辅助服务提供方的货运业务收入）；支付给运输管理与投资部门的，由货主方承担的各种交通建设基金、过路费、过桥费、过闸费等运输附加费用，即

运输费用=运费+装卸搬运等辅助费+运输附加费

具体计算时，根据铁路运输、道路运输、水上运输、航空运输和管道运输等不同的运输方式及对应的业务核算办法分别计算。

历年来，美国物流成本核算机构在计算运输成本时采用下述公式：

$$运输成本=公路运输+铁路运输+水路运输+油料管道运输+$$
$$航空运输+货运代理费$$

日本计算运输成本的公式如下：

$$运输费=营业运输费+企业内部运输费$$
$$营业运输费=卡车货运费+铁路货运费+内海航运货运费+$$
$$国内航空货运费+货运站收入$$

其营业运输费的数据均采用各行业的收入，企业内部运输费的数据计算较复杂，通过非物流企业自用卡车的数量、装载率与营业用卡车之间各相关项目的比值计算得到。

根据《社会物流统计制度及核算表式（试行）》的规定，我国社会物流运输费用的计算方法为：

$$运输费用=铁路运输费用+道路运输费用+水上运输费用+$$
$$管道运输费用+航空运输费用$$

1. 铁路运输费用

铁路运输费用是指在社会物流活动中，国民经济各方面因为物品经铁路运输而发生的全部费用，包括支付给铁路运输部门的运费和为运输而发生的物品装卸、保管等延伸服务费用，由铁路运输部门按国家规定代收的铁路建设基金等，也就是铁路运输部门取得的物流业务收入，即铁路部门现行收入统计中的货运收入、行李包裹收入、邮运收入和其他收入中的货运与行李包裹部分；铁路运输部门实际代收的铁路建设基金；铁路系统多种经营中的货运部分。

铁路运输费用的基本计算公式是：

$$铁路运输费用=运费+装卸搬运、堆存保管、货运代理等延伸服务费+铁路建设基金$$

其中：

$$运费=铁路货物周转量×铁路平均运价$$
$$延伸服务费=延伸服务计费作业量×延伸服务平均价格$$
$$铁路建设基金=铁路货物周转量×铁路建设基金征收率$$

在统计过程中，有关的铁路运输费用数据从铁道部门获得。

2. 道路运输费用

道路运输费用是指在社会物流活动中，国民经济各方面因为物品经道路运输而发生的全部费用，包括支付给物品运输承运方的运费（运输承运方的货运收入）；支付给物品装卸搬运、保管、代理等其他道路运输费用（装卸搬运和其他道路运输的货运业务收入）；由货主方承担的，支付给有关管理和投资部门按规定收取的各种管理费、通行费等。

道路运输费用既包括支付给专业物流、运输与辅助服务企业的货运业务费用，同时也包括生产、流通、消费企业自有车辆承担完成的，属于社会物流领域的物品运输业务，理应获得的收入部分。道路运输费用中不包括客运业务费用。

道路运输费用的基本计算公式是：

道路运输费用=运费+装卸搬运和其他道路运输费用+通行附加费

其中：

运费=道路货物周转量×道路货物平均运价
装卸搬运费=道路货运量×2×货物装卸搬运平均运价
通行附加费=∑（每批货物计费作业量×该批货物附加费率）

其他道路运输费用是指实际发生且由货主方承担的，未包含在前述几项费用之中的，属于运输费用之中的费用，如堆存保管费、代理费等。这些费用的发生应根据实际发生情况统计。

在道路运输费用的统计过程中，涉及的货运量、周转量等数据从交通部门获得，道路货物平均运价、道路货物平均装卸搬运费率等数据可以根据企业调查资料计算获得。

3．水上运输费用

水上运输费用是指社会物流活动中，国民经济各方面因为物品经水上运输而发生的全部费用，包括支付给物品运输承运方的运费（水上运输承运方的货运业务收入）；支付给港口、码头等的物品装卸搬运、堆存保管、货运代理等其他运输费用（港口、码头等的货运业务收入）；由货主方承担的，有关管理和投资部门按规定收取的各种航道维护费、港口建设费等附加费。

水上运输费用既包括支付给专业物流、运输与辅助服务企业的货运业务费用，同时也包括生产、流通、消费企业自有船舶承担完成的，属于社会物流领域的物品运输业务，理应获得的收入部分。

水上运输费用的基本计算公式是：

水上运输费用=运费+港口（码头）装卸搬运和其他运输费+附加费

其中：

运费=水上货物周转量×水上货物平均运价
港口（码头）装卸搬运费=水上货运量×2×水上货物平均装卸搬运费率
港口建设费=港口货物吞吐量吨数×港口建设费率
航道维护费=水上货物周转量×航道维护费率

其他水上运输费用是指实际发生且由货主方承担的，未包含在前述几项费用之中的，属于运输费用之中的费用，如堆存保管费、代理费等。这些费用的发生应根据实际发生情况统计。

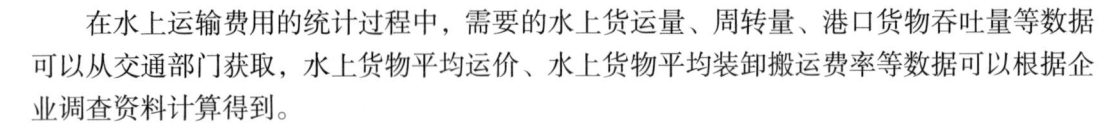

在水上运输费用的统计过程中，需要的水上货运量、周转量、港口货物吞吐量等数据可以从交通部门获取，水上货物平均运价、水上货物平均装卸搬运费率等数据可以根据企业调查资料计算得到。

4．航空运输费用

航空运输费用是指社会物流活动中，国民经济各方面因为物品经航空运输而发生的全部费用，包括支付给航空运输承运方的运费（航空运输公司的货邮运输业务收入）；支付给机场地勤服务方的进港到达货物保管提取服务费、出港货物仓管装机服务费、地面运输服务费、包装物及包装服务费、特种货物检查费等。

在航空运输费用的统计过程中，需要的航空运输费用数据可以从民航总局获得。

5．管道运输费用

管道运输费用是指在社会物流活动中，国民经济各方面因为物品经管道运输而发生的全部费用，包括支付给管道运输承运方的输送费、装车装船费、储存保管费等，即管道运输单位的货运业务收入。目前，国内主要是中国石油化工集团公司、中国石油天然气集团公司承担着石油与天然气输送业务，因此，管道运输费用统计过程中需要的管道运输费用数据可以从中国石油化工集团公司、中国石油天然气集团公司获得。

> **提　示**
>
> 20多年来，美国运输成本在GDP中的比例大体保持不变，而库存成本比例的降低是导致美国物流总成本比例下降的最主要原因。这一比例由过去接近5%下降到不足4%。由此可见，降低库存成本、加快资金周转是美国现代物流发展的突出成绩，也就是说，利润的源泉集中在降低库存、加速资金周转方面。

9.2.2　保管费用的统计核算

社会物流成本中的保管费用是指社会物流活动中，物品从最初的资源供应方（生产环节、海关）向最终消费用户流动的过程中，所发生的除运输费用和管理费用之外的全部费用，包括物流过程中因流动资金的占用而需要承担的利息费用；仓储保管方面的费用；流通中配送、加工、包装、信息及相关服务方面的费用；物流过程中发生的保险费用和物品损耗费用等。

保管费用的计算比较复杂，美国、日本和我国台湾地区均是参考Alford-Bangs公式来测算存货持有成本的（如第2章表2-1所示）。该公式问世已近50年，虽然后来也有许多学者和咨询机构从不同的角度或使用不同的方法对其做了进一步的研究，并提出了一些可以使用的修正公式，如认为仓储成本的费率被低估了，而贬值和过时费率估高了，应该用银行年均最优惠贷款利率的1.5倍来代替6%的利率取值等。但是大多数研究的结论都差不多，即企业存货持有成本为其年均存货价值的25%左右。所以，该公式是一个目前仍被普遍接受的企业存货持有成本的测算公式。

根据《社会物流统计制度及核算表式（试行）》的规定，我国社会物流保管费用的基本计算公式是：

保管费用=利息费用+仓储费用+保险费用+货物损耗费用+信息及相关服务费用+
　　　　配送费用+流通加工费用+包装费用+其他保管费用

1. 利息费用

利息费用是指社会物流活动中，物品从最初的资源供应方（生产环节、海关等）送达最终消费用户的过程中，因为流动资金的占用而需要承担的利息支出，包括占用银行的贷款所支付的利息和占用自有资金应相应计算的利息成本。

利息费用的基本计算方法是：

利息费用=社会物流总额×社会物流流动资金平均占用率×报告期银行贷款利率

式中，流动资金平均占用率是指一定时期内，物品最初供给部门完成全部物品从供给地流向最终需求地的社会物流活动中，所占用的流动资金的比率，即：

社会物流流动资金平均占用率=报告期流动资金平均余额÷报告期社会物流总额

式中，社会物流总额由相关部门定期公布，社会物流流动资金平均占用率可以根据生产与使用企业调查资料加工计算而得到，也可以用流通环节的流动资金平均占用率代替，银行贷款利率来自人民银行公布的利率。

2. 仓储费用

仓储费用是指社会物流活动中，为储存货物所需要支付的费用。仓储费用的基本计算方法是：

仓储费用=社会物流总额×社会物流平均仓储费用率

式中，社会物流平均仓储费用率是指一定时期内，各物品最初供给部门完成全部物品从供给地流向最终需求地的社会物流活动中，仓储费用额占各部门物流总额比例的综合平均数。相关资料可以根据生产与使用企业调查资料加工取得，也可以用流通环节的仓储费用率资料代替。

> **提　示**
>
> 社会物流总额是指一定时期内，初次进入社会物流领域，经社会物流服务，已经或正在送达最终用户的全部物品的价值总额，它是一定时期内社会物流需求规模的价值量的表现，与货运量、物品周转量等指标共同反映社会物流需求规模。社会物流总额主要由5个方面组成：进入社会物流领域的农林牧渔产品商品总额（农产品物流总额）、进入社会物流领域的工业产品商品总额（工业品物流总额）、进口货物物流总额（进口总额）、进入社会物流领域的再生资源商品总额（再生资源物流总额）、单位与居民物品物流额（包括铁路、航空运输中的行李、邮递业务中的包裹和信函、社会各界的各种捐赠物、单位与居民由于搬家迁居形成的物品装卸搬运与运输等）。

3. 保险费用

保险费用是指在社会物流活动中，为预防和减少因物品丢失、损毁造成的损失，与社会保险部门共同承担风险，向社会保险部门支付的物品财产保险费用。

保险费用的基本计算方法是：

$$保险费用=社会物流总额\times 社会物流平均保险费用率$$

式中，社会物流平均保险费用率是指一定时期内，各物品最初供给部门完成全部物品从供给地流向最终需求地的社会物流活动中，保险费用额占各部门物流总额比例的综合平均数。相关资料可以根据生产与使用企业调查资料加工取得，也可以用流通环节的保险费用率资料代替。

4. 货物损耗费用

货物损耗费用是指在社会物流活动中，因物品的损耗，包括破损维修与完全损毁而发生的价值丧失，同时也包括部分时效性要求高的物品因物流时间较长而产生的折旧贬值损失。货物损耗费用的基本计算方法是：

$$货物损耗费用=社会物流总额\times 社会物流平均货物损耗费用率$$

式中，社会物流平均货物损耗费用率是指一定时期内，各物品最初供给部门完成全部物品从供给地流向最终需求地的社会物流活动中，货物损耗费用额占各部门物流总额比例的综合平均数。相关资料可以根据生产与使用企业调查资料加工取得，也可以用流通环节的货物损耗费用率资料代替。

5. 信息及相关服务费用

信息及相关服务费用是指社会物流活动中，支付的信息处理费用，包括支付的外部信息处理费用和本单位内部的信息处理费。信息及相关服务费用的基本计算方法是：

$$信息及相关服务费用=社会物流总额\times 社会物流平均信息及相关服务费用率$$

式中，社会物流平均信息及相关服务费用率是指一定时期内，各物品最初供给部门完成全部物品从供给地流向最终需求地的社会物流活动中，信息及相关服务费用额占各部门物流总额比例的综合平均数。相关资料可以根据相关企业调查资料汇总加工取得，也可以用流通环节的信息及相关服务费用率资料代替。

6. 配送费用

配送费用是指社会物流活动中，用户根据自身需要，要求物流服务提供方完成对物品进行拣选、加工、分割、组配、包装等作业，并按时送达指定地点的物流活动，所需支付的全部服务费用。配送费用的基本计算方法是：

$$配送费用=社会物流总额\times 社会物流平均配送费用率$$

式中，社会物流平均配送费用率是指一定时期内，各物品最初供给部门完成全部物品从供给地流向最终需求地的社会物流活动中，配送费用额占各部门物流总额比例的综合平均数。相关资料可以根据相关企业调查资料汇总加工取得，也可以用流通环节的配送费用率资料代替。

7．流通加工费用

流通加工费用是指社会物流活动中，为满足用户的消费需要，在流通环节对物品进行加工改制作业，所需支付的加工费用。流通加工费用的基本计算方法是：

$$流通加工费用 = 社会物流总额 \times 社会物流平均流通加工费用率$$

式中，社会物流平均流通加工费用率是指一定时期内，各物品最初供给部门完成全部物品从供给地流向最终需求地的社会物流活动中，流通加工费用额占各部门物流总额比例的综合平均数。相关资料可以根据相关企业调查资料汇总加工取得，也可以用流通环节的流通加工费用率资料代替。

8．包装费用

包装费用是指社会物流活动中，为保护产品、方便运输与储存、促进销售，采用容器、材料和辅助物对物品按一定技术方法进行分装、集装、运输包装等作业，所需支付的费用。包装费用的基本计算方法是：

$$包装费用 = 社会物流总额 \times 社会物流平均包装费用率$$

式中，社会物流平均包装费用率是指一定时期内，各物品最初供给部门完成全部物品从供给地流向最终需求地的社会物流活动中，包装费用额占各部门物流总额比例的综合平均数。相关资料可以根据相关企业调查资料汇总加工取得，也可以用流通环节的包装费用率资料代替。

9．其他保管费用

其他保管费用是指在社会物流活动中，实际发生且由货主方承担的，未包含在前述几项费用之中的，属于保管费用的费用，如进口物品的清关、保税等服务费用。该项费用应根据实际发生情况统计。

9.2.3 管理费用的统计核算

社会物流成本中的管理费用是指社会物流活动中，物品供需双方的管理部门，因组织和管理各项物流活动所发生的费用，主要包括管理人员报酬、办公费用及教育培训、劳动保险、车船使用等各种属于管理费用科目的费用。

美国在计算物流管理费用时，是按照其历史情况由专家确定一个固定比例，乘以库存费用和运输费用的总和得出的。美国的物流管理费用在物流总成本中的比例在4%左右。日本是将物流管理费用分为制造业与批发零售业两类，利用物流管理费占营业额的比例计算得出的。所以根据《国民经济计划年报》中的"国内各项经济活动生产要素所得分类统计"，将制造业和批发零售业的产出总额，乘以日本物流协会根据行业分类调查出来的各行业物流管理费用比例的0.5%计算得出。计算公式为：

物流管理费=（制造业产出额+批发零售业产出额）×物流管理费用比例

根据《社会物流统计制度及核算表式（试行）》的规定，我国社会物流保管费用的基本计算方法是：

管理费用=社会物流总额×社会物流平均管理费用率

式中，社会物流平均管理费用率是指一定时期内，各物品最初供给部门完成全部物品从供给地流向最终需求地的社会物流活动中，管理费用额占各部门物流总额比例的综合平均数。相关资料可以根据相关企业调查资料汇总加工取得，也可以用流通环节的管理费用率资料代替。

9.3 我国社会物流成本统计分析

9.3.1 我国社会物流成本的统计结果

根据国家统计局和中国物流与采购联合会的统计，近年来我国社会物流成本总额呈现不断增长的趋势，但是增幅小于 GDP 的增长幅度，从而社会物流成本占 GDP 的比例基本呈逐年下降的趋势。但是与美国、日本等物流业发达的国家相比，我国的社会物流成本仍处于较高的水平。表 9-1 反映了近年来我国社会物流成本占 GDP 比例的变化趋势。

表 9-1 近年来我国社会物流成本占 GDP 比例的统计（%）

年　份	运输费用	保管费用	管理费用	社会物流成本
1991	13.3	7.5	3.2	24.0
1992	12.7	7.2	3.1	23.0
1993	12.8	6.6	3.0	22.4
1994	11.6	6.8	3.1	21.4
1995	10.6	7.3	3.2	21.2
1996	10.7	7.2	3.2	21.1
1997	10.4	7.4	3.3	21.1
1998	10.3	6.7	3.2	20.2
1999	10.6	6.0	3.3	19.9
2000	10.1	6.0	3.2	19.4
2001	9.9	5.9	3.1	18.8
2002	10.0	6.1	2.9	18.9
2003	10.4	5.9	2.6	18.9
2004	10.6	5.6	2.6	18.8
2005	10.2	5.8	2.5	18.6
2006	10.0	5.9	2.4	18.3
2007	9.8	6.0	2.4	18.2

续表

年　　份	运输费用	保管费用	管理费用	社会物流成本
2008	9.5	6.3	2.3	18.1
2009	9.6	6.2	2.3	18.1
2010	9.6	6.1	2.2	17.9
2011	9.5	6.1	2.2	17.8
2012	—	—	—	17.6
2013	—	—	—	17.3
2014	—	—	—	16.7
2015	—	—	—	16.0
2016	—	—	—	14.9
2017	—	—	—	14.7

资源来源：中国物流与采购联合会

9.3.2　影响社会物流成本的因素分析

可以看到，近年来我国社会物流服务成本水平占 GDP 的比例保持在 18% 左右，下降趋势和下降幅度并不十分显著。与美国、日本物流成本较低的状况相比，我国社会物流成本仍维持在较高水平。除物流产业相对落后的原因之外，还有以下一些原因。

1. 产品附加值影响物流成本占 GDP 的比例

物流产业的生产方式就是通过运作实体流动来获取相应的利润。与之相应，物流所需成本在很大程度上也取决于运作的物资的多少和物资的物理属性，即运作物资质量越大、运输距离越远、货物持有时间越长，物流的成本就越高，物流成本在产品价值中所占的比例也越大。

当前，随着人们生活水平的提高，整个社会的产品交易更为频繁，交易空间不断扩大，对产品保管、包装及运输安全性等的要求越来越高，这一切因素都促进了物流成本的提高。

同时，与发达国家进行比较我们可以看出：我国目前正处在资源密集型产业向资金密集型产业转型的时期，生产的主要是低附加值的产品。这样的产业类型需要的物资作业量比较大，物流成本在产品价值中的比例自然会比较高。而以美国为代表的发达国家，其产业形态已经转向科技密集型，它们需要的物资作业量大大少于我国，同时产品的附加值又大大高于我国，这样美国公司耗费的物流成本占产品价值的比例必然低于我国。随着我国经济的发展，我国产品的附加值逐步提高，物流成本所占产品价值的比例也会随之降下来，我们和发达国家在这一指标上的差距自然会缩小。

2. 生产增值与物流增值的比率

任何一个产业的发展都有一个规律。就某一种产品而言，其生产成本的降低会低于物流成本的降低，进而其生产增值与物流增值之比有下降的趋势。这一趋势使得物流成本总额占总产值的比例有上升趋势。然而从所有产品的集合来看，还存在另一种反方向的变化趋势。随着高技术产品品种的增多，产品总体技术含量的提高，产品从总体上将不断轻型化，产品总体价值重量比将不断上升。例如，随着技术水平的提高，电视机的生产增值与物流增值之比会逐渐降低，这会增加物流增值在电视机生产流通增值中的比例。另外，计算机甚至手机这类高价值重量比产品的增多，又会从反方向减少物流增值在全社会产品生产流通增值中的比例。

在考察货运总量与国内生产总值的关系时，人们曾使用了"运输强度"这一概念，它是指单位国内生产总值货运量。参照这一概念，有些学者提出"物流强度"这一概念，它可以定义为单位国内生产总值物流增值量。

我们可以说，"物流强度"的变化，将受到个体产品价值重量比不断下降和产品集合价值重量比不断上升这两种趋势在相反方向上的影响。具体结果将取决于这两种影响作用的大小。

3. GDP 构成也影响物流成本占 GDP 的比例

第一产业、第二产业产生物流量的比例要远远高于第三产业。按产值计算，在美国的 GDP 中，农业所占比例只有 1% 左右，制造业所占比例也不到 20%，服务业所占比例为 75% 以上。主要发达国家服务业所占国民生产总值的比例在 65% 以上，美国更是达到了高于 75% 的水平。第三产业对国民经济的贡献很大，消耗的物流成本却很小。

当前，我国第三产业经济所占国民生产总值的比例约为 40%，不仅低于发达国家的水平，甚至低于世界平均水平。虽然我国 GDP 一直在不断增长，但由于第一产业、第二产业对物流服务的要求比第三产业高得多，使得物流成本增长比率加快，最终导致物流成本占 GDP 比例没有降低，有时反而上升。

这些数据表明，各国物流成本占 GDP 比例的变化与该国物质生产及流通部门增加值占 GDP 比例的变化明显相关。因此，用物流成本和创造的 GDP 相比，中国自然会高出美国许多。

4. 地理环境、人口分布情况和公共基础设施决定了物流成本的下降空间

中国幅员辽阔，公共基础设施的建设比较落后，同时还拥有庞大的人口数量，这些都使得物流作业需要付出更高的成本。这些成本是难以通过物流管理来降低的，这些客观因素是物流过程中无法回避的问题，在短期内难以解决。

5. 我国物流产业正处于起步阶段，还面临着很多问题

1）库存大。据统计，我国存货占用资金占 GDP 的比例比发达国家高很多，从而导致库存周转减慢，仓储费用数额惊人，比例过高。

2）效率低。传统物流各自为政的组织形式，分散、低效、高耗的运行方式，损失、浪费十分惊人。

3）传统物流方式仍然占有相当大的比例。有资料显示，美国、日本等国家使用第三方物流的比例已达 30% 以上，而在我国的工业企业中，把原材料物流交给第三方物流的占 18%，把销售物流交给

阅读材料：中美社会物流成本与 GDP 定量关系研究

第三方的仅占16%。

4）国家对物流产业发展的政策还不完善，每次对物流产业进行规范整顿的政策调整都会对物流成本总额产生重大的影响。例如，限制超载的政策一出台，单位货运成本立即提高了一倍左右。

5）由于仍处于起步阶段，我国物流企业尚未形成规模，无法发挥可以降低成本的规模效应。

总之，我国目前物流市场的问题很多，但是成长空间还是很大的，在一段时期内要降低物流成本占GDP的比例，需要做出更多的努力。特别是要通过大力扶持物流产业的发展，来推动现代物流在我国的广泛应用，提高物流管理水平。

9.3.3 发展我国物流产业的建议

面对现代物流的挑战、我国物流业发展的现状和存在的诸多问题，政府和企业究竟该采取什么对策呢？

1. 从政府角度来说

应当不断改进物流宏观管理环境，规范政府各部门的管理权限，在全国范围内对物流发展进行规划，统一配置资源；完善相关法律法规体系；完善相关物流基础设施建设，更新老旧设施，提高信息技术应用于物流业的水平；建立物流业务运作的技术标准和服务标准，建立行业规范；加强行业信息统计与分析研究；加强基础理论研究，加大物流人才培养力度，促进物流业的全面均衡发展。

2. 从企业角度来说

应该不断学习发展，增强核心竞争力。

（1）借鉴国外先进的物流管理经验

主要可以参考以下几种先进模式来提高效率、降低成本。

1）建立顺畅的物流管理系统。沃尔玛用几十年的时间，精心建立了自己完整的内部系统，强调把仓库充当库存的协调点，而不是库存的储存点，强调迅速分运，使商品在库内存放的时间通常不超过12小时。

2）缩短供应链。日本7-11先进物流管理模式是指由制造商和供应商把商品直接运到零售商店的模式，节约了零售商经营配送中心的费用。但这种方式对管理的要求较高，任何一个环节的失误，都可能造成物流系统的不畅，进而影响利润。

（2）发展第三方物流

各种工商业企业应当尽快脱离"大而全""小而全"的经营方式，放弃经营效率低下的自营物流，集中力量于核心竞争力的提高，转向应用第三方物流。第三方物流企业则要不断提高自身技术水平，降低运作成本，为客户提供更多个性化的增值服务。第三方物流尤其适用于处于成长期的区域型零售企业，也可用于那些致力于发展主业的企业或自己的配送不能到达指定区域的企业，例如，沃尔玛

阅读材料：广西社会物流成本预测与经济发展关联分析

在美国以外由飞驰公司配送就是第三方物流配送的典型成功案例。

（3）物流企业准确定位市场，避免盲目竞争

物流企业要关注自身的竞争优势，找准切入点，减少因为盲目竞争而带来的损耗，将精力更多地投入增强自身实力和服务水平的目标上。

（4）物流企业强强联合，增强国际竞争力

目前，我国第三方物流市场仍处于群雄并起、激烈角逐的阶段，而且无论是在国内还是国际市场上，中国物流企业的竞争力都较弱，主要原因在于技术落后、规模太小，难以形成规模效应。当前强调的物流资源整合之所以进展不快，也是由于这个原因。企业规模小，车辆配置少，客户少，物流企业几乎没有选择和调配的空间，导致车辆空驶率等居高不下，成本也居高不下。因此，有识之士大声疾呼要"打造中国物流产业的航空母舰"。

本章小结

❶社会物流成本的统计分析是一个国家进行宏观物流管理、制定物流政策的重要参考依据，也是一个国家物流管理水平不断提高的需要。通过社会物流成本的统计分析，可以更好地认识到降低物流成本的重要性，发现降低物流成本的关键点，并且对企业和社会物流成本的变动进行预测。

❷社会物流成本往往可以分成运输费用、保管费用和管理费用3个方面。我国已经制定了相应的社会物流成本统计制度和统计办法。从近年来我国社会物流成本占GDP比例的变化趋势可以看出，我国物流成本仍然偏高。导致我国物流成本过高的原因有很多，而物流产业的相对落后是重要的原因。因此，发展我国物流产业，提高物流效率，是我国经济发展中的一个重要内容。

复习思考题

1．如何统计核算社会物流成本中的运输费用？
2．如何统计核算社会物流成本中的保管费用？
3．日本和美国在物流管理费用的统计核算方法上有什么区别？各有什么优缺点？
4．哪些因素影响着一个国家社会物流成本占GDP比例的高低？

第 10 章

供应链成本管理

企业之间的竞争，实际上是供应链之间的竞争。

本章学习目标

- 了解供应链和供应链成本的基本概念；
- 掌握供应链成本的构成内容；
- 掌握供应链管理策略与供应链成本之间的关系；
- 掌握产品设计阶段和产品生产阶段供应链企业间的成本约束机制；
- 理解产品设计阶段和产品生产阶段供应链企业间的成本合作机制。

引导案例

在全球经济一体化的今天，市场竞争已由企业之间转向供应链之间，而且是在全球范围内无国界的市场中进行。Internet/Intranet 技术的广泛应用，促使企业间的竞争加剧，使企业赖以生存的环境发生了根本性的变化，原来的单个企业生产已经无法满足客户日益增长的个性化需求，可赚取利润的空间越来越小，企业无法一味地依赖自身产品的成本降低在有限的利润空间内求得生存和发展。这就需要供应链中各个分散的企业建立一种战略上的伙伴关系，寻求使整个供应链得以生存和发展的保障，提升供应链的整体绩效，增强其竞争力。据统计，供应链可以消耗整个公司高达 25%的经营成本，而对于一个利润率仅为 3%～5%的企业而言，哪怕降低 5%的供应链耗费，也可以使企业的利润翻倍。

众所周知，降低成本的关键并不局限于企业的内部管理活动，而在于整个供应链的整合。早在 1929 年，Borsodi B 就阐述了这样的观点，在未来的 50 年里配送的成本将增长 3 倍，而相应的产品成本只能下降 1/5。在今天，这种情况在很多行业中仍然存在。例如，采用 Just-in-time 实现精益管理的企业通过让供应商和顾客管理存货而在供应链上转移成本。最近一个关于西欧汽车产业的分析表明，通过减少存货确实可以使汽车工业的整体运行管理更为精益，但这对于供应链上游和下游企业的运作并没有效力。有一些企业对成本的定义仅仅局限于企业的内部成本,但是在今天,竞争并不只局限于企业之间,而是发生在供应链之间,所有成本都将在市场上以最终产品的价格予以反映,所以恰当的成本含义应该是指从供应链的上游企业到下游企业为最终产品付出的总成本。

10.1 供应链与供应链成本的基本概念

供应链管理产生于 20 世纪 90 年代,是一种战略性的企业间协作管理技术。它被认为是面向 21 世纪的先进管理思想和管理模式,也是近年来理论界和实务界研究和应用的一个新的热点。供应链管理是市场渠道各层之间的一个连接,是控制供应链中从原材料通过各制造和分销层直到最终用户的一种管理思想和技术。供应链管理强调供应链上各个参与成员及其活动的整体集成,使企业能够打破边界,将视角延伸到整个供应链上,从而获得竞争优势。

供应链管理的出发点是:通过协调供应链上各个成员之间的关系,高效优化配置企业内外资源,有效地控制供应链上的物流、资金流、价值流、工作流和信息流,既保持稳定和灵活的供需关系,又从整体上加快产品的响应。它已成为当代各种企业开展全球市场竞争的重要战略思想。通过供应链管理,一个企业不仅可以利用自身内部的资源,还可以有效地利用其他企业的资源,以保持其核心竞争力。这样,原有的面向企业内部的企业管理信息系统 MRP Ⅱ 已不能满足市场竞争的要求,管理信息集成必须向企业外部供、需市场两个方面延伸和扩张,企业管理信息系统的总体规划,再也不能局限于企业内部。

供应链成本管理近年来引起足够的重视,主要原因在于两方面:
- 企业之间的竞争越来越被供应链之间的竞争所取代。
- 成本优化的潜力只能通过管理整个供应链成本来实现。

阅读材料:我国制造业供应链成本控制的三大方向

供应链成本管理是供应链管理的重要组成部分,是跨组织的成本管理。它把成本管理的思想转化到整个供应链管理的领域,意味着供应链成本管理跨越了企业的边界,是多个企业的成本管理。尽管成本管理已经成为得到广泛发展的概念和工具,但目前很少将它转化到供应链的管理领域之中,为供应链管理所用。现在供应链成本主要局限于企业内部的供应链,缺乏对外部供应链成本的研究;只注重供应链作业成本优化,很少考虑供应链交易成本的优化。因此,从供应链成本分析的角度出发,建立一套科学的、可操作的供应链成本管理体系,对提高供应链管理水平有着现实的意义。

10.1.1 供应链及其管理

1. 供应链的定义

供应链的概念源于物流与生产运作管理,于 20 世纪 90 年代开始得到广泛运用。研究学者从不同角度给供应链下了不同的定义。

按照我国《物流术语》国家标准对供应链的定义,供应链是生产与流通过程中涉及将产品或服务提供给最终用户活动的上游与下游企业所形成的网链结构。

> **提示**
>
> 从 20 世纪 80 年代后期开始，国际上逐渐推行"横向一体化"的管理思想，即企业充分利用外部资源快速响应市场需求，实现客户定制生产。本企业只抓最核心的产品方向和市场，至于生产，则只抓关键零部件的制造，甚至全部委托其他企业加工。"横向一体化"导致社会分工的深入和细化，形成了一条从供应商到制造商再到分销商的贯穿所有企业的链条。由于相邻企业之间表现出一种需求和供应的对应关系，当把所有相邻企业依次连接起来时，便形成了供应链。这条链上的节点企业必须达到同步、协调运作，才有可能使链上所有企业的价值总和最大化。于是，便产生了供应链管理这一新的经营与运作模式。

2．供应链的基本结构模型

根据供应链的定义，其基本结构可以简单地归纳为图 10-1 的模型。

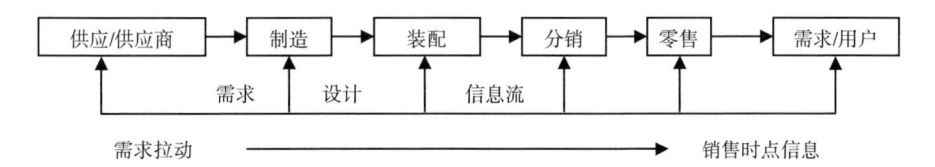

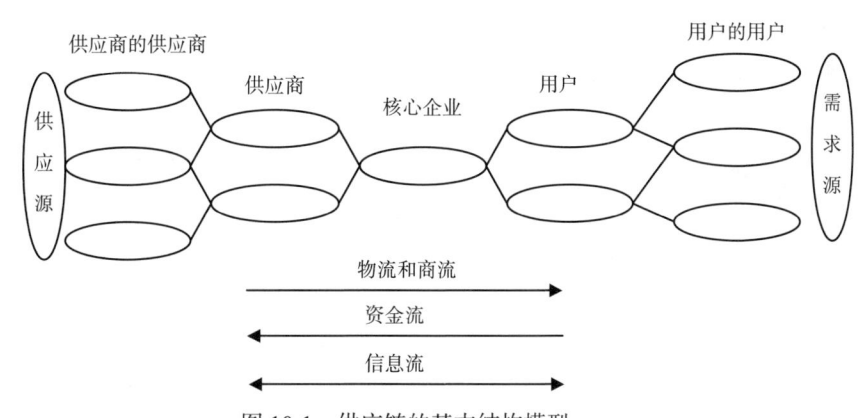

图 10-1 供应链的基本结构模型

从图 10-1 中可以看出，供应链由所有加盟的节点企业组成，其中一般有一个核心企业（可以是产品制造企业，也可以是大型零售企业），节点企业在需求信息的驱动下，通过供应链的职能分工与合作（生产、分销、零售等），以资金流、物流和商流为媒介实现整个供应链的不断增值。

3．供应链管理的含义

供应链的概念已经不同于传统的销售链，它跨越了企业界限，从扩展企业的新思维出发，并从全局和整体的角度考虑产品经营的竞争力，使供应链从一种运作工具上升为一种管理方法体系和一种运营管理的思维模式，从而产生了供应链管理的概念。关于供应链管理的定义有多种不同的表述。

我国《物流术语》国家标准是这样定义的："供应链管理，即利用计算机网络技术全面规划供应链中的商流、物流、信息流、资金流等，并进行计划、组织、协调与控制。"

虽然不同学者对供应链管理的定义各不相同，但基本思想是一致的，都强调一种集成的管理思想和方法，把供应链上的各个环节有机结合，实现供应链整体效率最高。它执行供应链中从供应商到最终用户的物流计划和控制等职能。供应链管理通过前馈的信息流和反馈的物流及信息流，将供应商、制造商、分销商、零售商直至最终用户连成一个整体。供应链管理把不同的企业集成起来以增加整个供应链的效率，注重企业之间的合作。早期的供应链管理把重点放在了库存管理上，而现在的供应链管理把供应链上的各个企业作为一个不可分割的整体，使供应链上各企业分担的采购、生产、分销和销售的职能成为一个协调发展的有机体。

10.1.2 供应链成本及其管理

1．供应链成本的定义

早在20世纪30年代，国外工商界和学术界就已经关注供应链成本问题，并开始对分销成本进行分析和控制。许多研究供应链管理的学者一致认为，成本是供应链最重要的部分，需要不断分析和改进，以满足消费者需求。要改善供应链成本就需要对成本进行计量，成本计量在利润分配和分担费用方面也起到重要的整合作用。

根据美国供应链委员会给出的供应链经营参考模型，将供应链成本分为销货成本、总的供应链管理成本、订货管理成本、材料购置成本、存货储存成本、供应链相关的财务与计划成本、供应链相关的信息技术成本、附加值生产率、售后担保/退回过程成本。

大多数学者谈到供应链成本问题时，研究的着眼点在供应链成本计量的技术上。较少有人对"供应链成本"的内涵及外延给出确切定义。Handfield & Nichols 认为供应链成本的定义包含两个方面：一是产品及相关的物资和信息管理，二是供应链伙伴之间的关系管理。Stefan Seuring 在直接成本和间接成本的传统划分及作业成本法的基础上从3个层次将供应链成本划分为直接成本、作业成本和交易成本，如图10-2所示。

国内对供应链成本的研究主要是在 Stefan Seuring 定义的基础之上展开的，一些学者也围绕着这个分类对3项供应链成本的具体构成展开了分析。然而，目前学术界对于供应链成本的界定还存在争议。许多文献在研究过程中都简单地将供应链成本等同于物流成本，这种观点主要是从物流过程及活动角度来分析供应链成本的，涉及的也只是存货成本和运输成本的计量方法和模型。供应链是从物流发展而来的，但供应链不等同于物流。通常认为物流涉及的是产品或服务从一地到另一地的流动，以满足客户的需求。而供应链涉及的是从原材料到产品到客户的所有活动，物流完成的职能只是供应链职能的一部分，因而供应链所涉及的成本范围大于物流成本的范围。

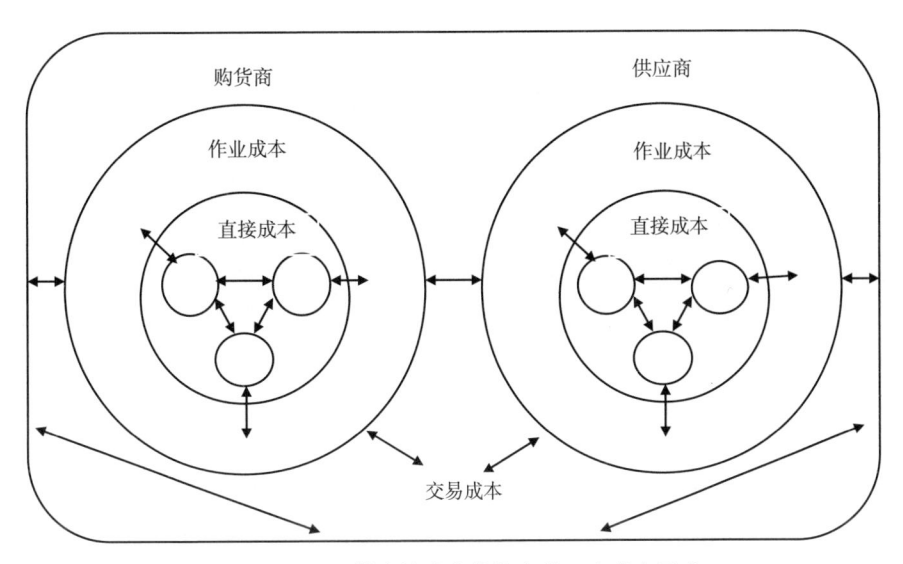

图 10-2　供应链成本核算中的 3 个成本层次

2. 供应链成本管理

Stefan Seuring 首先把供应链成本管理定义为"供应链成本管理就是分析和控制供应链成本的方法和概念"。Stefan Seuring 进一步认为，只有将供应链成本核算层次整合进其建立的生产—关系矩阵才能发挥成本管理作用。他提出了一个供应链成本核算的概念框架。在这个框架中，随着供应链活动操作性的提高，成本一步步地从交易成本转向作业成本和直接成本。但 3 个成本层次的相对重要性在很大程度上取决于企业提供的产品和服务，例如，生命周期或技术周期较短的产品由于投资风险高，在初期决策阶段所需的成本较大，这就决定了交易成本和作业成本的重要性；而生命周期较长的产品在供应商选择、关系构建及产品和流程设计方面所需的交易成本较低。

10.2　供应链成本的构成分析

10.2.1　供应链成本的界定与动因分析

1. 供应链成本的内涵界定

供应链的运作必然伴随着费用和支出，这就构成了供应链成本。按照 Stefan Seuring 对供应链成本的定义，供应链成本可以分为直接成本、作业成本和交易成本 3 个方面。但是 Stefan Seuring 只是提出了这个概念，并没有进行深入的分析。这种供应链成本核算方法将生产成本和交易成本都纳入了考虑范围。国内对供应链成本的研究主要是在 Stefan Seuring 定义的基础之上展开的，目前学术界对于供应链成本的内涵界定还存在争议。许多文献在研究过程中都简单地将供应链成本等同于物流成本，有些学者主张供应链成本只包括供应链的交易成本，而另一些学者主张供应链成本应该包括供应链上所发生的一切成本。

> **提示**
>
> Stefan Seuring 把供应链成本分为直接成本、作业成本和交易成本。其中，直接成本是指单个企业生产过程中发生的，是直接由生产每个单位产品所引起的，如直接材料成本、人工成本和机器成本等，对直接成本的控制主要是通过对原材料和人工的价格控制来实现的。作业成本是指由那些与生产产品没有直接关联，但与产品的生产和交付相关的管理活动引起的成本，这些成本因公司的组织结构不同而有很大的差异。交易成本是指处理供应商和客户信息及沟通所产生的所有费用，旨在协调、控制和适应企业彼此的交易关系，因此这些成本伴随着供应链企业之间的相互作用而发生。

直接成本就是传统意义上的产品生产成本，包括产品的生产成本、研究开发费用、制造费用等，一般可以直接归入各产品之中。其发生是由企业自身的生产活动而形成的，与供应链管理水平的高低无关。因此在本书中，不将直接成本列入供应链成本的构成中，而将与供应链有效管理相关的成本计入供应链成本中，即供应链成本包括物流成本和交易成本。这里的供应链物流成本与 Stefan Seuring 提出的作业成本的内涵类似。

供应链管理的目标是降低供应链成本，即降低物流成本和交易成本，而直接成本的降低主要是企业内部管理水平提高的结果。因此，对供应链成本这样的界定有利于从本质上认识和分析供应链的管理，通过有效的供应链管理，降低供应链成本。

2．供应链成本动因的分析

供应链管理是利用计算机网络技术全面规划供应链中的商流、物流、信息流、资金流等，并进行计划、组织、协调与控制的活动。因此供应链管理实际上是对商流、物流、信息流和资金流的集成管理，如图 10-3 所示。

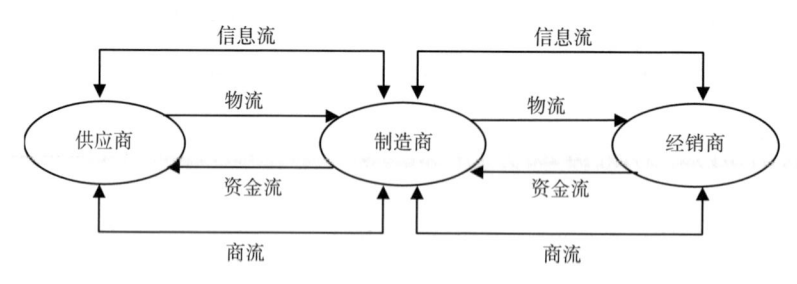

图 10-3　供应链的四大流关系

供应链节点企业经过商谈，建成合作伙伴关系。根据合作协议达成共识，确定商品价格、品种、数量、供货时间、交货地点、运输方式并签订合同，这是商流活动的过程。要认真履行这份合同，下一步就要进入物流过程，即货物的订单处理、包装、装卸搬运、保管、运输等活动。如果商流和物流都顺利进行，接下来进入资金流的过程，即付款和结算。无论是买卖交易，还是物流和资金流，这 3 个过程都离不开信息的传递和交换，没有及时的信息流，就没有顺畅的商流、物流和资金流。没有资金的支付，商流就不会成立，物流也不会发生。

可以讲，商流是动机和目的，资金流是条件，信息流是手段，物流是过程。产品、信息、资金在供应链节点企业之间流动是要消耗成本的，因此本书将供应链成本定义为"在供应链运转过程中由商流、物流、信息流和资金流所引起的成本"。它包括物流成本和交易成本两个方面，下面依据"四流"分析物流成本和交易成本的动因。

供应链成本中的物流成本主要是由"四流"中的物流引起的，我们认为作业成本可以看成供应链间的物流成本。物流是产品在时间和空间上的流动，涉及采购、库存、生产、包装、运输等环节。物流成本中主要是完成诸种物流活动所需的全部成本，包括运输成本、库存持有成本、订货成本、缺货成本等。

供应链成本中的交易成本是由信息流、商流、资金流引起的。信息流贯穿于交易的整个过程，在交易之前要搜寻产品的价格、质量、款式及潜在交易对象及其信用水平等，而信息搜寻需要花费交易者的时间、精力和金钱，这些都会产生交易成本，在以后的谈判、签约、履约过程的信息交流也都要发生成本。供应链企业间的信息共享将有效地降低信息流所带来的交易成本。商流是一种交易活动过程，它指谈判、签约及履约活动等促成产权转移的活动，商流活动带来的交易成本主要形成于供求合作伙伴关系的建立上，一旦供应链合作伙伴关系建立后，每次签约活动和履行契约活动两个阶段也会产生一定的交易成本。契约履行阶段还会发生资金流所带来的交易成本。

10.2.2 供应链成本的构成分析

根据前面的动因分析，供应链成本由物流成本和交易成本两部分构成。其中供应链物流成本是完成诸种物流活动所需的全部成本，关于物流成本的构成在前面第 2 章有过详细的论述，这里也可以根据物流活动的基本环节将物流成本分为运输成本、库存持有成本、缺货成本、订单处理成本等。供应链交易成本大致分为信息费用、交易谈判费用、签约费用、监督履约费用和交易变更费用等。图 10-4 是本书提出的基于成本动因分析的供应链成本的构成要素。

1. 供应链交易成本的构成分析

交易成本（Transaction Cost）又称为交易费用，最早由罗纳德·科斯在研究企业性质时提出，是指交易过程中发生的成本，并进一步指出交易成本包括"发现相对价格的工作"、谈判、签约、激励、监督履约等的费用。诺斯等人认为，商品在经济单位之间的转移要求提供有关交换机会的信息便产生了搜寻费用，要求就交易条件进行谈判便产生了谈判费用，要求确定实施合约的步骤即要有实施费用，提供所有这些劳务的费用就称为交易费用。威廉姆森将交易费用细分为事前的交易费用和事后的交易费用，前者包括起草、谈判、落实某种协议的成本，后者包括交易对方偏离协议规定产生的费用，当事人发现事先确定的价格有误而做出调整的费用，当事人通过法律或政府解决他们之间的冲突所支付的费用，当事人为确保交易关系的稳定所付出的成本等。《新帕尔格雷夫经济学大辞典》中将交易费用定义为包括一切不直接发生在物质生产过程中的成本，包括信息成本、谈判成本、拟定和实施契约的成本、界定和控制产权的成本、监督和管理的成本、制度和结构变化的成本。

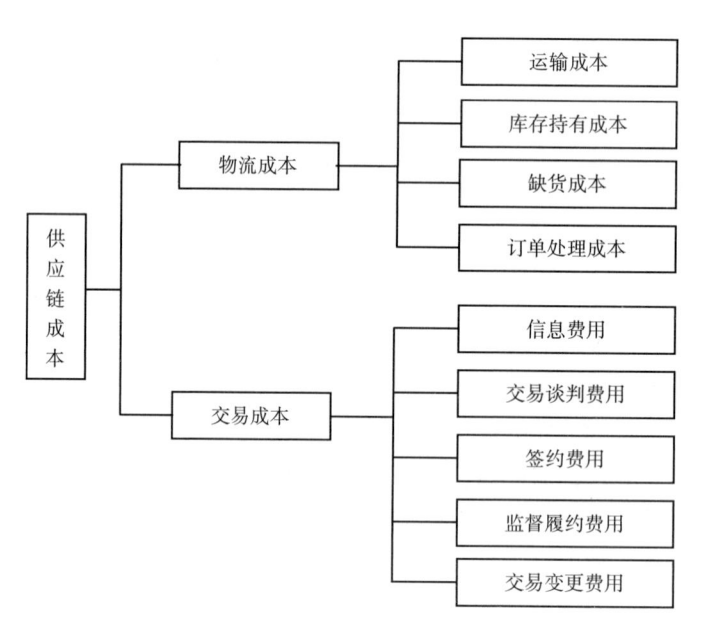

```
                               ┌── 运输成本
                    ┌── 物流成本 ├── 库存持有成本
                    │           ├── 缺货成本
供应链成本 ──┤           └── 订单处理成本
                    │           ┌── 信息费用
                    │           ├── 交易谈判费用
                    └── 交易成本 ├── 签约费用
                                ├── 监督履约费用
                                └── 交易变更费用
```

图 10-4 基于成本动因分析的供应链成本的构成要素

由此可以看出，对交易成本的理解主要有狭义和广义两种，狭义的概念专指市场交易费用，科斯、诺斯、威廉姆森、斯沃林等就是从这个角度解释交易费用的。广义的交易费用则将人类的交往活动，包括市场交易活动、组织内部的管理活动及创建和变革制度或组织等引起的费用，均视为交易费用。本书在研究供应链交易成本时，主要采用的是狭义的交易成本概念。

> **提 示**
>
> 西方新古典经济学的一个重要假设就是市场交易本身是没有成本的，即交易成本为零。长期以来在这一假设下，西方经济学家论证了市场机制是最有效的分配社会资源的经济形式。直到 1937 年罗纳德·科斯在《企业的性质》中开创性地提出了"交易成本"的概念，认为在市场的运行中普遍存在着"交易成本"。而且"科斯定理"论证了如果经济活动中不存在交易成本，产权的初始分配就不会影响经济活动的效率；反之，因为交易成本的普遍存在，产权的初始分配对经济活动的效率具有重要的影响。这就开创了新制度经济学的另一个重要分支——产权学派。另外，交易成本特别是信息收集成本的存在也是信息不对称问题的根本原因，而后者引出的信息经济学是研究信贷市场、金融市场等多种不同市场结构的一个强有力的工具。

企业层面上的市场交易成本，主要指供应链合作伙伴形成过程中发生的成本及维持供应链合作伙伴关系所发生的成本。因此，在分析其构成时，可以将其分为事前交易成本和事后交易成本两部分。为了促成交易的进行，交易者首先要选择合适的合作伙伴（寻找供应商或者寻找客户）、获取交易相关信息所耗费的前期费用，包括人工费用、材料费用、咨询费等；交易谈判签约过程所发生的费用等构成了事前交易成本，另外，还有供应链信息

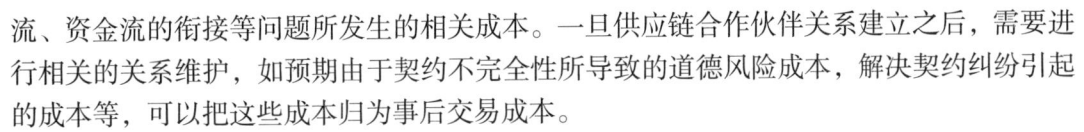

流、资金流的衔接等问题所发生的相关成本。一旦供应链合作伙伴关系建立之后，需要进行相关的关系维护，如预期由于契约不完全性所导致的道德风险成本，解决契约纠纷引起的成本等，可以把这些成本归为事后交易成本。

通过分析，可以将供应链交易成本分为事前交易成本和事后交易成本两部分，其中事前交易成本可以分为信息费用、交易谈判费用和签约费用三部分，而事后交易成本可以分为监督履约费用和交易变更费用两部分。

（1）信息费用

信息费用是在搜寻关于产品价格、款式、潜在交易对象及其信用水平等相关交易信息的过程中发生的。生产商无论是采购原材料还是销售产品，都需要寻找合适的交易对象。在寻求合适的交易对象时，企业最看重的就是对方提供的价格、产品，以及对方企业的信用水平是否符合自身的需要。现代社会，因特网的使用大幅度地提高了搜寻信息的效率，节约了信息搜寻的成本。在一个大型的现代化企业中，一般会建立一个专门的信息部门，运用网络系统收集信息，寻求合适的交易对象，为企业正常的生产销售提供保障。

1）人工费用。在信息部门工作的员工，每天的工作就是负责运用网络系统搜寻潜在的交易对象，他们的工资、奖金和津贴等就是信息费用中的人工费用。

2）营运费用。信息搜寻工作最重要的就是要运用网络系统，所以计算机这样的设备必不可少。营运费用主要包括信息部门设备的折旧费、维修维护费、保险费等，不仅如此，还要包括电话、传真、邮资等通信费。

3）管理费用。管理费用主要包括信息部门主管的人工费用，还有日常的业务招待费、相关税金等。

（2）交易谈判费用

信息部门搜寻到合适的潜在交易对象后，交易双方需要就交易价格、数量、交易时间、结算方式等细节内容展开谈判协商，在双方产生共识的基础上签订交易合同。很显然，交易谈判费用的多少取决于谈判的时间、次数、人数等。谈判的时间越长，洽谈的次数越多，涉及的谈判人员越多，合同条款越详尽，发生的谈判费用就会越高。尤其，如果谈判双方处于不同的城市，那么谈判费用就会由于差旅费、住宿费等而上升。值得注意的是，企业应该注重稳定的交易伙伴关系，使交易关系具有可持续发展的特点。完善交易合同的再谈判将比开发新的交易伙伴要节约很多谈判费用。

1）人工费用。每项交易都会有专门的谈判小组，而谈判小组成员的工资、奖金、津贴等就是交易谈判费用的人工费用。

2）谈判费用。谈判费用包括准备谈判资料的费用、到达谈判地点的差旅费用、住宿费用等。

3）管理费用。完成某项交易可能需要支付给中介机构一定的佣金，一般计入管理费用；另外，谈判期间还会发生一定的招待费等，也计入管理费用。

（3）签约费用

在谈判双方就交易的价格、数量、结算方式等内容达成一致时，就可以签订合同了。一般情况下，企业都会举行签约仪式，甚至召开大型的记者招待会。越隆重的签约仪式就意味着越高的签约费用。

1）人工费用。签约仪式的筹备、场地的租用、签约会场的布置等工作都需要有专门的人员负责，他们的工资、奖金等就是签约的人工费用。

2）签约费用。签约费用包括签约场地的租金、签约现场的招待费用等。

3）管理费用。管理费用主要是签约管理人员的工资、奖金等人工费用。

（4）监督履约费用

在交易合同签订以后，交易双方为了确保合同得到切实的履行，需要加强彼此的沟通与协调。如果遇到预料之外的偶发事件，还应该互相协商提出解决方案。在双方履约的过程中，企业需要对交易对方的履约情况进行监督，以确保自身的利益不受损害。如果在监督过程中，发现对方有违约行为，或者双方发生冲突，损害了自身利益时，企业还应该诉诸法律手段予以解决。所有这些为了确保合同得到有效履行的努力都将花费一定的成本。交易双方既然已经签订了合约，就应该相互信任，本着互利的原则进行交易，就可以节约大量的监督成本。例如，从全面的验货到抽检或者免检，将节约许多产品检验时间和费用。

1）人工费用。在合同的执行过程中，双方必然会派自己的员工去监督对方的履约情况。在销售合同中，表现为检验产品是否符合合同的规定，货款支付的数目、方式和时间是否符合合同的条款。在委托加工或劳务合同中，表现为验收加工产品甚至监工。检验人员和监工人员的工资、奖金和津贴等就是监督履约成本的人工费用。

2）检验监督费用。检验监督费用主要是检验仪器的折旧费、维护维修费、通信费用、诉诸法律的费用等。

3）管理费用。管理费用主要是监督履约负责人的工资、奖金等人工费用。

（5）交易变更费用

在交易合同签订以后，如果交易双方发生变故，需要中止或者变更合同，必然给交易者带来巨大的损失。这里的损失包括以上为签订合同所发生的信息费用、谈判费用、签约费用等，还包括丧失市场其他机遇的机会损失和达成新的交易合同所需要发生的新的交易成本。另外，变更交易时双方很难达成共识，经常需要通过法律途径来解决冲突和纠纷，必然带来更多的损失。

1）人工费用。当需要变更交易时，双方必然要成立谈判小组以进行协商，提出解决方案。他们的工资、奖金和津贴等就是交易变更的人工费用。

2）损失成本。如果交易终止，那么以前为签订合同所发生的信息费用、谈判费用、签约费用、监督履约费用和丧失其他机遇的机会损失等就是损失成本。

3）变更成本。在变更交易的过程中，双方进行谈判协商时将发生谈判费用、差旅费用、住宿费用等。另外，如果诉诸法律，还要考虑诉讼成本等。

供应链企业间减少交易成本的过程大致包括3个阶段：接触交易阶段、相互信任阶段和合作联盟阶段。

供应链企业间减少交易成本的过程是一个多重的、非零和博弈的过程。第一阶段：企业间因为供应与需求，彼此交往接触。这时企业间的关系是一般交易关系，其交易成本也最高。第二阶段：随着交易的进行与重复，彼此的了解得到加强。如果双方都有合作的意愿，并表示相当的合作诚意，企业间的相互信任将随之加深，这时，企业间的交易成本将相应地降低。供应链中大部分企业间的关系属于此种。第三阶段：企业间通过供应商开发，彼此结成合作联盟关系。供应商开发是指努力维持并创造与竞争力强的供应商之间的网链管理，以提高供应商的技术、质量、交货与成本控制能力，它包括供应商协调与供应商发展。供应商协调是为了消除企业间的交易成本，供应商开发是为了消除企业内的生产成本。这时的供应链企业间是战略联盟关系，共同理解彼此的需要，共同建立日常工作系统，共同控制质量系统，共同进行企业间交流，共同确定计划方法并共享企业发展战略。这种关系常常发生在核心企业与主要的供应商之间。

2．供应链物流成本的构成分析

物流成本的构成可以从多个方面进行划分，如第 2 章所述。这里站在生产商的角度，通过分析其作业职能来划分供应链物流成本，将物流成本划分为运输成本、库存持有成本、订单处理成本和缺货成本 4 类。

（1）运输成本

运输成本是物流成本中最重要的一部分，主要包括运输、装卸和搬运成本等。无论是制造商向上游供应商采购原材料，还是向下游分销商销售产品，只要涉及物品的位移，就会有运输成本。不仅如此，原材料、在产品、产成品等在企业内部的流转也会发生运输成本。在一个常规的生产流程中，运输成本主要包括以下几个方面：将原材料从供应商那里运送到生产商、搬运原材料入库、运送原材料至生产车间、半成品入库（也有可能半成品直接进入下一环节生产，不需要入库）、产成品入库、将产成品运输至分销商。

以上只是从流程的角度划分了运输成本主要由哪些方面构成，从成本的性质角度，运输成本又包括人工费用、营运费用、管理费用及支付给物流公司的服务费等。

（2）库存持有成本

库存持有成本是为保持存货而发生的成本，主要包括仓库职工的工资、奖金、津贴等人工费用，存货资金的应计利息，仓库的租金或者折旧费，仓库的挑选整理费用，存货破损和变质损失费用等。

库存持有成本分为固定成本和变动成本。固定成本与存货数量无关，如仓库的折旧费、仓库职工的固定月工资等。变动成本与存货的数量有关，如存货资金的应计利息、存货的破损和变质损失、存货的保险费用等。

具体来说，库存持有成本主要由以下几部分组成：

1）存货资金占用成本。存货以占用资金为代价，而对资金而言存在机会成本。资金的机会成本是指，如果资金未被存货占用，将这些资金投放到其他投资领域所能产生的预期回报。

2）调价损失成本。由于市场的变化、激烈的竞争、产品的更新换代或其他原因造成的产品市场价格下降，从而造成存货价值的降低。

3）库存风险成本。货物存放在仓库中由于各种原因所造成的损失。部分库存放置太久，或者由于平时对货物的保养不好，会造成货物的损坏，即变成残品、废品。此外，货物存放在仓库中也可能由于被盗而造成损失。

（3）订单处理成本

订单处理成本是指企业库存低于保险储备量时，向其上游企业取得订单的成本，主要包括采购人员的人工费用，即采购人员的工资、奖金、津贴等；常设采购机构的基本开支，包括固定资产的折旧费用、日常的招待费用等；采购机构的管理费用，主要指采购管理人员的人工费用及差旅费、邮资、电报电话费等支出。

订单处理成本分为固定成本和变动成本。固定成本与订货次数无关，如常设机构的基本开支等；变动成本与订货次数有关，如差旅费、邮资等。

（4）缺货成本

缺货成本是由于存货供应中断而造成的损失，包括材料供应中断造成的停工损失、产品库存缺货造成的延迟发货损失和丧失销售机会的损失（还应包括可能产生的商誉损失）。如果企业以紧急采购原材料来解决库存材料中断之急，那么缺货成本就表现为紧急采购大于正常采购的成本。如果某种产成品缺货时，客户就会转而购买竞争对手的产品，那么整个供应链产生的利润损失就是缺货成本。缺货成本又可以分为延期交货造成的损失和失去销售机会造成的损失。

阅读材料：供应链成本构成及测量模型构建

10.2.3 供应链成本与供应链管理策略

供应链是成本管理的一个重要概念，它体现了动态成本管理的特性。面向顾客，将供应商、产品制造企业、运输业和分销公司等都视为创造顾客价值的实体，而每个企业既是供应链中某个企业产品的用户，又是另一个企业的供应商。优化的供应链管理借助网络、信息技术及时满足顾客需求，在减少各环节之间延误的同时，达到最小库存、最小总成本以实现增值最大化，供应链优化将为企业带来更低的成本优势，并转化为持续的核心竞争力。

供应链成本包括物流成本和交易成本两个方面，因此降低供应链成本就要从这两个成本层次下手，站在供应链管理的角度来降低供应链节点企业的成本。

1. 供应链物流成本的管理策略

供应链物流成本包括节点企业之间订货、库存、配送等作业消耗的成本，所以优化供应链物流成本，必须从以下几个方面入手：

1）供应链分销网络的设计和供应链分销网络的优化，能够使得广大用户方便快捷地获得产品。

2）优化供应链订货策略。其实订货策略和库存管理是有关系的，一般情况下，把订货成本和库存管理成本之和作为订货策略评价的标准，如果存在商业折扣的情况，也要考虑这个因素。

3）供应链库存管理也是降低供应链物流成本的有效途径。库存管理要和生产计划相一致，不然就会存在库存积压成本或缺货成本，从而增加整个供应链的成本，因此需要供应链上下游企业加强信息沟通，使企业生产和销售一致，现在借助网络、信息技术是能够实现这个目标的。

4）供应链配送管理要求在保证满足客户要求的前提下，用最低的成本把产品送到客户手中。

2. 供应链交易成本的管理策略

供应链成本中的交易成本是供应链企业之间的商流、信息流和资金流交易而产生的成本，因此需要供应链企业之间的合作来优化交易成本。

1）建立供应链战略合作伙伴关系。在建立合作伙伴关系的过程中，要精心选择合作伙伴，并且对合作伙伴的绩效进行评价，采取优胜劣汰的策略。

2）制订供应链生产和供应计划的协同策略。目的是使信息流能够在供应链成员企业之间共享和充分利用。

3）制定供应链合作伙伴的激励策略。由于交易环境不确定性和交易成员的有限性，可能出现机会主义，产生一些不必要的成本，因此要对供应链合作伙伴采取激励措施和供应链收益分配机制，保证供应链健康地运行下去。

供应链管理是以降低供应链成本，即降低供应链物流成本和交易成本为目的的，供应链管理的种种策略在客观上也必然能降低供应链成本。供应链管理策略与供应链成本之间的关系，如图 10-5 所示。

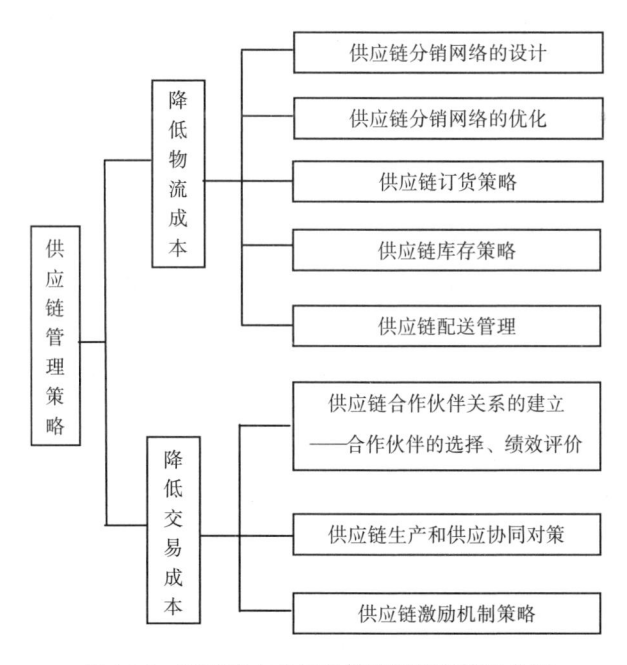

图 10-5 基于成本分析的供应链管理策略分析

10.3 基于供应链的跨组织成本管理方法

跨组织成本管理（Inter-organizational Cost Management）是一种调整在供应链中各个企

业之间的活动,使总供应链成本降低的结构性方法。它的目标是通过供应商和购货商之间的合作寻求成本降低的方法,而不是靠企业独自降低成本。企业在传统的成本管理系统中独立实施成本降低措施,以自身的成本最小化进行决策。由于跨组织成本管理在很大程度上依赖企业间的相互协调,所以它只适用于精细型供应链,因为在精细型供应链中,购货商和供应商之间可以更有效地沟通,信息共享程度也更高。

基于供应链的跨组织成本管理,其管理范围从最上游的原材料供应商到最终的产品用户,拓展到了整个产品的生命周期。因此,要综合运用各种成本管理方法来实现对整条供应链总成本的管理。在本书中,要将目标成本法和改善成本法作为一种成本约束机制应用于整条供应链的成员企业之中,并通过合作机制协调成员企业之间的作业,加强供应链的信息共享和有效合作,综合运用各种先进的成本管理方法,发挥它们各自的优势,并实现互补,形成一个切实可行的供应链成本管理方法体系。

10.3.1 基于供应链的跨组织成本约束机制

基于供应链的跨组织成本约束机制(Disciplining Mechanism)是将最终企业所面临的市场竞争压力贯穿于整条供应链之中,通过将竞争压力转嫁到产品供应商和设计者身上,促使成员企业的成本管理达到必要的水平,实现成本降低这一目标的过程。同时,这种成本约束机制,通过沟通和协作的方式从本质上将购货商和供应商的成本管理活动结合起来。

1. 产品开发阶段的跨组织目标成本法

(1)目标成本法概述

目标成本法是丰田公司在20世纪60年代开发出的成本管理方法,这一方法目前已经得到广泛采用。目标成本法的目的在于将客户需求转化为对所有相关流程的强制性竞争约束,以此保证将来的产品能够创造出利润。跨组织成本管理是通过约束和协调供应链中企业的产品开发进程来完成它在产品设计阶段的成本管理目标的。在该阶段,首要的跨组织成本管理的约束机制是目标成本法的应用。目标成本法是一种着眼于产品设计阶段的前馈型成本管理方法,它的目标是在生产出具备特定性能和质量的产品的同时,还必须合理确定产品的生产成本,以保证产品在生命周期内以预期的市场价格销售时能够产生满意的利润水平。目标成本法是产品开发阶段跨组织成本管理的核心,它是首要的约束机制。

目标成本法可以分为3个步骤:首先,购货商根据市场情况确定目标销售价格;其次,在目标销售价格的基础上扣除目标利润得到可接受的产品成本目标;最后,将产品成本目标分解到各个部件的成本目标。部件的成本目标就是企业所需零件外购可接受的购买价格,或者所需内部自制零件的转移价格。

(2)目标成本法的跨组织运用

传统意义的目标成本法,只是一种企业内部的成本管理活动。而当企业引入供应链管理的思想时,目标成本法的实施就需要购货商与供应商之间更为密切地合作,从而实现成本信息的分享及控制供应链总成本的目的。

目标成本法的跨组织含义包括了4个方面。

1)购货商必须设定供应商可以完成的部件层次的目标成本。如果供应商认为部件层次的目标成本无法完成，他们就会降低努力的积极性。

2）购货商必须选择适当的方法对供应商应用目标成本法。这个问题的核心在于他们在设置成本降低目标和达成目标时是否给予供应商足够的自由空间。

3）购货商可以设置激励系统来激发供应商的创新能力和提高成本降低率。

4）如果涉及内部供应商，部件层次的目标成本的应用方式就应该改变，以适应供应商作为子公司的特殊地位。

供应链的目标成本体系将建立一种价格传递机制（将销售价格传递给外部供应商），将市场的竞争压力传递给其供应商，从而决定了供应商的销售价格，也为供应商的成本管理重点指明了方向，当供应商使用这些信息时，自然就与购货商的成本管理活动结合起来了。正是因为这种携手合作对于目标成本法效果的重要性，导致了目标成本法真正成为一种跨组织成本管理的技术。

目标成本法的价格传递机制是针对具体产品和零部件层次而言的，因此产品包含的每个组件的供应路径都暗含着一条潜在的目标成本链条。当购货商的目标成本体系的输出项成为供应商目标成本体系的输入项时，企业间的目标成本管理就被连接在一起，同时目标成本法的约束性就被扩展到整个供应链上。购货商在部件层次的目标成本法中确定目标销售价格，供应商根据这个销售价格，运用市场驱动型成本核算来确定该部件的准许成本，这些准许成本为设定供应商产品层次的目标成本，以及进一步设定部件层次的目标成本提供了依据。同样的道理，这个部件层次的目标成本又确定了供应链中下一个供应商的销售价格。当目标成本系统联结成目标成本链时发挥的效率最大。通过约束机制，由购货商的目标成本体系确定的部件预期销售价格将激发供应商降低成本的潜力，以实现满意的利润水平。

供应链目标成本法系统的主要优点在于它可以将位于链首的企业所面临的市场压力贯穿于整条供应链。这个压力来源于购货方对部件性能和质量规格的要求及设定的部件层次的预期销售价格。就是这个传递的压力激励了整个供应链上的企业变得更加有效率，才使得供应链目标成本系统如此有价值，尤其是它将企业期望提高效率的程度与市场的需求相匹配起来。供应链目标成本系统要求链上每个企业降低一定比例的成本来维持一定水平的利润。

2. 产品生产阶段的跨组织改善成本法

成本降低的机会是贯穿于整个产品生命周期的，所以企业仍可以在产品的生产阶段抓住额外的机会实现成本的降低。在产品生产阶段，跨组织成本管理是一种战略性的成本管理方法，可以协调供应链中企业的生产活动，使得其产品和组件可以在满意的成本下生产出来。在这个过程中，改善成本法（Kaizen Costing）是首要的成本约束机制。

> **提 示**
>
> 《改善——日本企业成功的关键》一书的作者今井正明先生认为，丰田公司成功的关键在于贯彻了 Kaizen（持续改善）的经营思想。Kaizen 是一个日语词汇，意指小的、连续的、渐进的改进，这一方法是指企业改进一系列生产经营过程中的细节活动，如持续减少搬运等非增值活动、消除原材料浪费、改进操作程序、提高产品质量、缩短

产品生产时间、不断地激励员工。设计过程中确定的产品各功能和企业各部门的目标成本，是产品制造及销售过程的成本控制依据。在这个过程中，企业可利用 Kaizen 来逐步降低成本，以达到或超过这一目标，并分阶段、有计划地达到预定的利润水平。

（1）改善成本法概述

改善成本法就是在工作中不满足现状，积极地寻找问题，不断地向现有的绩效水平发起挑战，并寻找更佳的解决方法。它通过对合理化建议的实施，达到提高工作效率、保证和提高产品质量、改善工作环境和降低成本的效果，并激发企业员工的积极性、创造性，推动企业稳步发展。改善成本法以"成本可以持续改善"为核心理念，反映了"降低成本的潜力无止境"的成本管理意识，而这种成本意识正是企业长期保持成本优势的基础。

在产品生产的过程中，绝大部分的成本节约是通过生产流程的改进实现的。

改善成本法实质上是一种利润管理技术，旨在使每种产品在其整个生命周期内都能赢得足够的利润。它将成本降低的重点放在产品生命周期中的生产制造阶段，将目标成本法在产品开发阶段建立的规则延伸到了生产阶段，使成本降低压力持续于整个产品生命周期，因而补充了目标成本法。与目标成本法一样，改善成本法也是一种前馈型的成本管理方法，它通过预期的成本降低需要来制定产品成本的降低目标，而不是在成本超标发生后才做出反应。

（2）改善成本法的跨组织应用

如果将改善成本法局限于企业范围内，则忽视了供应链中上游和下游企业进一步节约成本的潜力。企业可以通过单方努力达到一些成本的降低，而其他的一些成本的降低可能需要购货商和供应商的合作才能实现，这种需要两个公司共同合作的行为就被称为跨组织的改善成本管理。改善成本法的跨组织应用就是通过大量的信息共享和合作机制，挖掘所有的成本降低机会。改善成本法的跨组织应用，一方面，由经验丰富的购货商为弱势的供应商建立起自己的改善成本管理；另一方面，购货商的改善成本体系将购货商自己在市场中面临的降低成本压力转移给其供应商。

作为目标成本法在产品生产阶段的延伸，在跨组织成本管理中改善成本法与目标成本法有一些相似之处。

1）跨组织改善成本法同样是一种需要购货商和供应商共同合作的成本管理方法。在产品生产过程中，供应链上的所有成员企业都将共同实施改善成本法。这种合作使得企业可以实现在单独进行成本管理时所不能达到的成本节约。改善成本法的跨组织应用既可以由购货商发起，也可以由供应商发起。

2）"价格传递机制"在改善成本法中依然有效。购货商的改善成本管理体系同样可以通过确定供应商的 Kaizen 成本降低目标，将市场压力传递给其供应商。在改善成本法中，购货商针对所有的外包部件根据在市场上面临的成本压力规定一个统一的成本降低比率，但有时也会利用成本效益原则，对价值相对较高的部件采用单独的成本降低比率。

像其他组织间成本管理技术一样，改善成本管理的实施既可以由购货商发起，也可以由供应商发起。对于由购货商主导实施的改善成本管理，购货商既要提高供应商降低成本的能力，又要为其创造降低成本的机会，这些机会供应商自身可能是没法得到的。比如，购货商可以向供应商企业委派工程师，提高其部件的设计能力；或者确定所有供应商和其自身在产品生产中需要外购的零件，统一安排采购，通过提高综合购买力来获取更大的折扣。对于由供应商主导实施的改善成本管理，则需要与购货商进行合作，找出新的生产组件的方式以降低供应链的总成本。比如，在某些方面改变产品的设计，或者调整生产的程序等。

10.3.2 基于供应链的跨组织成本合作机制

目标成本法和改善成本法中的"价格传递机制"是将市场压力传递给供应商，自动地将购货商和供应商的成本管理活动结合起来的过程。但是当由购货商的成本管理体系确定的成本降低目标不恰当时，供应商可能单方面放弃合约，或者以质量降低为代价完成成本降低的任务，此时成本管理的链接就会被限制甚至被切断。只有当购货商对其供应商施加显著并可行的压力时，目标成本管理才能实现其效果。

所谓合作机制（Cooperative Mechanism）就是通过成本信息的高度共享提高实现目标成本能力的技术。

1. 产品开发阶段的成本合作机制

当供应链上所有企业的目标成本管理系统链接起来时，就形成了目标成本链。但是目标成本链的本质限制了供应商修订组件设计的自由程度，因为组件的价格、性能和质量都是由购货商指定的。同时，当购货商设计的组件给供应商带来不必要的高成本时，目标成本链的效果也会受到限制。这种不合理的设计通常是由于购货商缺乏对于整条供应链生产经济性的意识而造成的。

在这样的情况下，供应商在目标成本链下只有两种选择：一种是拒绝接受此订单，遵守"拒绝无盈利产品"的原则；另一种是通过谈判争取得到更高的价格，这一般是很难实现的。但是，在供应链目标成本法的范围之外，还可以有第三种选择——通过合作机制提高企业间成本信息的共享程度，协调组件的设计或成本，提高实现目标成本的能力。产品开发阶段目标成本管理的合作机制可以归纳为性价比权衡取舍、跨组织成本调查和并行成本管理3种。

（1）性价比权衡取舍

性价比权衡取舍（Functionality-Price-Quality trade-off，FPQ trade-off）是指购货商愿意与供应商沟通、协调，放宽之前所要求的部件性能和质量水平，对组件的功能、成本和质量重新平衡的一种方法，使得供应商更易于实现部件水平的目标成本，从而获得满意的利润水平。由于很多时候购货商在进行成本管理时没有把供应商的生产流程纳入考虑范围，因此，可能在产品部件层次上做过度严格的要求，或者设定对于供应商而言不恰当的目标成本。此时，为了维系双方的合作关系，实现供应链目标成本管理的效用，就要在供应商和购货商之间开展性价比权衡取舍。

对于供应商企业而言，如果购货商设定的目标成本无法完成，那么就要尝试可不可以提高售价，或者可不可以降低部件的性能或质量，但同时不改变最终产品的性能和质量，这样目标成本也就可以相应降低了。这一过程需要买卖双方通过沟通、谈判来实现。

为了维持合作关系，购货商可能对目标成本做出一定的让步，即接受供应商较高的部件售价，或者通过购货商与供应商的合作努力，共同设计出最合适的变更。但是按照购货商要求，这种可以接受的性能和质量水平的降低对于最终顾客而言必须是不显著的。

除了以上两种比较常见的方法，性价比权衡取舍有时也可以通过增加组件的价值使得购货商增加组件层次的目标成本。增加部件的价值可以采用两种方法：第一，增加的性能或质量可以使购货商设定更高的销售价格；第二，可以通过降低购货商成本的方式增加价值。

（2）跨组织成本调查

跨组织成本调查（Inter-organizational Cost Investigations，ICI）是指供应链企业设计团队为了尽可能地降低成本，共同研究成本降低新方法的活动。实行跨组织成本调查的企业都需要有供应链目标成本系统的背景。当供应商无法通过谈判或性价比权衡取舍取得可以获利的价格时，就会出现跨组织成本调查。

跨组织成本调查是通过增加产品和部件设计的变动幅度来发挥其效力的。在目标成本链下，最终产品的规格基本上是固定的。虽然通过性价比权衡取舍，可以适当放宽组件规格的性能和质量标准，但购货商必须不很在意这些变动，尤其是当这些变动在最终顾客的眼里不影响产品的性能和质量时。当需要对部件进行更根本的变动时，例如，购货商必须通过修改最终产品的某些方面才能适应这些变动，那么就需要进行跨组织成本调查才能实现了，此时就需要购货商和供应商的设计小组携手合作来确定哪种设计变更是购货商可以接受的。总体来说，供应链目标成本系统可以为链上企业寻求降低成本的机会，而跨组织成本调查的实施可以提高企业完成预先设定目标的能力。

在这个过程中，企业的设计团队之间会在设计阶段开展更为密切的合作，如举行商务会议、委派设计工程师等。通过大量的成本信息共享，跨组织成本调查可以有效地在企业间重新分配作业，完善部件的设计，使其更加节约成本，获得链条整体的生产经济性，从而最终实现购货商设定的目标成本。

（3）并行成本管理

前两种合作机制尽管都增加了设计变更的范围，但由于供应商一般都较晚参与到购货商所需产品的开发过程中，从而一定程度上限制了能够影响购货商产品设计的能力。如果供应商能够更早地参与到产品设计的过程中，就能够及时地提出设计变更的建议，并使得这些变更能够在产品设计时被采纳。通过实施并行成本管理（Concurrent Cost Management，CCM），可以使供应商更独立地完成部件开发工作，并且获得更多的时间和重新设计产品的自由，这是一种能充分挖掘供应商潜力的成本管理方法。

并行成本管理是加强供应商和购货商之间合作的一种强有力的方法，特别是当购货商准备将一个主要的功能或者一组部件的研发外包出去的时候。在实施并行成本管理的过程中，供应商早在产品开发的构思阶段就参与了进来。这有利于帮助供应商从根本上改变最终产品的设计，从而抓住更多的成本降低机会，并且当企业需要时，可以同时采取跨组织成本调查和并行成本管理。

比起其他跨组织成本管理程序，在并行成本管理下目标成本的沟通更具有实质性，而不是硬性的规定。在传统的目标成本法中，供应商要对单个部件水平的目标成本负责；而在并行成本管理下，单个部件的目标成本被加总，供应商只负责总的目标水平。并行成本管理方法为供应商提供了更充足的时间设计它们的产品，并加快了新产品的推行，同时有更多的机会去降低成本。但是购货商会失去保持自身产品差异化的一定能力。

2．产品生产阶段的成本合作机制

在跨组织改善成本管理中，缩减成本的活动必须是购货商和供应商共同合作完成的。与目标成本管理一样，所有的参与者都要认为制定 Kaizen 成本缩减目标的过程是公平的，并且最后的目标在多数情况下都可以通过努力被实现。如果目标定得过高，则改善成本管理就失去了作用。

当 Kaizen 成本缩减目标不能实现的时候，企业除了拒绝接受此订单，还可以在供应链成本管理中引入价值工程。对供应链的各个环节所能实现的功能和成本进行分析和评价，以能给企业带来最大价值的供应链管理环节作为最先实施的环节，并按照比值从高到低依次实施其他环节。

（1）价值工程概述

价值工程（Value Engineering）是作用于产品生产阶段最主要的成本合作机制，又被称为价值管理或价值分析。我国在价值工程的国家标准（GB 8223—87）中指出："价值工程是通过各相关领域的协作，对所研究对象的功能与费用进行系统分析、不断创新，旨在提高研究对象价值的思想方法和管理技术。"

价值工程是一种以产品为导向的管理技术，是通过系统地分析产品性能，在保持产品所要求功能的前提下，实现降低产品成本的一种有效途径。其所谓的价值是一种评价标准，是指产品的功能或效用与为获得此项功能所必须投入的成本或费用之间的关系，是用来评价某一功能与实现它的耗费相比合理程度的尺度。价值工程的表达式为：

$$价值（V）= 功能（F）/ 成本（C）$$

式中，功能被看作产品或服务能够满足客户需求的一种属性，相应的成本是指该功能在整个生命周期的总成本。

（2）基于供应链的价值工程

在企业的生产阶段，当 Kaizen 成本降低目标被供应商视为不可实现的时候，便应该在供应商和购货商之间开展价值分析。通过企业之间的沟通合作，可以发现更为有效的节约成本的途径以生产规定功能的产品，从而达到帮助企业实现 Kaizen 成本降低的目的，并且提高整个供应链的绩效水平。

通过价值工程，有两种途径可以优化产品成本：

1）通过剔除无效部件，或者重新设计部件，使之在保持原有的功能水平的前提下消耗更少的资源来降低成本。进行剔除、修改的主要备选对象是那些耗费高而效用很低的部件，但是由于产品的设计已经在研发阶段完成了，所以这些部件设计的变动不能影响最终产品的功能。也就是说，在产品生产阶段，通过价值工程对产品设计进行的改进，只能作为在设计阶段供应链企业之间进行合作的一种补充。

2）企业可以通过价值工程，对产品的生产流程进行完善来进一步实现 Kaizen 成本降低目标，这是企业在生产阶段利用价值工程的核心。供应链企业可以在组织间开展价值工程，对产品的生产作业进行价值分析，从而基于整条供应链重组产品的生产流程，并以此来实现供应链成本的优化。主要有以下几种途径：

- 如果在供应链上的某些企业进行某种特定的生产作业会更有效率，那么把这些作业转移到那些企业进行就可以降低总成本。
- 如果并行两种生产作业可以降低成本，那么调整其中一种作业使之可以与另外那种作业同时进行，就可以达到降低总成本的目的。
- 可以通过价值分析消除一定的生产作业，简化生产流程；或者将生产流程尽量标准化，对于重复率高的作业尽量采用自动化的流水操作，这样也能达到减少资源耗费的目的。

在整个供应链上实施价值工程，最为重要的就是进行购货商与供应商之间的合作与沟通，提高成本信息之间的共享。企业可以通过举办交流会议、开展头脑风暴，使得两方的生产小组共同开展价值分析，达到事半功倍的效果。当然这种合作仍然具有一定的风险，强势的一方可能利用信息共享的机会为自己谋得利益，从而破坏供应链中的利益平衡。因此企业之间应该保持相互的信任，并且启动相关的约束措施，以防止这种情况的发生。

10.3.3 基于供应链的跨组织成本管理方法体系的构建

基于以上跨组织成本约束机制和合作机制的分析，可以以精益供应链的核心企业为例，建立一个基于供应链的跨组织战略成本管理方法体系的框架，如图10-6所示，将成本管理从企业内部扩展到整个供应链的成员企业之间，贯穿于产品的整个生命周期。

在图 10-6 中，作业成本法是供应链成本的核算基础，在产品开发阶段和产品生产阶段进行产品成本的核算。通过跨组织成本约束机制将最终企业所面临的市场竞争压力贯穿于整条供应链中，促使企业的成本管理达到必要的水平，实现成本降低的目标；同时，通过运用跨组织成本合作机制提高成员企业之间的沟通和协作，从本质上将购货商和供应商的成本管理活动结合起来，提高成员企业成本降低的能力，最大限度地发挥各成本管理方法的优势，实现优化供应链总成本的目的。

1. 供应链战略定位

战略定位是指企业在市场竞争中采取何种竞争战略。对于供应链管理而言，企业战略定位问题是解决多个企业的竞争组合问题，即如何在特定的供应链上实现最优的战略定位组合，使之实现整个供应链资源的优化配置和整体利润最大化的问题。

首先，作为核心企业需要通过分析市场的竞争环境，并结合自身的实际情况进行行业的价值链分析，研究本企业在行业价值链中所处的位置、所具有的优势和劣势，从而明确自身的重点发展方向和企业的基本竞争战略。其次，作为供应链中的一个成员，企业应该根据自身的总体竞争战略分解设计出相应的产品发展战略和供应链管理战略，并与相关成员企业建立良好的合作关系。在此基础上统筹规划供应链上各成员企业所应具有的能配合核心企业实现供应链整体目标的能力和竞争优势，实现供应链上企业的战略定位组合的最优化。最后，企业根据竞争战略开发和生产产品。在这个过程中，企业可以基于供应链运用不同的跨组织成本管理方法以实现最优的成本管理和控制，成功地将产品引入市场。

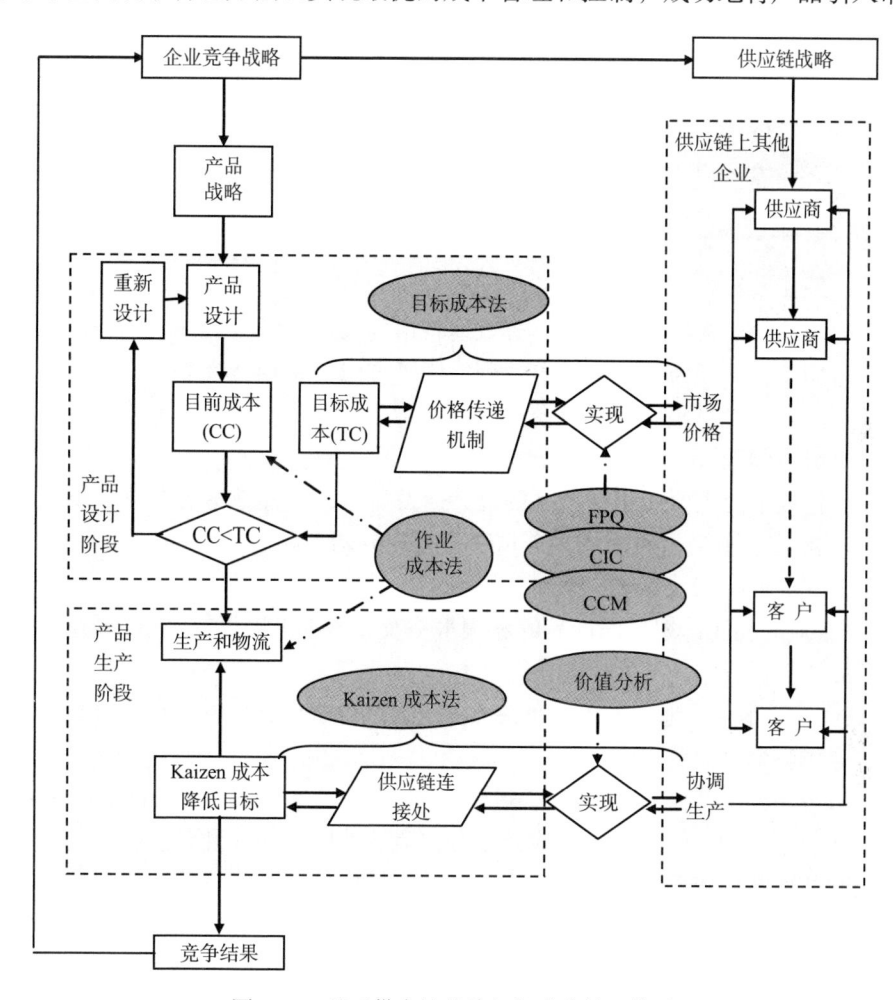

图 10-6　基于供应链的跨组织成本管理体系

2．跨组织战略成本管理方法体系的实施

（1）作业成本法的运用

实施跨组织成本管理方法体系，首先要保证在供应链上的所有成员企业都实施作业成本核算系统，即以作业成本法为基础，对各企业从采购、生产到销售的各个活动及供应链上企业间的各种交易活动进行核算。对企业内部的生产活动和企业间的交易活动实施作业成本法的程序大体上是一致的。

第一步，把各企业的活动都划分为一个个作业，并对同质、相关的作业进行合并形成作业中心；第二步，将各种资源耗费所产生的成本按照确定的资源成本动因分配到各个作业中心，形成作业成本库；第三步，分析并确认作业库的成本动因，把各作业中心归集的成本按照作业成本动因分配到各个产品，并通过分析企业的不增值作业和增值作业及其增值的程度，有效地进行成本优化，这就是简单的作业成本计算流程。但需要注意的是，从供应链管理的视角，企业既需要考虑产品的生产成本，又需要考虑企业之间的交易成本，从而扩大了成本构成和作业分析的范围，使得企业进行供应链成本管理时可以清晰地了解与哪些企业之间的交易成本过高，应该如何改进。

跨组织成本管理方法体系中的作业成本法通过作业分析可以有效地消除不增值作业，提高供应链的整体效益。同时，为供应链成本管理提供了准确、详细的成本核算信息，对运用供应链目标成本法和改善成本法进行成本管理活动提供了最基本、最重要的"核算"保障。

（2）跨组织成本约束机制的实施

作为跨组织成本约束机制的供应链目标成本法和改善成本法是供应链成本管理方法体系的核心，通过建立价格传递机制可以有效地将市场的竞争压力贯穿于整条供应链，即产品的整个生命周期，从而为企业的成本管理指明了方向，激励整个供应链上的成员企业变得更加有效率。同时，将供应链成员企业的成本管理和控制活动有效地连接起来，从本质上实现供应链成本管理。

供应链目标成本法主要作用于产品的设计研发阶段，其实施主要有以下步骤：

1）供应链核心企业通过对市场供需情况进行充分调查和分析，以确定产品的目标销售价格。

2）根据企业的利润计划、旧产品的利润水平及市场水平等指标确定产品的目标利润，进而确定产品的目标成本。

3）把该目标成本合理地分配到零部件水平，通过价格传递机制将成本降低压力传递给供应商，贯穿于整个供应链之中。

由于价格传递机制的作用，目标成本管理在供应链成员企业之间是首尾连接的，因此，在供应链目标成本法的实施过程中，应该十分注重企业间的协作和信息共享，缩减成本的活动必须是购货商和供应商共同合作完成的，使得设定的成本降低压力在供应商眼中是合理的，否则目标成本链将会被"切断"，目标成本法的约束性也将失效。

改善成本法作为产品生产阶段的跨组织成本约束机制，是供应链目标成本法在产品生命周期中的延伸。其实施步骤与目标成本法基本类似，是根据核心企业在市场中面临的竞争压力和生产的实际情况对其供应商设定一个统一的成本降低比率，通过持续完善产品的生产过程，实现成本降低目标。目标成本法和改善成本法的紧密合作，可以确保足够的成本降低压力贯穿于产品的整个生命周期阶段。

值得注意的是，无论是在实施目标成本法还是在改善成本法的过程中，都要以作业成本法提供的成本信息为依据，同时强调供应链上各成员企业之间的通力合作。尤其是当对供应商设定的部件水平目标成本或 Kaizen 成本降低率被认为不能实现时，就更需要加强企业间的成本信息共享与合作，此时就需要在供应链企业间引入跨组织成本合作机制，为供应链目标成本法和改善成本法的顺利实施提供有效的"合作"保障。

（3）跨组织成本合作机制的实施

在产品设计研发阶段，主要的跨组织合作机制是性价比权衡取舍、跨组织成本调查和并行成本管理。这3种跨组织成本管理方法在加强供应链成员企业之间合作的能力上呈递增趋势，其本质都是通过开展供应商和购货商的沟通协作以增加产品和部件的设计变动幅度来发挥效力的。企业在引入合作机制时，具体的合作形式多种多样，例如，可以向供应商提供技术支援，向供应商委派技术工程师，或者使购货商和供应商的设计团队共同合作以找出更为优化的产品设计方式。一般情况下，通过谈判购货商会接受一定的产品设计变动，使得供应商能够有效地达到目标成本。同样，在产品生产阶段企业仍可以通过供应链的跨组织合作来实现成本降低。在这个过程中，主要的跨组织成本合作机制是价值工程。作为核心企业可以通过举办交流会议、开展头脑风暴，使得供应链的相关成员企业的生产小组共同开展价值分析，优化产品的生产程序，从而协助改善成本法有效进行。

综上所述，跨组织成本管理方法体系中的约束机制、合作机制和作业成本法之间是相互补充、互为支撑的。其中成本约束机制中目标成本法和改善成本法在产品的整个生命周期中为企业设定了成本降低目标，并将其贯穿于整条供应链之中，通过一系列的成本管理活动以实现目标成本。而合作机制是对其的进一步补充，通过开展更为有效的跨组织协作与沟通，为供应链总成本的降低提供更为可行的方法，为目标成本管理和改善成本管理的有效实施提供合理的保障。然而，这些跨组织的成本管理活动都是以作业成本法提供的准确成本核算信息为基础的，尤其是精确到作业层次的成本信息，更是大大便利了目标成本的设定和分配，以及相关功能——价值分析的进行。因此，这个以跨组织成本约束机制为核心，以合作机制为保障，以作业成本法为基础的跨组织成本管理方法体系，能够有效地优化供应链成本管理，提升整条供应链的竞争力。

阅读材料：供应链成本管理的基础理论与方法研究

本章小结

❶ 供应链管理的目标是降低供应链成本，提高供应链效率。供应链成本是指在供应链运转过程中由商流、物流、信息流和资金流所引起的成本，其中由物流引起的成本是供应链物流成本，而由商流、信息流和资金流引起的成本是供应链交易成本。供应链管理的各项策略都是为了有效地降低物流成本和交易成本。

❷ 在基于供应链的跨组织成本管理中，可以将目标成本法和改善成本法作为跨组织成本约束机制运用于整个产品的生命周期，使得最终企业所面临的市场竞争压力贯穿于整条供应链之中，实现供应链总成本的降低目标。而运用跨组织成本合作机制可以提高成员企业之间的沟通和协作，使得成本信息在整条供应链上实现共享。在产品研发阶段，主要的合作机制有性价比权衡取舍、跨组织成本调查和并行成本管理等，使得供应商参与到产品设计的过程，开发设计产品的新方法，实现以更低的成本生产产品。在产品生产阶段，通过价值工程的应用可以帮助供应商和购货商找到成本进一步降低的新生产方法。

复习思考题

1. 简述供应链的基本结构模型。
2. 简述供应链成本的构成。
3. 什么是供应链交易成本？如何理解事前交易成本和事后交易成本？
4. 分析供应链管理策略与降低供应链成本之间的关系。
5. 简述基于供应链的跨组织成本约束机制。
6. 产品开发阶段与产品生产阶段供应链企业间的成本合作机制有哪些？

参考文献

[1] 鲍新中，程国全，王转. 物流运营管理体系规划[M]. 北京：中国物资出版社，2004.
[2] 冯耕中，等. 企业物流成本计算与评价：国家标准 GB/T 20523—2006《企业物流成本构成与计算》应用指南[M]. 北京：机械工业出版社，2007.
[3] 易华，李伊松. 物流成本管理 [M]. 3 版. 北京：机械工业出版社，2014.
[4] 陈文，陈成栋，王琴. 物流成本管理[M]. 北京：北京理工大学出版社，2009.
[5] 财政部注册会计师考试委员会办公室. 财务成本管理[M]. 北京：经济科学出版社，2015.
[6] 鲍新中. 供应链成本：改善供应链管理的新途径[M]. 北京：人民交通出版社，2010.
[7] 冯耕中，李雪燕，汪寿阳. 物流成本管理 [M]. 2 版. 北京：中国人民大学出版社，2014.
[8] 张述敬. 物流成本管理[M]. 北京：中国书籍出版社，2015.
[9] 孙雪霁，潘倩华. 物流成本核算[M]. 北京：立信会计出版社，2015.
[10] 罗杰. 宝庆医药流通企业物流成本控制研究[D]. 中南大学硕士学位论文，2013.
[11] 盛媛媛. 基于供应链的农产品物流成本分析[D]. 兰州商学院硕士学位论文，2013.

欢迎广大院校师生**免费**注册应用

华信SPOC官方公众号

www.hxspoc.cn

华信SPOC在线学习平台

专注教学

- 数百门精品课 数万种教学资源
- 教学课件 师生实时同步
- 多种在线工具 轻松翻转课堂
- 电脑端和手机端（微信）使用
- 测试、讨论、投票、弹幕…… 互动手段多样
- 一键引用，快捷开课 自主上传，个性建课
- 教学数据全记录 专业分析，便捷导出

登录 www.hxspoc.cn 检索 华信SPOC 使用教程 获取更多

华信SPOC宣传片

教学服务QQ群：1042940196
教学服务电话：010-88254578/010-88254481
教学服务邮箱：hxspoc@phei.com.cn

电子工业出版社
PUBLISHING HOUSE OF ELECTRONICS INDUSTRY
华信教育研究所